GÉOGRAPHIE

DE LA

FRANCE

JEAN-LOUIS MATHIEU
Agrégé de Géographie

ALAIN MESPLIER
Agrégé de Géographie

GÉOGRAPHIE
DE LA
FRANCE

HACHETTE

PHOTOGRAPHIES DE COUVERTURE (de haut en bas et de gauche à droite) : la Loire à Gien, Pictor international ; le ramassage des betteraves en Brie, ph. Giraud/Rapho ; le mont Blanc, D. Philippe ; le port de pêche de Le Guilvinec dans le Finistère, ph. Ph. Perdereau/Pix ; le Val de Loire à Langeais, C. Delu/Explorer ; Paris, Pictor international.

RÉFÉRENCES PHOTOGRAPHIQUES
p. 18 Beaujard ; **p.** 19 Rapho/Kay Lawson ; **p.** 20 J.-L. Mathieu ; **p.** 21 Beaujard ; **p.** 22 Explorer/Le Bastard ; **p.** 23 Loïc-Jahan ; **p.** 24 Loïc-Jahan ; **p.** 26 Serge Deschamps ; **p.** 27 DIAF/Bernard Régent ; **p.** 28 Explorer/Delu ; **p.** 29 Loïc-Jahan ; **p.** 30 Beaujard ; **p.** 31 DIAF/Bruno Barbier ; **p.** 32 Rapho/Leclerc ; **p.** 77 (de haut en bas et de gauche à droite) doc. 1 Hachette, doc. 2 Hachette/Pamard, doc. 3 Roger Viollet, doc. 4 Hachette/Nadar, doc. 5 Hachette/Braun, doc. 6 Hachette, doc. 7 Hachette, doc. 8 Hachette/Pirou, doc. 9 Hachette/Nadar, doc. 10 Hachette/Nadar, doc. 11 Hachette/Henri Manuel, doc. 12 Hachette/Henri Manuel, doc. 13 Hachette, doc. 14 Hachette, doc. 15 Hachette, doc. 16 Roger Viollet, doc. 17 Hachette, doc. 18 Hachette/Jean-Marie Marcel, doc. 19 A.F.P., doc. 20 J.-H. Lartigue/Sygma, doc. 21 Documentation française/Sygma/Gisèle Freund ; **p.** 101 Beaujard ; **p.** 102 Beaujard ; **p.** 103 Loïc-Jahan ; **p.** 104 Rapho/Everts ; **p.** 107 Explorer/Salou ; **p.** 108 (en haut) Explorer/Salou, (en bas) Beaujard ; **p.** 109 Beaujard ; **p.** 110 Loïc-Jahan ; **p.** 111 Air-Vue/Thomas d'Hoste ; **p.** 112 DIAF/Bernard Régent ; **p.** 158 Dargaud ; **p.** 159 Cinémonde Archives/Scoop ; **p.** 162 Presse-Sports ; **p.** 177 DIAF/Gabanou ; **p.** 180 Rapho/Pavlovsky ; **p.** 181 C.E.D.R.I./Sappa ; **p.** 182 Explorer/Veiller ; **p.** 183 Ph. Valarcher/Pix ; **p.** 185 Rapho/Belzeaux ; **p.** 186 Beaujard ; **p.** 187 Sygma/Brucelle ; **p.** 191 Ph. G. Paoli/J.-F. Jauffret ; **p.** 192 Rapho/Halary ; **p.** 196 Photothèque E.D.F./M. Brigaud ; **p.** 213 Roussel-Uclaf/J. Roux ; **p.** 214 Matra ; **p.** 215 Cosmos ; **p.** 220 P & A/Gilles Rivet ; **p.** 226 La vie du Rail ; **p.** 228 Fabrice Rouland ; **p.** 229 Rapho/Loïc-Jahan ; **p.** 230 DIAF/J.-Ch. Pratt/D. Pries ; **p.** 231 C.E.D.R.I./Gérard Sioen ; **p.** 232 TOP/Pascal Hinous ; **p.** 233 Magnum/Dennis Stock ; **p.** 237 Rapho/Lawson ; **p.** 238 Chris Thomson/The image bank ; **p.** 239 Loïc-Jahan ; **p.** 240 Magnum/Bruno Barbey ; **p.** 245 Cliché C.E.E.

CARTOGRAPHIE Studio A.B.C., Studio Berad et Hachette Classiques.

Conception typographique : Claude Verne

ISBN 2.01.011006.4

© **HACHETTE, 1986.**

79, boulevard Saint-Germain - 75288 PARIS Cedex 06.

AVANT-PROPOS

La Géographie, c'est les montagnes, les plaines, le temps qu'il fait, les fleuves, les lacs, ... mais c'est aussi les hommes, leur installation dans l'espace, leurs relations. Il y a donc des éléments immuables : le mont Blanc est toujours le point culminant du pays et la Loire son fleuve le plus long..., mais il y a aussi des bouleversements : les habitants bougent, la vieille industrie décline, de nouveaux foyers d'activité naissent dans des régions autrefois déshéritées. C'est cela que nous avons voulu montrer dans ce livre : à la fois la tradition, ce qui fait que la France n'est semblable à nul autre pays, et le changement qui lui permet de maintenir sa place dans le peloton de tête des grandes puissances.

Nous avons voulu aussi montrer que cette évolution s'inscrit dans un cadre administratif, dans des institutions, dans une société qui se transforme, d'où la part importante accordée à l'étude de la France administrative et sociale.

Cet ouvrage est ainsi destiné à tous les publics, aux élèves et aux étudiants, aux candidats des concours administratifs, mais également au citoyen qui veut connaître un peu mieux son pays ; nous serions comblés s'il réconciliait, ne serait-ce qu'un peu, les Français avec leur Géographie.

Les auteurs.

PREMIÈRE PARTIE

LA FRANCE :

La France au fil du temps

Un peuplement et une unité précoces

Dès le Paléolithique ancien, c'est-à-dire près d'un million d'années avant J.-C., l'homme est présent sur le territoire actuel du pays. Vers 35 000 ans avant J.-C., l'habitat privilégie les vallées méridionales, notamment celles du Bassin aquitain, et la bordure des Pyrénées, comme l'attestent les fresques de Lascaux ou du Mas-d'Azil. Il délaisse par contre les plaines argileuses et les montagnes.

Vers 8 000 ans avant notre ère, le peuplement progresse vers le sud et le sud-est du Bassin parisien ; les hommes préhistoriques abandonnent les abris sous roches et les cavernes pour édifier des villages à proximité des marais, des lacs, puis des côtes. Au second millénaire, influencée par des courants culturels venus des rivages méditerranéens et de la plaine du Danube, la « révolution néolithique » se traduit par l'apparition de nouvelles techniques (céramique, tissage)

UN ESPACE, UNE NATION

et les progrès de la chasse et de la pêche. Les grands défrichements commencent et la population s'élève à près de 2 millions d'hommes ; toutefois, le Massif central, la majeure partie des Alpes et le Massif armoricain demeurent vides. Ce dernier bénéficie cependant, entre 1 500 et 300 ans avant J.-C., de l'arrivée des Celtes venus de l'Est.

Les brassages de population, amorcés durant la Préhistoire, s'amplifient durant l'Antiquité. Les Grecs égrènent des comptoirs sur la côte méditerranéenne (Marseille, Antibes, Nice, Agde), puis les Romains imposent leur domination aux tribus gauloises, sans toutefois que la conquête soit suivie d'une importante colonisation. Les Romains fondent de nombreuses villes, notamment dans la vallée du Rhône et en Provence, construisent des voies pavées et répandent l'usage du latin.

Un moment pacifiée, la Gaule subit à nouveau les assauts des envahisseurs : au ve siècle, les Vandales, les Suèves, poussés par les Huns, et bientôt suivis des Burgondes, des Alamans, des Wisigoths et des Francs. Certes, ces invasions sèment le désordre et la terreur, mais elles apportent aussi d'autres techniques, d'autres coutumes et des cultures originales, et ce, d'autant plus que certains peuples s'implantent en Gaule, comme les Alamans en Alsace, les Wisigoths dans le Sud-Ouest, ou encore les Burgondes dans l'actuelle Bourgogne — qui leur doit son nom. L'éphémère unité de la Gaule en est cependant brisée, mais, très vite, entre 481 et

511, les Francs — venus de l'actuelle Belgique —, sous la conduite de Clovis, réussissent à se constituer un puissant royaume. Celui-ci englobe la majeure partie des anciens territoires gaulois. La dynastie mérovingienne, qui s'appuie pourtant sur l'Église, est précaire ; elle s'affaiblit rapidement au gré des partages royaux, des conflits personnels et de l'incapacité des souverains (les « rois fainéants »). Le maire du palais, chef des domestiques royaux, en profite pour rendre sa charge héréditaire. L'un d'eux, Charles Martel, stoppe l'avance arabe à Poitiers en 732, et son fils, Pépin le Bref, dépose le dernier roi mérovingien à son profit, installant une nouvelle dynastie, celle des Carolingiens. Celle-ci réussit, avec Charlemagne, à reconstituer l'unité territoriale dans un empire qui déborde largement des frontières actuelles. Dès 843, le déclin reprend : le traité de Verdun consacre le partage de l'empire en trois parties mais crée, dans le même temps, la « Francia occidentalis », comprenant les territoires situés à l'ouest de la Meuse et du Rhône. La France s'esquisse.

Les attaques des Vikings sur les côtes et les rives des fleuves amorcent une période de troubles et d'affaiblissement de l'autorité royale, d'autant que les Sarrasins et les Hongrois effectuent des raids fréquents. Ces périls favorisent le développement de la féodalité qui se traduit par un émiettement de l'autorité politique et militaire. A la mort du dernier Carolingien, en 987, les grands seigneurs choisissent Hugues Capet comme roi. La nouvelle dynastie est apparemment fragile, notamment en raison de l'exiguïté du domaine royal, compris entre Seine et Loire. Pourtant, au fil des années, les Capétiens affirment leur autorité. Ils ne partagent jamais leurs terres entre leurs descendants et imposent leur suprématie aux grands seigneurs par le biais des hommages vassaliques. De plus, ils réussissent à étendre leurs possessions à la faveur de successions féodales, d'habiles mariages ou encore de guerres victorieuses. C'est ainsi que Philippe Auguste parvient à arracher aux Plantagenêt, rois d'Angleterre, la Normandie, le Maine, l'Anjou et la Touraine. Sous les règnes de Louis IX et de Philippe le Bel, autres grands Capétiens, le domaine royal s'accroît du Languedoc, de la Champagne et de Lyon. Dans le même temps, l'administration du domaine progresse ; baillis et sénéchaux représentent le roi dans les provinces et la cour du roi elle-même se structure avec la création d'une institution judiciaire, le Parlement, et d'une section financière, la Chambre des comptes. C'est l'amorce d'une centralisation qui sera constamment affirmée au cours des siècles suivants. Au XIIIe siècle, le souverain n'est plus le roi des Francs, il devient le roi de France.

Menacée par les prétentions anglaises à la mort du dernier descendant mâle de Philippe le Bel, la dynastie échoit à la branche des Valois, cousins des Capétiens. La guerre de Cent Ans ravage la France mais soude le sentiment national et permet finalement de récupérer la Guyenne. Un peu plus

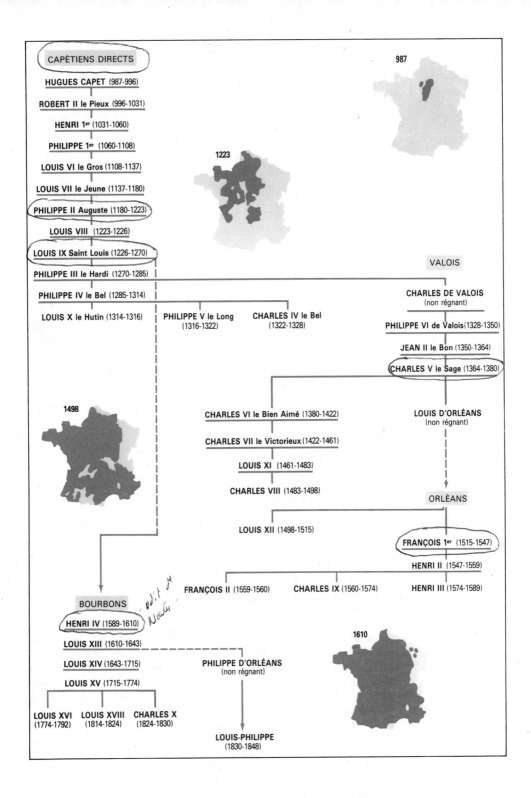

CAPÉTIENS DIRECTS

HUGUES CAPET (987-996)

ROBERT II le Pieux (996-1031)

HENRI 1er (1031-1060)

PHILIPPE 1er (1060-1108)

LOUIS VI le Gros (1108-1137)

LOUIS VII le Jeune (1137-1180)

PHILIPPE II Auguste (1180-1223)

LOUIS VIII (1223-1226)

LOUIS IX Saint Louis (1226-1270)

PHILIPPE III le Hardi (1270-1285)

PHILIPPE IV le Bel (1285-1314)

LOUIS X le Hutin (1314-1316)   PHILIPPE V le Long (1316-1322)   CHARLES IV le Bel (1322-1328)

VALOIS

CHARLES DE VALOIS (non régnant)

PHILIPPE VI de Valois (1328-1350)

JEAN II le Bon (1350-1364)

CHARLES V le Sage (1364-1380)

CHARLES VI le Bien Aimé (1380-1422)   LOUIS D'ORLÉANS (non régnant)

CHARLES VII le Victorieux (1422-1461)

LOUIS XI (1461-1483)

CHARLES VIII (1483-1498)

ORLÉANS

LOUIS XII (1498-1515)

FRANÇOIS 1er (1515-1547)

HENRI II (1547-1559)

FRANÇOIS II (1559-1560)   CHARLES IX (1560-1574)   HENRI III (1574-1589)

BOURBONS

HENRI IV (1589-1610)

LOUIS XIII (1610-1643)

LOUIS XIV (1643-1715)   PHILIPPE D'ORLÉANS (non régnant)

LOUIS XV (1715-1774)

LOUIS XVI (1774-1792)   LOUIS XVIII (1814-1824)   CHARLES X (1824-1830)

LOUIS-PHILIPPE (1830-1848)

987

1223

1498

1610

Les rois qui ont fait la France.

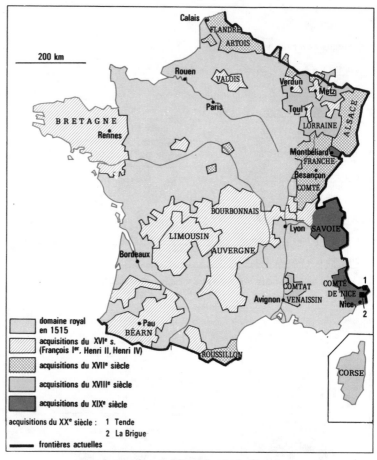

La formation territoriale de la France.

Légende:
- domaine royal en 1515
- acquisitions du XVIᵉ s. (François Iᵉʳ, Henri II, Henri IV)
- acquisitions du XVIIᵉ siècle
- acquisitions du XVIIIᵉ siècle
- acquisitions du XIXᵉ siècle
- acquisitions du XXᵉ siècle : 1 Tende 2 La Brigue
- frontières actuelles

tard, Louis XI poursuivra l'extension du domaine royal à la faveur de ses victoires sur Charles le Téméraire : la Bourgogne, la Picardie, le Boulonnais et, provisoirement, l'Artois entreront dans les possessions françaises. Cependant, si le royaume s'étend, les frontières demeurent très complexes, enchevêtrées au gré des liens de vassalité, et les particularismes régionaux sont toujours bien ancrés.

A la fin du xvᵉ siècle et au xviᵉ siècle, la puissance royale est de nouveau menacée, d'abord par les décevantes campagnes d'Italie, puis par la guerre contre l'empire de Charles Quint qui encercle le territoire national et, enfin, par les guerres de Religion qui mettent le pays à feu et à sang et entraînent même l'intervention des puissances étrangères. La paix revenue avec l'édit de Nantes (1598), le royaume retrouve la prospérité ; le souverain s'affranchit progressivement de la noblesse grâce à la ténacité de Richelieu et à l'habileté de Mazarin. La monarchie absolue triomphe avec Louis XIII et, plus encore, Louis XIV. La France est alors la première puissance d'Europe avec ses 26 millions d'habitants. Elle approche de ses frontières actuelles, après que l'Espagne lui a cédé la Franche-Comté (1678) et que Strasbourg a été annexée. Les revers de la fin du règne de Louis XIV n'amènent que des modifications de détail des limites territoriales du royaume. Assurée de sa suprématie continentale, la France se lance dans les conquêtes coloniales. Entamée dès le début du XVIe siècle avec Jacques Cartier qui a reconnu les côtes canadiennes, la colonisation se développe au XVIIe siècle. En 1608, Champlain fonde Québec et de nombreux émigrants français partent vers le Nouveau Monde. En 1682, Cavelier de La Salle fonde la Louisiane. D'autres colonies sont créées, comme la Martinique et la Guadeloupe (1635) et des comptoirs littoraux sont ouverts en Inde où Dupleix acquiert de vastes territoires durant la première moitié du XVIIIe siècle.

L'expansion suscite la rivalité de l'Angleterre et les Français sont battus en Inde et au Canada, malgré la résistance de Montcalm dans ce dernier pays. En 1763, par le traité de Paris, la France cède aux Anglais ces deux pays — sauf cinq comptoirs en Inde — mais aussi plusieurs îles des Antilles et le Sénégal. Par contre, en Europe, la Lorraine (1766) et la Corse (1768) sont rattachées à la France.

En 1789, il ne subsiste plus que trois enclaves étrangères sur le sol français actuel : Avignon et le comtat Venaissin, la principauté de Montbéliard et la république de Mulhouse. La France demeure davantage un royaume qu'une nation. L'attachement au roi, en dépit d'un mécontentement grandissant, reste le lien le plus solide de l'unité nationale.

Le comtat Venaissin s'étend entre le Rhône, la Durance et le mont Ventoux. Ce territoire a été cédé à la papauté par Philippe III le Hardi. Il releva de l'autorité des souverains pontifes durant de nombreux siècles. Ce ne fut, en effet, qu'en 1791 qu'il fut réuni à la France, en même temps qu'Avignon.

La Révolution brise ce lien, mais confirme l'intégrité du territoire, la République étant déclarée « une et indivisible ». Victorieuse des coalitions étrangères sous la Révolution, le Directoire et l'Empire jusqu'en 1811, la France répand en Europe ses idéaux révolutionnaires et conquiert bien des pays voisins. Dans le même temps, la centralisation des pouvoirs est renforcée ; une nouvelle division territoriale est créée (le département), une administration se met en place, caractérisée, notamment, par les préfets ; des textes de lois sont établis (Code civil, Code pénal) ; un même droit est appliqué à tous les citoyens ; le système métrique harmonise les mesures et un enseignement secondaire et supérieur, contrôlé par l'État, est développé.

Les revers des années 1814-1815 conduisent le pays à se replier sur ses frontières antérieures, le comtat Venaissin, Montbéliard et Mulhouse restant toutefois sous souveraineté française.

L'instabilité des régimes politiques, marquée par les révolutions parisiennes (1830 et 1848) et par la Commune (1871), n'affaiblit pas trop un pays qui s'agrandit de la Savoie et du comté de Nice en 1860, mais qui perd l'Alsace-Lorraine en 1871. Les frontières de l'Est restent les plus disputées. Le XIXe siècle est aussi celui de l'expansion coloniale. A la différence du premier, axé sur l'Amérique et l'Asie et perdu en 1763, le second empire colonial français est centré sur l'Afrique. La conquête de l'Algérie, en 1830, marque les débuts d'une colonisation qui va s'étendre à une bonne partie de l'Afrique occidentale et équatoriale, mais aussi à la côte des Somalies, à la Tunisie (1881), au Maroc (1912), à Madagascar (1895) et à l'Indochine (1867-1893).

A la fin de la Première Guerre mondiale, la France récupère l'Alsace-Lorraine et se voit confier un mandat sur le Cameroun, le Togo, la Syrie et une partie du Liban. L'empire français compte alors 12,5 millions de km^2 et 70 millions d'habitants, tandis que la métropole ne totalise que 550 000 km^2 et 42 millions d'habitants.

Dans le même temps, la République est confortée et les progrès des transports, marqués par la construction du réseau ferroviaire, puis par l'essor de l'automobile, permettent d'insérer plus étroitement les différentes régions dans l'économie nationale. Le développement de l'instruction et l'exode rural contribuent également à ouvrir sur l'extérieur les villages les plus reculés et à façonner l'unité du pays. Cet exode rural, d'abord temporaire, à l'image du ramoneur savoyard ou du bougnat auvergnat, devient peu à peu définitif. Il vide les régions de montagne au profit des agglomérations industrielles et crée de graves déséquilibres démographiques et économiques, toujours très sensibles aujourd'hui. D'autres Français, moins nombreux, emboîtent le pas des émigrants des siècles précédents et partent chercher fortune en Amérique, comme les bergers basques ou les montagnards de la région de Barcelonnette (Hautes-Alpes). En revanche, l'essor économique précédant la crise de 1929 favorise l'arrivée d'Italiens, de Polonais et d'Espagnols qui viennent s'embaucher dans les mines, les usines ou les fermes et qui, parfois, réussissent à s'installer à leur compte comme artisans.

Pendant la Seconde Guerre mondiale, la France fut coupée en deux à la suite de l'armistice du 22 juin 1940. Au nord d'une ligne joignant le pays Basque à Vierzon et au lac Léman, la zone dite « occupée » était directement administrée par les autorités allemandes. Au sud, la zone dite « libre » relevait du gouvernement de Vichy, dirigé par le maréchal Pétain. Le 11 novembre 1942, à la suite du débarquement des Alliés en Afrique du Nord, l'armée allemande franchit la ligne de démarcation et occupa tout le territoire français.

Après la Seconde Guerre mondiale, la France reçoit de l'Italie sur sa frontière des Alpes, Tende et La Brigue. Par contre, la création de l'Union française en 1946, puis de la Communauté française en 1958, n'empêchent pas les anciennes colonies d'acquérir leur indépendance à la faveur de l'ample mouvement de décolonisation qui se développe au cours des décennies 1950 et 1960. Cette décolonisation se traduit parfois par des conflits meurtriers, notamment en Indochine et en Algérie. Il en résulte un repli de nombreux colons sur la métropole.

Trente années de prospérité économique après 1945 favorisent également l'arrivée de nombreux immigrants en provenance des pays méditerranéens (Portugal, Maghreb), mais aussi d'Afrique noire et du Sud-Est asiatique. Le brassage des populations, amorcé dès la Préhistoire, se perpétue jusqu'à nos jours ; il demeure cependant très inégal selon les régions.

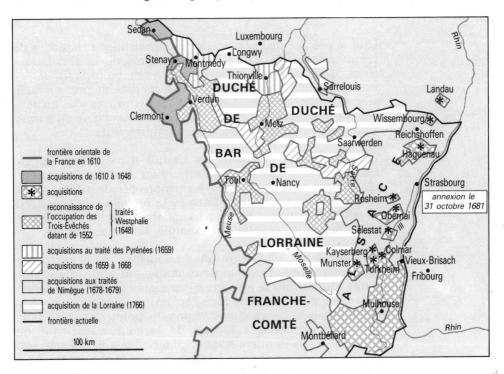

Dans l'Antiquité, Rome ne contient qu'un temps la poussée germanique et dès les ve et vi^e siècles, avec l'arrivée des Alamans et des Francs, s'esquissent deux domaines linguistiques. Incorporées toutes deux dans la Lotharingie par le traité de Verdun en 843, l'Alsace et la Lorraine tombèrent sous la domination germanique en 879, par le traité de Meersen. Après quelques tentatives infructueuses, ce n'est qu'au début du xvie siècle que la France étendit son influence sur les deux régions. En 1552, Henri II occupe les Trois-Évêchés (Toul, Metz et Verdun) ; plus tard, Richelieu attaque la Lorraine pour mettre fin aux intrigues de son duc. Après les ravages de la guerre de Trente Ans, les traités de Münster et de Westphalie (1648) reconnaissent la souveraineté française sur les Trois-Évêchés et des droits sur l'Alsace que les traités de Nimègue (1678) rattachent définitivement à la France. Le traité de Ryswick (1697) fait entrer la Lorraine sous l'influence française et, après avoir été confié par Louis XV à son beau-père, Stanislas Leszczynski, roi de Pologne déchu, le duché est rattaché au royaume à la mort de ce dernier (1766). Les frontières sont légèrement modifiées en 1815, la France cédant à l'Allemagne notamment Landau et une partie de la vallée de la Moselle avec Sarrebruck et Sarrelouis.

En 1870, l'Alsace et la Lorraine sont envahies, et les armées françaises accumulent les revers. Mac-Mahon est battu à Wissembourg, puis à Frœschwiller et à Reichshoffen ; Bazaine est défait à Forbach, puis encerclé dans Metz où il capitule. Le traité de Francfort donne à l'Allemagne l'Alsace, moins Belfort où le colonel Denfert-Rochereau a résisté victorieusement, et une grande partie de la Lorraine : le département de la Moselle (sauf la région de Briey) et les arrondissements de Château-Salins et de Sarrebourg, qui appartenaient au département de la Meurthe. Au total, 14 507 km² et 1,5 million d'habitants. 158 000 Alsaciens-Lorrains opteront pour la France et abandonneront leur région. La France, avec les restes des provinces, crée deux départements : le territoire de Belfort et la Meurthe-et-Moselle. Pendant une trentaine d'années, Alsaciens et Lorrains se retranchent dans le refus et la protestation face à une politique allemande faite tour à tour d'avances et de rigueur. Après 1900, l'arrivée de nouvelles générations, la prospérité économique et l'octroi de libertés constitutionnelles atténuent les ressentiments de la population annexée.

Théâtres de violents combats durant la Première Guerre mondiale, comme ceux de Verdun, du Linge ou du Vieil-Armand, les deux provinces reviennent à la France par le traité de Versailles du 28 juin 1919. Les divisions administratives sont maintenues et également le nombre d'institutions héritées de la période d'annexion. C'est ainsi que le Concordat de 1801 est toujours appliqué et non la loi de séparation de l'Église et de l'État de 1905 ; prêtres, rabbins et pasteurs perçoivent toujours un traitement de l'État.

L'Alsace-Lorraine est à nouveau détachée du territoire français entre 1940 et 1945. Hitler en fait une terre rattachée au pays de Bade et incorpore les hommes dans l'armée allemande en 1942 (les « malgré nous »). Libérée durant l'hiver 1944-1945, notamment par les divisions de Leclerc, elle retourne à la France.

Aujourd'hui, le Nord-Est français profite de la création de la Communauté européenne. Les forteresses de la ligne Maginot ne sont plus qu'un souvenir. A l'instar de Strasbourg, capitale européenne, la région redevient un grand carrefour.

La diversité régionale

L'unité précoce de la France et l'uniformisation des modes de vie, liée à l'urbanisation et aux progrès de la circulation, n'ont pas empêché le maintien d'une grande diversité régionale. Bien que la départementalisation date de près de deux siècles, le souvenir des divisions administratives plus anciennes est toujours présent dans les mémoires : on se dit encore volontiers Rouergat, Berrichon ou Saintongeais.

La personnalité régionale se traduit d'abord par l'usage fréquent d'une langue, d'un dialecte ou d'un patois original. C'est notamment le cas dans les régions périphériques, telles la Corse, l'Alsace, le pays Basque, la Bretagne,... C'est aussi le fait de la plupart des départements et territoires d'Outre-mer, comme le rappelle, par exemple, le créole antillais.

La richesse du folklore est un autre élément de la personnalité des régions. Quelque peu malmené durant la seconde moitié du XIXe siècle et la première moitié du XXe, il revient à l'honneur à la faveur de fêtes locales, activement soutenues par les jeunes. Les costumes régionaux retrouvent alors leurs lettres de noblesse, à l'image de la coiffe alsacienne ou bretonne, cette dernière étant encore portée quotidiennement par un certain nombre de femmes dans le Finistère. Il en est de même des danses, comme la bourrée auvergnate ou la sardane catalane, des jeux et de certains sports : c'est ainsi que le tir à l'arc et le jeu de fléchettes ont conservé de nombreux adeptes dans le Nord, alors que le rugby et la corrida restent l'apanage des villes méridionales, de Dax à Arles.

La diversité régionale se manifeste également dans l'art culinaire. Née de la richesse des terroirs et de l'imagination fertile des grands chefs, la gastronomie est une composante essentielle de la personnalité des régions et les habitudes alimentaires demeurent encore imprégnées de traditions. Il y a une France de la bière au Nord et à l'Est et une France du cidre en Normandie. De même, alors que l'Ouest privilégie l'usage de la crème et du beurre, le Sud recourt plus fréquemment à l'huile d'olive. Chaque région s'honore de posséder des plats typiques, telles la bouillabaisse provençale, la choucroute alsacienne ou encore la potée auvergnate. Quelques-unes misent sur la renommée de leurs fromages ou de leurs vins pour séduire le gourmet, à l'image de la plantureuse Bourgogne.

Enfin, la diversité régionale est toujours présente dans les paysages eux-mêmes, qu'il s'agisse des campagnes secrètes des pays de bocage de l'Ouest, des vastes étendues céréalières de Beauce ou de Brie, des villages alsaciens tapis derrière leurs vergers et leurs remparts ou encore des lourds mas cévenols, couronnés de leurs toits de pierres.

Visages de la France

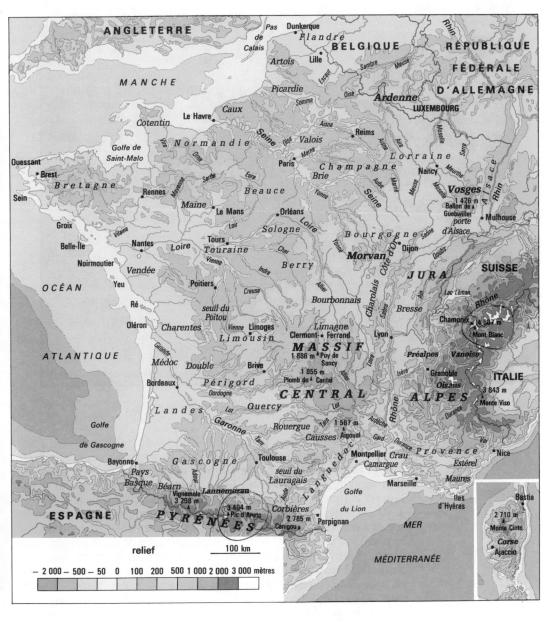

Le relief de la France.

Les plaines

La Champagne berrichonne, au cœur de la France.

Les plaines couvrent près de la moitié du territoire de la France ; ce sont des régions de faible altitude (moins de 200 m et souvent moins de 100 m), au paysage uniforme ou très modérément vallonné. Elles prédominent au nord et à l'ouest du pays, mais sont beaucoup plus rares à l'est et au sud, où elles sont étroites et compartimentées. Les cours d'eau s'écoulent en surface, sans s'encaisser dans une vallée marquée ; l'érosion est réduite, mais des inondations périodiques (plaines de la Saône et de la Garonne, par exemple) rappellent que la nature fait, là aussi, sentir ses droits. On y circule facilement, l'occupation humaine y est aisée ; les sols, souvent riches, ont permis à une agriculture intensive de se développer : les plaines concentrent la plupart des habitants et des villes du pays.

La plaine de Camargue, dans le delta du Rhône.

Ces données communes ne doivent pas faire oublier que les plaines de France sont en fait d'une grande variété :

● Plaines sédimentaires comme les plaines du Nord, du bassin de Paris ou d'Aquitaine, façonnées dans les calcaires ou les argiles formées dans les mers des ères secondaire et tertiaire ; ce sont les plus étendues.

● Plaines alluviales formées par les dépôts des grands cours d'eau, que l'on suit le long de la Seine, de la Loire ou de la Garonne, mais qui prennent l'allure de véritables couloirs quand elles sont enserrées dans les montagnes de l'Est : Alsace, couloir rhodanien, plaines de l'Isère et de la Durance.

● Plaines littorales remblayées sur la mer par des dépôts d'origine fluviale ou maritime ; certaines, comme la Flandre, ont été asséchées, assainies et occupées par l'homme ; d'autres, comme la Camargue, sont en partie restées à l'état naturel.

Plateaux et collines

Les plateaux du Jura occidental, dans la reculée des Planches.

L'altitude des plateaux de la France est généralement comprise entre 200 et 500 m, mais certains bas plateaux dépassent de peu 100 m, comme dans l'ouest du bassin de Paris ou en Ile-de-France ; d'autres, par contre, comme les grands causses du sud du Massif central atteignent parfois 1 000 m. Tous ces plateaux ont en commun une topographie de surface assez plane et des cours d'eau encaissés dans des vallées bien marquées. Arrosés par des précipitations abondantes, ils disposent de réserves d'eau souterraines et donnent naissance à un important réseau hydrographique : Seine, Aube, Marne, Meuse et Saône dans les plateaux du sud-est du bassin de Paris, par exemple. D'après leur allure et leur origine, on peut distinguer deux types de plateaux :

● Les plateaux sédimentaires sont formés de couches dures de calcaires ou de grès ; on les trouve dans le bassin de Paris, où leur altitude se redresse fortement vers l'est à l'approche des Vosges, dans le Bassin aquitain, où ils sont de plus en plus vigoureux au contact du Massif central, en Périgord et en Quercy, et en bordure occidentale du Jura.

● Les plateaux d'érosion sont de vieilles montagnes de l'ère primaire, formées de roches cristallines et sédimentaires anciennes qui ont été pénéplanées par l'érosion et donnent des surfaces assez uniformes, comme celles du Limousin et de l'Ardenne.

Les Alpes mancelles, dans la région d'Alençon.

Les collines sont des hauteurs assez individualisées aux formes souvent arrondies, mais parfois relativement vigoureuses ; elles sont aussi de deux types :

● Collines de Bretagne et de basse Normandie qui sont les reliefs résiduels de vieilles montagnes aujourd'hui usées par l'érosion.

● Collines du piémont des Alpes et des Pyrénées qui proviennent de la dissection par les cours d'eau d'épaisses couches de débris d'érosion accumulées au pied de la montagne.

Les moyennes montagnes

Le massif du Hohneck, dans les Vosges (1 362 m).

La moyenne montagne en France, c'est d'abord les vieux massifs hercyniens formés il y a 300 millions d'années ; ils présentent des formes lourdes, en coupoles, où dominent les reliefs arrondis : les hautes Vosges, celles des « ballons », en sont un bel exemple, de même que le Massif central. Ces montagnes, où la plupart des altitudes sont comprises entre 500 et 1 500 m, sont formées de roches cristallines et siliceuses qui donnent des sols acides et froids convenant bien aux forêts et aux pâturages. Elles doivent leur relief relativement élevé au rajeunissement qu'elles ont connu lors de la formation des chaînes alpines récentes, il y a 50 millions d'années. Les massifs anciens qui n'ont pas connu de tels mouvements, comme le Massif armoricain et les Ardennes, sont aujourd'hui réduits à l'état de plateaux et de collines. Dans le Sud, par contre, les Maures, l'Esterel et la Corse, ravinés par une érosion méditerranéenne intense, ont des formes de relief beaucoup plus escarpées.

Le Jura plissé, à Cerdon, dans l'Ain.

La moyenne montagne, c'est aussi une montagne récente, édifiée en même temps que les Alpes et formée de roches sédimentaires plissées où dominent les calcaires. Dans ces massifs boisés et verdoyants qui s'étendent à la périphérie des hautes chaînes, les plis et le travail des eaux courantes ont produit des formes remarquables. Le Jura, avec sa succession de chaînons, ses monts parfois évidés dans leur partie centrale par une combe et souvent tranchés par des cluses — couloirs étroits par lesquels les cours d'eau traversent le relief de part en part — et par des dépressions en berceau, les vaux, qui aèrent le relief, en est une belle illustration. On trouve des paysages semblables dans les chaînes de l'avant-pays pyrénéen (montagne du Plantaurel, par exemple). Dans les Préalpes de l'ouest et du sud, plus élevées, édifiées par des plissements plus violents et où l'érosion est plus active, le relief est moins ordonné, plus escarpé et prend localement l'allure de la haute montagne.

Au pays des volcans

La chaîne des Puys : au fond, le Puy de Dôme (1 464 m).

Le plus vaste des massifs anciens français, le Massif central, s'étend sur une superficie de 85 000 km^2 ; il culmine au Puy de Sancy, à 1 886 m. On y trouve les formes classiques des vieux massifs usés par l'érosion : pénéplaines monotones du nord-ouest, croupes de la Margeride, fossés d'effondrement et blocs soulevés des limagnes du nord et de la bordure orientale. C'est pourtant une moyenne montagne d'un type particulier, puisqu'elle comporte des massifs volcaniques qui sont d'ailleurs les points culminants de la région. Ces volcans, nés sur les profondes fractures qui ont disloqué le Massif central au moment de la formation des Alpes, ont commencé à se former au début de l'ère tertiaire, il y a plus de 50 millions d'années, alors que les dernières éruptions, celles du Vivarais, datent du quaternaire récent et ont cessé il y a seulement 3 ou 4 000 ans.

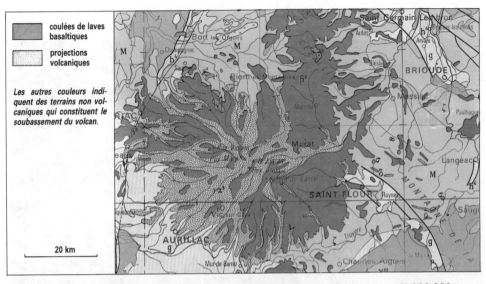

| | coulées de laves basaltiques |
| | projections volcaniques |

Les autres couleurs indiquent des terrains non volcaniques qui constituent le soubassement du volcan.

20 km

Le massif du Cantal : extrait de la carte géologique de France au 1/1 000 000.

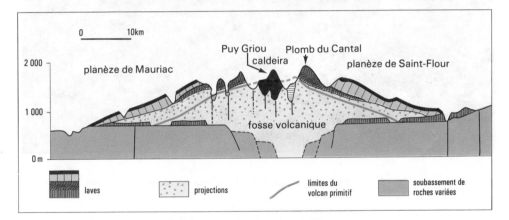

| laves | projections | | limites du volcan primitif | soubassement de roches variées |

Coupe simplifiée du strato-volcan du Cantal.

Le diamètre du Cantal varie de 50 à 70 km et il couvre une superficie d'environ 2 500 km². Il culmine au Plomb du Cantal à 1 855 m, sommet qui est une bordure de caldeira (une « caldeira » est un vaste cratère d'effondrement). Le cœur du volcan est occupé par le Puy Griou, qui s'élève à 1 694 m.

Le Cantal est ainsi le plus vaste des volcans d'Europe. C'est un strato-volcan, c'est-à-dire qu'il est constitué d'un empilement de formations éruptives successives : les coulées de laves alternent avec des projections volcaniques, appelées produits pyroclastiques, qui sont formés de cendres, de pierre ponce et de brèches volcaniques. L'ensemble est injecté de remontées de magma visqueux.

L'activité volcanique s'étend du miocène au pliocène ; elle a commencé il y a environ 10 millions d'années pour cesser il y a moins de 4 millions d'années. Les éruptions ont été de natures diverses, tantôt violentes — du type de celles de la montagne Pelée (volcanisme péléen) —, souvent plus classiques — du type de celles du Stromboli (volcanisme strombolien) —, parfois plus calmes — comme celles qui ont accompagné les épandages des basaltes terminaux. L'érosion des glaciers du quaternaire et celle des cours d'eau actuels ont ouvert sur le flanc du volcan de larges vallées qui mettent en relief des plans inclinés de basaltes : les planèzes, couvertes aujourd'hui de frais pâturages.

La haute montagne

Le massif de l'Aiguille Verte, dans les Alpes (4 122 m).

Les Alpes, qui culminent à 4 807 m au mont Blanc, et les Pyrénées, qui culminent à 3 404 m au Pic d'Aneto, sont les deux chaînes de hautes montagnes récentes de la France. Ce sont des massifs de l'ère tertiaire dont la formation a commencé voilà plus de 50 millions d'années et se poursuit encore aujourd'hui. Elles appartiennent aux grands systèmes montagneux nés de part et d'autre de la Méditerranée, dans la zone où les plaques de l'écorce terrestre qui portent l'Afrique d'une part et l'Europe et l'Asie du nord d'autre part, entrent en collision. Ces régions et leur périphérie sont les zones les plus sismiques de France.

Les formes de relief sont majestueuses : sommets escarpés, lignes de crêtes déchiquetées, vallées profondes... Elles sont en grande partie héritées de l'érosion des glaciers qui couvrirent la quasi-totalité des massifs pendant les périodes

Le cirque de Gavarnie, dans les Pyrénées.

ou cirque
glaciaire : dépression
en forme semi-
circulaire, à
bords raides, entaillé
en amont d'un
glacier.

froides de l'ère quaternaire (la dernière, la glaciation Würm s'est terminée il y a 10 000 ans). Les langues de glace, épaisses de plusieurs centaines de mètres et qui débouchaient des massifs, ont ouvert de larges vallées qui sont aujourd'hui autant de couloirs de pénétration et de mise en valeur de la montagne.

L'érosion actuelle reste très vive : quelques glaciers dans les plus hauts massifs, action du gel qui fait éclater les roches, chutes de pierres, glissements de terrain, avalanches et ravinement des torrents. Le relief évolue en permanence.

Aujourd'hui, la haute montagne est le paradis du sportif et du promeneur, mais elle reste un milieu difficile pour l'agriculteur qui s'accommode mal de la vigueur des pentes, de l'exiguïté des terroirs et de la rigueur du climat.

Le domaine côtier

Le littoral du pays de Caux à Vattetot, à l'est d'Étretat.

Lors de la fonte des glaciers de la dernière période froide de l'ère quaternaire, il y a 6 000 ans, le niveau de la mer est remonté de plusieurs dizaines de mètres, donnant ainsi au littoral le contour que nous lui connaissons.

Les côtes rocheuses, élevées et souvent abruptes, bordent les régions de plateaux et collines, les vieux massifs et les montagnes. Ces côtes sont de deux types :

• Les côtes des plateaux sédimentaires sont assez rectilignes ; elles dressent leurs falaises verticales sur les rivages de la Manche, bordant l'Artois, la Picardie et la haute

Les calanques du Trayas, près de Saint-Raphaël.

Normandie, seulement interrompues par les baies correspondant aux principaux cours d'eau : baie de Somme et baie de Seine ; elles ont subi un recul rapide sous l'effet de l'érosion marine.

● Les côtes des vieux massifs et des montagnes sont beaucoup plus échancrées et sinueuses. L'action de la mer dans des roches dures, mais souvent fracturées, a sculpté caps, baies, anses et promontoires frangés d'écueils et de brisants qui témoignent du recul du rivage. Tels sont les littoraux du Massif armoricain (en basse Normandie et en Bretagne), de la Provence et de la côte d'Azur et, naturellement, de la Corse, véritable île-montagne.

La côte landaise, en Médoc, dans la région de Lacanau-Océan.

Plaines et bas pays s'ouvrent sur la mer par des côtes basses d'accumulation, construites et façonnées par les houles et les courants côtiers. Lieux de prédilection des touristes — mais n'offrant que peu de sites pour les ports —, ces littoraux sont assez rectilignes et présentent en général un cordon sableux, formé d'une plage et de sa dune, qui emprisonne parfois vers l'intérieur des étangs et des lagunes. Tels sont les rivages de la Flandre, du Roussillon et du Languedoc, de la plaine de Corse orientale, et surtout de l'Aquitaine, où la côte landaise s'étire sur 200 km, de la Gironde à l'Adour.

Terres lointaines

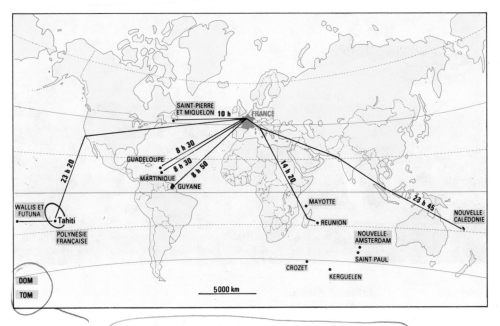

SAINT-PIERRE
ET MIQUELON   10 h   FRANCE

23 h 20

8 h 30

8 h 30

8 h 50

14 h 20

23 h 45

GUADELOUPE

MARTINIQUE

GUYANE

WALLIS ET
FUTUNA

Tahiti

POLYNÉSIE
FRANÇAISE

MAYOTTE

RÉUNION

NOUVELLE-
AMSTERDAM

SAINT-PAUL

CROZET

KERGUELEN

NOUVELLE
CALÉDONIE

DOM

TOM

5 000 km

Les départements et territoires d'outre-mer français. Autres îles (inhabitées) : Clipperton (dans le Pacifique central), Europa et Bassas da India (entre Madagascar et l'Afrique).

L'îlot volcanique et l'atoll de Moorea, en Polynésie française.

En terre Adélie.

De son passé colonial et des voyages accomplis par ses explorateurs, la France a gardé des terres dispersées dans toutes les régions de la planète. Elles couvrent au total 120 000 km² et comptent 1,5 million d'habitants. Leur relief est aussi varié que leur climat, allant des collines émoussées et glacées des rivages de la terre Adélie aux volcans ravinés par les pluies tropicales et à la végétation exubérante de la Réunion.

On peut les regrouper en trois ensembles :

● terres d'Amérique tropicale, avec les îles volcaniques antillaises de la Martinique et de la Guadeloupe, et la Guyane, morceau de la vaste forêt amazonienne ;

● îles du Pacifique avec la Nouvelle-Calédonie, la Polynésie, dont le centre est Tahiti, et Wallis et Futuna ;

● terres australes et antarctiques françaises qui groupent la terre Adélie sur le continent antarctique et les îles Kerguelen, Saint-Paul, Crozet et la Nouvelle-Amsterdam.

Les autres possessions sont isolées : Saint-Pierre-et-Miquelon, au large du Canada, et la Réunion et Mayotte, dans l'océan Indien, au large des côtes de l'Afrique.

Le climat et les eaux

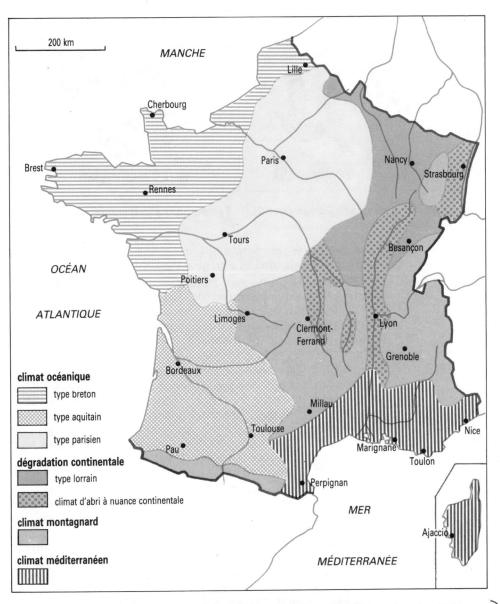

200 km

MANCHE

Lille
Cherbourg
Brest
Paris
Nancy
Strasbourg
Rennes
OCÉAN
Tours
Besançon
ATLANTIQUE
Poitiers
Limoges
Lyon
Clermont-
Ferrand
Grenoble
Bordeaux
Millau
Nice
Toulouse
Marignane
Pau
Toulon
Perpignan
MER
Ajaccio
MÉDITERRANÉE

climat océanique

	type breton
	type aquitain
	type parisien

dégradation continentale

| | type lorrain |
| | climat d'abri à nuance continentale |

climat montagnard

climat méditerranéen

La France est un véritable carrefour climatique, et nul autre pays d'Europe, à part l'Espagne, n'offre une telle variété de climats. Ouverte sur sa façade ouest aux temps doux et humides de l'Atlantique, elle connaît dans ses régions méridionales la chaleur et la sécheresse estivale du monde méditerranéen, alors que, dans les régions de l'Est, les montagnes et les influences continentales imposent des hivers assez froids.

Quelques données du climat

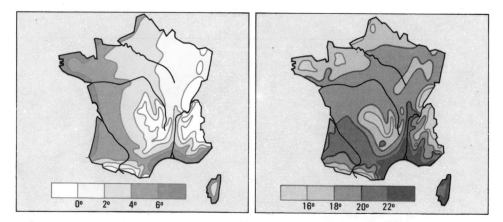

Températures moyennes : janvier (en °C).   *Températures moyennes : juillet (en °C).*

Températures et précipitations permettent de définir les caractères saisonniers et régionaux du climat en France.

● En hiver, les littoraux atlantiques et méditerranéens connaissent des températures douces et de rares gelées. Vers l'Est, la situation se dégrade progressivement et les influences continentales se traduisent par des hivers plus froids et des gelées plus nombreuses ; en montagne, les moyennes sont négatives et le gel sévit plus de 100 jours par an.

● En été, les zones de températures se disposent en bandes allant non pas des littoraux vers l'intérieur, mais du Nord vers le Sud. La France chaude est celle du Midi aquitain et surtout méditerranéen, où les températures moyennes dépassent 22 °C, soit plus de 6 °C par rapport aux régions septentrionales. En montagne, les moyennes sont médiocres, car aux journées souvent chaudes succèdent des nuits parfois très fraîches.

● La répartition des précipitations est très inégale ; les régions les plus arrosées sont les hauteurs littorales et les montagnes de l'intérieur, où les précipitations dépassent en général 1 m. Elles atteignent même 2 m sur les sommets les plus élevés. A l'inverse, dans quelques secteurs abrités, comme les vallées du cœur du bassin de Paris, dans les vallées intérieures du Massif central, comme la Limagne, et les plaines du Roussillon, du Languedoc, en Camargue et dans la région de l'étang de Berre, les pluies sont inférieures en moyenne à 600 mm par an. Quant à l'épaisseur moyenne de neige tombée en une année, elle varie considérablement ; négligeable ou tout à fait exceptionnelle sur les littoraux, elle atteint 40 cm à Chambéry, 2 m à Bourg-Saint-Maurice, 7 m à Val-d'Isère et près de 10 m à Chamonix-Le Tour (la fonte de 1 cm de neige donne environ 1 mm d'eau).

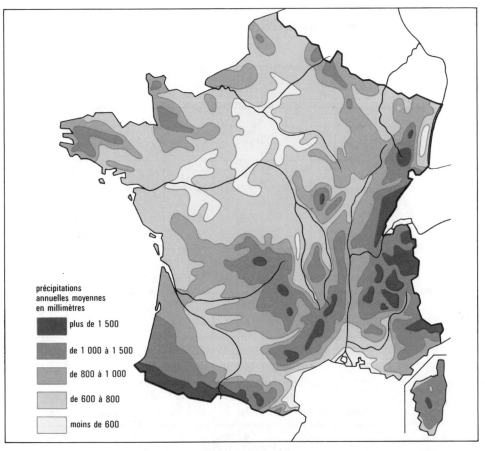

précipitations
annuelles moyennes
en millimètres

- plus de 1 500
- de 1 000 à 1 500
- de 800 à 1 000
- de 600 à 800
- moins de 600

Précipitations annuelles moyennes (en mm).

Record de chaleur	+ 44 °C à Toulouse, le 8 août 1923
Record de froid	− 35 °C à Mouthe, le 3 janvier 1971
Record de pluie en un jour	840 mm à La Llau, le 18 octobre 1940
Record de pluie en un an	4 017 mm au mont Aigoual, en 1913
Record de vitesse du vent	320 km/h au mont Ventoux, en 1967

Quelques records climatiques en France.

Ces moyennes ne doivent pas faire oublier les irrégularités climatiques importantes d'une année sur l'autre. Les grands hivers, les étés torrides et les années sèches ou très humides ne sont pas rares : quelques records sont là pour en témoigner.

La douceur atlantique

		J	F	M	A	M	J	J	A	S	O	N	D	Année
Lille	T °C	2,4	2,9	6	8,9	12,4	15,3	17,1	17,1	14,7	10,4	6,1	3,5	9,7
	P mm	53	44	37	42	50	51	63	63	57	63	60	54	637
Cherbourg	T °C	6,5	6,3	7,7	9,6	12,1	14,8	16,4	16,8	15,8	12,9	9,7	7,5	11,3
	P mm	109	75	62	49	41	39	55	71	79	99	133	119	931
Paris	T °C	3,1	3,8	7,2	10,3	14	17,1	19	18,5	15,9	11,3	6,8	4,1	10,9
	P mm	54	43	32	38	52	50	55	62	51	49	50	49	585
Brest	T °C	6,1	5,8	7,8	9,2	11,6	14,4	15,6	16	14,7	12	9	7	10,8
	P mm	133	96	83	69	68	56	62	80	90	104	138	150	1 129
Rennes	T °C	4,8	5,3	7,9	10,1	13,1	16,2	17,9	17,8	15,7	11,6	7,8	5,4	11,1
	P mm	68	51	48	43	47	45	51	57	58	64	66	71	669
Tours	T °C	3,5	4,4	7,7	10,6	13,9	17,3	19,1	18,7	16,2	11,7	7,2	4,3	11,2
	P mm	60	55	48	46	60	48	48	60	58	60	62	65	670
Poitiers	T °C	3,7	4,6	7,9	10,4	13,7	17,2	18,9	18,6	16,1	11,6	7,3	4,5	11,2
	P mm	60	49	48	47	58	48	45	47	57	59	61	66	645
Limoges	T °C	3,1	3,9	7,4	9,9	13,3	16,8	18,4	17,8	15,3	10,7	6,7	3,8	10,6
	P mm	89	76	66	65	80	67	71	74	84	80	88	94	934
Bordeaux	T °C	5,2	5,9	9,3	11,7	14,7	18	19,6	19,5	17,1	12,7	8,4	5,7	12,3
	P mm	90	75	63	48	61	65	56	70	84	83	96	109	900
Pau	T °C	5,3	5,9	9,2	11,3	14,1	17,6	19,4	19,3	17,3	12,7	8,6	5,8	12,2
	P mm	112	93	81	95	110	91	57	77	85	102	99	134	1 136
Toulouse	T °C	4,5	5,4	9	11,4	14,8	18,6	20,8	20,7	18	13	8,3	5,3	12,8
	P mm	49	46	53	50	75	61	44	54	64	45	51	67	659

Source : *Météorologie nationale.*

Climats à dominante océanique :
données des principales stations.
T °C : température moyenne, en degrés Celsius.
P mm : précipitations annuelles moyennes, en millimètres.

Des rivages de la mer du Nord aux abords des Pyrénées, la
France de l'ouest connaît un climat de caractère océanique,
d'autant mieux représenté que, dans ces régions, les bas pays
dominent ; les influences montagnardes ne se font donc
sentir que très localement, dans l'ouest du Massif central et

des Pyrénées. Ces pays sont le domaine de la douceur et de l'humidité ; largement ouverts à la circulation atmosphérique d'ouest qui domine dans les latitudes moyennes, ils connaissent le plus souvent un temps perturbé, marqué par l'arrivée de dépressions atlantiques successives, responsables d'un temps pluvieux mais rarement froid, entrecoupé d'éclaircies et avec de fréquentes sautes de vent. Le beau temps n'est cependant pas rare, il est d'autant plus persistant que l'on gagne le Sud : les pays charentais et l'Aquitaine sont réputés pour leurs étés ensoleillés.

En moyenne, les climats du domaine océanique se caractérisent par un hiver peu rigoureux (moyennes de 3 à 6 °C le plus souvent) et un été sans chaleur excessive (16 à 19 °C en général). L'amplitude thermique annuelle moyenne (différence entre les moyennes du mois le plus froid et du mois le plus chaud) est donc modérée : 10 à 15 °C, ce qui est caractéristique des climats maritimes. Les précipitations sont assez abondantes et tombent en toute saison, mais avec une dominante pour les mois d'hiver. Ce sont, en général, de longues et fines averses et le nombre de jours de pluie dépasse 150 par an.

Ces caractères d'ensemble sont modifiés par la position en latitude des régions et leur éloignement plus ou moins grand par rapport à la mer. On distingue ainsi trois grandes nuances du climat océanique :

● Le climat océanique pur de type breton se caractérise par une amplitude thermique réduite (10 °C à Brest), des précipitations abondantes et fréquentes (201 jours par an à Brest), des gelées rares (9 jours par an à Cherbourg et 17 jours à Brest) et un ensoleillement modeste (1 757 heures par an à Brest, 1 777 heures à Caen). Il existe des nuances locales à ce climat ; vers le Nord, il est plus rude et plus brumeux (Lille : 61 gelées annuelles et 1 641 heures de soleil par an) et l'on parle parfois de type flamand ; vers le Sud, dans les régions de la basse Loire, il est plus ensoleillé (Nantes : 1 901 heures d'insolation par an). Ces climats sont propices aux herbages et à de nombreuses cultures, mais les plantes exigeantes en chaleur y trouvent vite leurs limites.

Janvier 1985 : des records de froid.
– 12 °C à Biarritz,
– 16 °C à Bordeaux,
– 13 °C à Toulouse,
– 20 °C à Mont-de-Marsan.

● Le climat de type aquitain se caractérise par un été plus chaud, une belle arrière-saison et un ensoleillement plus marqué (2 076 heures par an à Bordeaux, 2 081 heures à Toulouse). Propice aux plantes délicates, il se rapproche du climat méditerranéen par ses températures mais en diffère par ses pluies généralement plus abondantes et, surtout, mieux réparties sur toutes les saisons.

● Le climat de type parisien est une dégradation continentale du climat océanique ; l'amplitude thermique est un peu plus forte (16 °C à Paris, 17 °C à Orléans et à Reims), du fait de contrastes saisonniers plus marqués, et les précipitations sont nettement moins importantes. Les influences maritimes s'estompent progressivement.

La chaleur méditerranéenne

		J	F	M	A	M	J	J	A	S	O	N	D	Année
Perpignan	T °C	7,5	8,4	11,3	13,9	17,1	21,1	23,8	23,3	20,5	15,9	11,5	8,6	15,2
	P mm	39	52	66	39	51	38	24	31	82	74	56	87	639
Marignane	T °C	5,5	6,6	10	13	16,8	20,8	23,3	22,8	19,9	15	10,2	6,9	14,2
	P mm	43	32	43	42	46	24	11	34	60	76	69	66	546
Toulon	T °C	8,6	9,1	11,2	13,4	16,6	20,2	22,6	22,4	20,5	16,5	12,6	9,7	15,3
	P mm	68	42	55	50	51	28	10	31	68	95	110	98	706
Nice	T °C	7,5	8,5	10,8	13,3	16,7	20,1	22,7	22,5	20,3	16,0	11,5	8,2	14,8
	P mm	68	61	73	73	68	35	20	27	77	124	129	107	862
Ajaccio	T °C	7,7	8,7	10,5	12,6	15,9	19,8	22,0	22,2	20,3	16,3	11,8	8,7	14,7
	P mm	76	65	53	48	50	21	10	16	50	88	97	90	672

Source : *Météorologie nationale.*

Climat méditerranéen : données des principales stations.
T °C : température moyenne, en degrés Celsius.
P mm : précipitations annuelles moyennes, en millimètres.

Le Midi méditerranéen, c'est avant tout le ciel limpide, le soleil éclatant, le chant des cigales et la chaleur parfois écrasante des étés. Le climat donne une unité régionale à ces pays qui, de la Catalogne à la frontière italienne, comptent le Roussillon, le Languedoc, les plaines du bas Rhône, la Provence, la Côte d'Azur et la Corse ; il imprime sa marque aux paysages, aux hommes et aux activités. La durée d'ensoleillement est longue, partout supérieure à 2 500 heures par an, atteignant le record de 2 917 heures à Toulon ; les après-midi d'été, le thermomètre marque souvent plus de 35 °C. L'hiver est clément, les gelées sont rares (3 jours par an à Nice, 4 jours à Toulon) et les chutes de neige sont exceptionnelles en plaine. Cependant, dans l'arrière-pays montagneux, les effets de l'altitude se font rapidement sentir et l'hiver est plus rigoureux.

La sécheresse d'été est le trait dominant de ces régions méditerranéennes. Juillet est partout le mois le plus sec, mais, de juin à septembre, les plantes et les rivières manquent d'eau, car les rares orages ne peuvent alimenter le sol, du fait d'une évaporation élevée. C'est en automne que les précipitations sont maximales ; elles tombent sous forme d'orages ou de fortes averses qui ravinent des sols desséchés. Le volume annuel des pluies est très inégal ; il dépend en général de l'altitude et si les montagnes de l'arrière-pays

Montpellier	+ 42,9 °C pendant l'été 1904
	− 18 °C pendant l'hiver 1963
	30 cm de neige pendant l'hiver 1963
Perpignan	1 mm de pluie pendant l'été 1906
	435 mm de pluie, le 26 octobre 1915
Marseille	Aucune pluie pendant 97 jours, du 6 juillet au 10 octobre 1906

Quelques exemples d'excès climatiques dans les régions méditerranéennes.

niçois reçoivent plus de 1 m d'eau par an, les régions déprimées et abritées, comme l'étang de Berre et la basse vallée de l'Aude, n'ont guère plus de 500 mm.

Autre trait dominant de ce climat : les vents, puissants et souvent pénibles, qui dessèchent les plantes, énervent les hommes et le bétail. Tel est le mistral, vent sec et frais du nord qui souffle de la vallée du Rhône, souvent avec une grande violence ; tels sont aussi la tramontane et le cers, vents du nord-ouest qui soufflent sur le bas Languedoc.

L'hiver exceptionnel de 1984-1985.
− 11 °C à Hyères, le 8 janvier 1985 ;
− 12 °C à Cannes, le 9 janvier 1985, et 40 cm de neige à Antibes.

La végétation s'est adaptée à ces contraintes climatiques : la forêt méditerranéenne est peuplée d'arbres à feuilles persistantes, résistant bien à la sécheresse, comme le chêne vert sur terrain calcaire et le chêne-liège sur terrain siliceux, auxquels se mêlent pins et oliviers sauvages. Défrichements, surpâturage, incendies ont aujourd'hui beaucoup dégradé ces forêts et, en dépit des reboisements effectués, les formations sèches de la garrigue et du maquis s'étendent largement.

Malgré ces réserves, l'écologie du milieu méditerranéen est très propice aux cultures variées et délicates. Les progrès de l'irrigation, qui couvre actuellement près de 350 000 hectares dans ces régions, ont fait reculer les cultures traditionnelles : primeurs et fruits poussent aujourd'hui en abondance dans la basse vallée du Rhône, les plaines de Provence, du Languedoc et du Roussillon.

Au total, le climat méditerranéen est envié ; il constitue d'ailleurs, avec la mer, l'un des principaux attraits de ces régions qui sont parmi les plus touristiques de la planète. Il ne faut pas pour autant en oublier les excès et la violence des éléments naturels qui peuvent aussi bien brûler les plaines les années de grande sécheresse que déchaîner la violence des eaux et de l'érosion quand des averses diluviennes s'abattent sur l'arrière-pays.

La rigueur continentale et montagnarde

		J	F	M	A	M	J	J	A	S	O	N	D	Année
Nancy	T °C	0,8	1,6	5,5	9,2	13,3	16,5	18,3	17,7	14,7	9,4	5,2	1,8	9,5
	P mm	67	55	41	49	54	77	60	67	65	55	61	61	712
Strasbourg	T °C	0,4	1,5	5,6	9,8	14	17,2	19	18,3	15,1	9,5	4,9	1,3	9,7
	P mm	39	33	30	39	60	77	77	80	58	42	41	31	607
Lyon	T °C	2,1	3,3	7,7	10,9	14,9	18,5	20,7	20,1	16,9	11,4	6,7	3,1	11,4
	P mm	52	46	53	56	69	85	56	89	93	77	80	57	813
Besançon	T °C	1,1	2,2	6,4	9,7	13,6	16,9	18,7	18,3	15,5	10,4	5,7	2	10
	P mm	97	78	72	72	79	112	93	109	107	100	99	82	1 100
Grenoble	T °C	1,5	3,2	7,7	10,6	14,5	17,8	20,1	19,5	16,7	11,4	6,5	2,3	11
	P mm	80	75	60	65	80	90	70	95	100	95	95	80	985
Clermont-Ferrand	T °C	2,7	3,5	7,3	10,1	13,7	17,2	19,2	18,8	16,1	11	6,7	3,5	10,9
	P mm	25	25	29	43	67	72	51	68	61	49	40	33	563
Millau	T °C	3,3	4,1	7,6	10,4	14	17,7	20,1	19,6	16,7	11,9	7,4	4,1	11,4
	P mm	55	45	60	56	69	60	44	68	74	62	54	83	730

Source : *Météorologie nationale.*

**Climats de la France de l'Est et des montagnes :
données des principales stations.
T °C : température moyenne, en degrés Celsius.
P mm : précipitations annuelles moyennes, en millimètres.**

Dans la France de l'Est, l'emprise continentale s'affirme. Les amplitudes thermiques sont plus fortes (supérieures à 18 °C dans les villes de Strasbourg et Lyon), car l'hiver est plus froid : il neige en moyenne 20 jours par an à Lyon, 24 jours à Nancy, 27 jours à Strasbourg et, dans ces villes, le nombre de gelées annuelles atteint respectivement 63, 82 et 83 jours. C'est d'ailleurs là qu'ont été établis les records du froid en France avec − 35 °C à Mouthe, − 33 °C à Langres et − 30 °C à Nancy, Lyon ayant déjà connu une température de − 25 °C. L'été est assez chaud, les moyennes dépassant même 20 °C à Lyon, ce qui est rare à ces latitudes. C'est aussi, contrairement à toutes les autres régions de la France, la saison la plus arrosée : c'est un critère qui apparente ces climats à leurs voisins d'Europe centrale. Si la dégradation continentale touche les régions les plus orientales de la France, elle est aussi la marque des climats d'abri comme ceux de la Limagne de Clermont-Ferrand et de la vallée du Rhône.

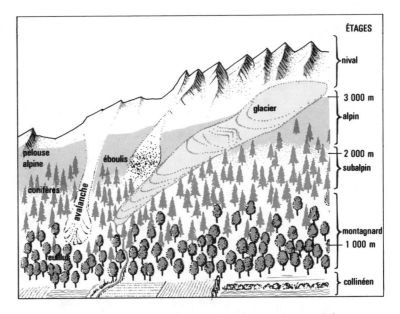

L'étagement de la végétation dans la montagne alpine.

En montagne, les dégradations climatiques sont liées à l'altitude. Elles sont de deux types :

• La température baisse en moyenne de 6 °C chaque fois que l'on s'élève de 1 000 m. Si cela est peu sensible par les belles journées d'été, les nuits et les hivers sont, en revanche, beaucoup plus froids qu'en plaine. Dans les grands massifs, la neige peut séjourner 6 mois et le nombre de jours de gel dépasser 150 par an. A très haute altitude, dans l'étage nival, les chutes de neige et les gelées peuvent même survenir au cœur de l'été. A cela s'ajoutent des oppositions de versants : ceux qui sont bien exposés (au sud, les adrets,) sont ensoleillés beaucoup plus longuement et reçoivent les rayons du soleil sous un angle très favorable, alors que ceux qui sont exposés au nord, (les ubacs,) sont ombragés et frais.

• Les précipitations augmentent avec l'altitude. Le relief contraint les masses d'air humide à s'élever, ce qui les refroidit et favorise les condensations, donc la pluie ou la neige. Les fortes précipitations ne s'enregistrent cependant que sur les versants « au vent », bien exposés, alors que les versants « sous le vent », abrités, sont beaucoup plus secs.

Ces conditions font de la montagne un milieu particulier, disposant d'abondantes ressources en eau et soumis à des agents d'érosion multiples. La variation des conditions climatiques avec l'altitude entraîne un étagement de la végétation : aux feuillus de l'étage collinéen se mêlent peu à peu des conifères dans l'étage montagnard. Ces derniers subsistent seuls dans l'étage subalpin, avant de disparaître en altitude, où les conditions écologiques trop rudes ne permettent qu'une végétation rase.

La Loire

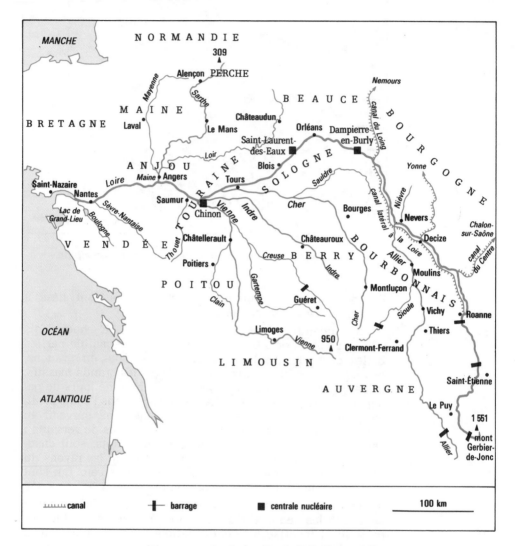

La Loire et ses principaux affluents.

La Loire : carte d'identité.

Longueur	1 012 km
Source	à 1 408 m, au pied du mont Gerbier-de-Jonc
Bassin	115 120 km^2
Débit moyen	1 050 m^3/s
Régime	hautes eaux en hiver, étiage en été
Débit maximum	9 800 m^3/s
Débit minimum	18 m^3/s

Le plus long des (fleuves) français est d'abord un cours d'eau à caractère montagnard qui, de défilés en bassins, traverse le Massif central du sud au nord sur près de 300 km. En sortant de la plaine du Forez, en aval de Roanne, la Loire devient un fleuve de plaine qui s'épanouit dans une large vallée serpentant entre collines et plateaux ; ce n'est qu'avant l'estuaire, en Anjou, dans la traversée du Massif armoricain, que le fleuve s'encaisse à nouveau localement, à la traversée de barres de roches dures de grès et de quartzites. Au-delà, la Loire s'évase largement avant d'atteindre l'Atlantique.

Les affluents de rive droite sont rares et en général peu fournis ; seule la Maine, qui collecte les eaux de la Mayenne, de la Sarthe et du Loir, apporte à la Loire une moyenne de 80 m^3/s drainés sur un bassin de plus de 20 000 km^2. C'est en rive gauche que l'on trouve les principaux affluents. L'Allier est le plus important, avec 450 km de long et un débit moyen de 140 m^3/s qui peut dépasser 5 000 m^3/s lors des grandes crues ; ensuite, on trouve le Cher et l'Indre, chacun ayant un débit d'une vingtaine de m^3/s, puis la Vienne qui recueille les eaux du Limousin et du Poitou sur plus de 21 000 km^2 et apporte à la Loire une moyenne de 70 m^3/s.

Le lit du fleuve, dans les secteurs de plaine, alterne en zones de creusement, les « mouilles », et des hauts-fonds, les « seuils ». En été, période de basses eaux, il apparaît encombré de bancs de sables et d'alluvions arrachés aux pentes du bassin et déposés aux endroits où le flot réduit sa vitesse et ne peut plus transporter sa charge. La Loire reste, en effet, un fleuve très irrégulier et mal domestiqué. Elle est, des grands cours d'eau français, celui qui connaît les écarts les plus extrêmes : gonflée et tumultueuse lors des grandes crues, quand les averses méditerranéennes et atlantiques se conjuguent pour produire de forts abats d'eau sur le Massif central, elle est réduite à de minces filets d'eau lors des étés très secs, car elle circule essentiellement sur un bassin imperméable qui ne dispose que de trop rares réserves souterraines pour soutenir le débit pendant les périodes déficitaires.

Depuis longtemps, les hommes ont cherché à se prémunir contre les dangers du fleuve et, dès le XIIe siècle, on a entrepris d'endiguer le lit entre Decize et Nantes, sur 550 km. Aujourd'hui, la Loire coule entre ces « levées » sans cesse renforcées, mais son niveau domine la plaine alluviale voisine qui s'étend de part et d'autre. Les levées sont incapables de retenir les grandes crues ; il a fallu aménager des déversoirs dans la plaine et, dans le bassin supérieur, des réservoirs qui servent en même temps à soutenir le débit en été. La Loire reste donc un fleuve dangereux ; la navigation fluviale moderne ne peut l'emprunter en amont de Nantes, ce qui réduit sa fonction économique. Elle est pourtant un trait d'union historique et culturel entre les pays du Centre et de l'Ouest.

La Seine

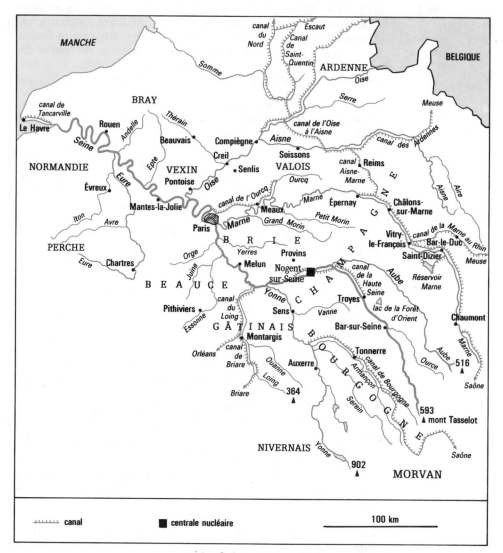

La Seine et ses principaux affluents.

La Seine : carte d'identité.

Longueur	776 km
Source	471 m, au pied du mont Tasselot
Bassin	90 000 km^2
Débit moyen	450 m^3/s
Régime	hautes eaux en hiver, étiage en été
Débit maximum	2 500 m^3/s
Débit minimum	35 m^3/s

La Seine est l'unité hydrographique principale du bassin de Paris ; elle prend naissance, comme deux de ses grands affluents : la Marne et l'Aube, au pied des plateaux calcaires du seuil de Bourgogne, où gisent d'importantes nappes aquifères. Très rapidement, la vallée alluviale de la Seine et de ses affluents est bien marquée ; entaillant les plateaux qu'elle dissèque parfois en buttes, elle constitue un axe important de peuplement, de circulation et d'activités économiques. Dès la confluence avec l'Yonne, la Seine décrit des méandres qui prennent une grande ampleur en Ile-de-France et dans la basse Seine, à partir de Rouen. Les principaux affluents de rive droite sont l'Aube, avec un débit moyen de 25 m^3/s, la Marne, qui draine une partie des plateaux orientaux du Bassin parisien et apporte en moyenne 40 m^3/s, l'Oise, enfin, qui prend sa source en Belgique et dont le débit moyen approche 60 m^3/s. Sur sa rive gauche, la Seine reçoit d'abord l'Yonne, son principal affluent, qui lui apporte 80 m^3/s, puis le Loing, résidu d'un ancien écoulement de la Loire, au débit très faible et, enfin, l'Essonne (10 m^3/s) et l'Eure (20 m^3/s).

L'alimentation de la Seine est assez homogène, car elle dépend pour l'essentiel des pluies à régime océanique qui arrosent la quasi-totalité de son bassin ; la neige des régions orientales et du Morvan ne joue qu'un rôle très limité. Les hautes eaux d'hiver s'expliquent par des précipitations plus abondantes en cette saison et une évaporation réduite, alors que les basses eaux d'été sont à mettre en relation avec la forte évaporation qui règne sur le bassin en cette saison. En moyenne, les différences entre hautes eaux et basses eaux sont sans excès : 500 m^3 à Paris pour les crues moyennes, contre 100 m^3 pour les étiages moyens, alors que le débit courant est d'environ 270 m^3/s. La Seine est donc un fleuve relativement pondéré, ce qui ne l'empêche pas de réagir parfois violemment aux grands accidents climatiques que connaît son bassin. Les inondations catastrophiques de 1910 sont là pour le rappeler.

La Seine est une artère économique de premier plan ; avec ses affluents, elle a donné naissance à l'un des ensembles urbains les plus complets de France, organisé autour de la capitale. Elle satisfait une grande partie des besoins en eau des industries et des populations riveraines, mais il a fallu aménager, dans le bassin supérieur, d'importants réservoirs et lacs de retenue pour écrêter les crues éventuelles et faire face aux grandes sécheresses. Paris et les villes de la basse Seine constituent ainsi le premier ensemble économique du pays, animé par le trafic fluvial le plus important de France : 22 millions de tonnes pour Paris, qui est ainsi le premier de nos ports fluviaux. Cette activité intense a entraîné l'apparition de graves pollutions, mais les mesures d'assainissement prises depuis quelques années ont déjà porté leurs fruits et la Seine est aujourd'hui plus propre qu'elle ne l'était auparavant.

Le Rhône

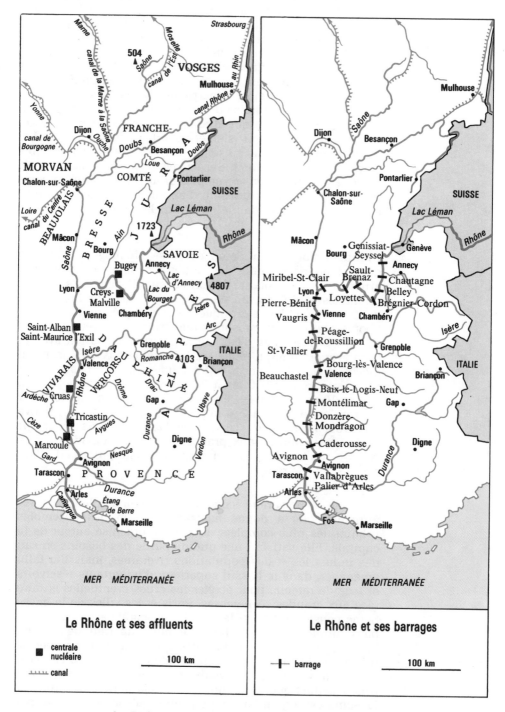

Le Rhône et ses affluents

- ■ centrale nucléaire
- ‚‚‚‚ canal

100 km

Le Rhône et ses barrages

- ┤ barrage

100 km

Le Rhône et ses principaux affluents et barrages.

Longueur	812 km, dont 522 km en France
Source	1 753 m au pied du Saint-Gothard (Suisse)
Bassin	97 800 km^2
Débit moyen	1 800 m^3/s
Régime	hautes eaux en février-mars, étiage en septembre
Débit maximum	12 000 m^3/s
Débit minimum	200 m^3/s

Le Rhône : carte d'identité.

Le plus puissant de nos fleuves naît en Suisse, au glacier du Rhône ; après le Valais suisse, il perd dans le lac Léman son caractère montagnard et débouche en France à 375 m d'altitude. Il traverse les chaînons du Jura par une série de cluses et de défilés, avant d'entrer dans la plaine lyonnaise et de s'orienter définitivement vers le Sud en suivant le couloir rhodanien, pour atteindre enfin la Méditerranée, où il apporte plus de 20 millions de m^3 d'alluvions par an, construisant le vaste delta de Camargue. Ses principaux affluents de rive droite sont l'Ain (50 m^3/s), la Saône, premier de ses affluents, long de 482 km, qui lui apporte 450 m^3/s en moyenne et dont la confluence a donné naissance au carrefour lyonnais. Plus au sud, le Rhône reçoit l'Ardèche et le Gard, affluents modestes en moyenne, mais que des crues très violentes peuvent gonfler exceptionnellement à 7 000 ou 8 000 m^3/s.

Sur sa rive gauche, le Rhône reçoit les grands cours d'eau alpins : d'abord l'Arve (80 m^3/s), puis l'Isère (150 m^3/s), la Drôme (20 m^3/s) et, enfin, la Durance, très irrégulière, qui lui apporte environ 200 m^3/s. Compte tenu de la variété de son alimentation (glaciers, lacs et neige en montagne, pluies océaniques, continentales et méditerranéennes), le Rhône offre un régime unique au monde sur une si étroite portion de territoire. On parle de « régime complexe compensé », puisque les diverses influences saisonnières se complètent pour que le fleuve soit toujours relativement abondant.

Longtemps craint pour l'ampleur de ses crues, le Rhône est aujourd'hui un fleuve totalement maîtrisé, grâce à de nombreux ouvrages qui s'échelonnent de son bassin supérieur (barrages de haute chute) à la région méditerranéenne (barrages au fil de l'eau dans sa plaine alluviale). Il constitue le premier axe de production énergétique du pays, mais aussi une artère économique de premier plan entre l'Europe du Sud, l'Europe du Nord et la Suisse.

La mise à grand gabarit de la liaison Rhin-Rhône par les plateaux de la Haute-Saône ferait de lui l'une des premières voies fluviales d'Europe. Mais ce projet, pourtant ancien et dont l'utilité est reconnue par toutes les parties prenantes, est coûteux et aucun accord de financement n'est encore intervenu entre l'État et les collectivités territoriales concernées.

La Garonne

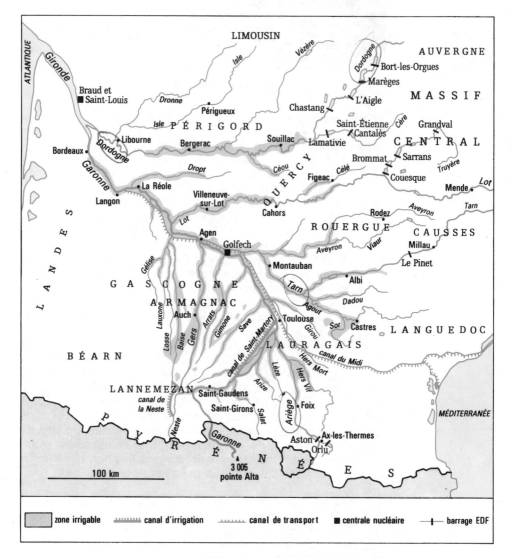

La Garonne et ses principaux affluents.

La Garonne : carte d'identité.

Longueur	575 km, dont 524 km en France
Source	1 872 m, au pied de la Maladetta
Bassin	56 000 km²
Débit moyen	625 m³/s
Régime	hautes eaux en hiver, étiage en été
Débit maximum	8 000 m³/s
Débit minimum	40 m³/s

La Garonne est formée par la réunion de deux petits torrents qui prennent leur source en Espagne, au pied du massif de la Maladetta; c'est d'abord un cours d'eau montagnard qui coule sur une cinquantaine de kilomètres dans le val d'Aran, avant de se perdre dans une cavité et de resurgir, 4 km plus au nord, au Trou du Toro. La Garonne est alors française; son cours est grossièrement sud-nord, puis s'incurve brutalement à Montréjeau, au sortir du plateau de Lannemezan, pour se diriger vers le nord-est, en direction de Toulouse. Après une vaste boucle, la Garonne trouve son cours vers le nord-ouest, coulant entre les accumulations qui s'étalent au pied du Massif central et le piémont des Pyrénées.

Les affluents de rive gauche sont nombreux mais peu alimentés; ils rayonnent en éventail sur le piémont pyrénéen. Les trois plus importants sont la Neste (débit : environ 15 m^3/s), le Gers et la Baïse (moins de 10 m^3/s chacun). Les grands affluents sont en rive droite. Le premier, d'origine pyrénéenne, est l'Ariège qui fournit au fleuve une quinzaine de m^3/s; vient ensuite le Tarn, le plus important de tous, né au pied du mont Lozère, long de 375 km et dont le débit moyen de 230 m^3/s est supérieur à celui de la Garonne quand il conflue avec elle. Le Lot enfin, long de 480 km, apporte à la Garonne 60 m^3/s. La Dordogne n'est pas véritablement un affluent de la Garonne; lorsqu'elle conflue avec elle, au bec d'Ambès, en aval de Bordeaux, c'est un cours d'eau long de 480 km et dont le débit moyen atteint 400 m^3/s, soit les deux tiers de celui de la Garonne. Les deux cours d'eau forment la Gironde, le plus vaste estuaire de France, qui débouche sur le golfe de Gascogne, 70 km au-delà.

Le régime du fleuve est le résultat d'influences multiples : neige dans la partie supérieure du bassin, pluies atlantiques en Aquitaine et averses méditerranéennes, par l'intermédiaire des affluents orientaux et, en particulier, du Tarn. Les crues sont réputées pour leur soudaineté et leur violence, et les inondations de la plaine alluviale en aval de Toulouse sont souvent catastrophiques : celles de décembre 1981 sont encore dans les mémoires.

Depuis longtemps, d'importants aménagements ont été entrepris dans le bassin de la Garonne : elle est doublée par le canal latéral et reliée à la Méditerrannée par le canal du Midi; plus de 100 barrages et retenues ont été construits sur son cours et sur ceux de ses affluents; des canaux d'irrigation distribuent l'eau dans d'importants périmètres agricoles. Il manque pourtant à la Garonne la fonction de transport qui pourrait lier plus étroitement Toulouse et Bordeaux, les deux grandes métropoles du Sud-Ouest : voie d'eau autrefois active, elle n'est plus adaptée à la navigation moderne. L'importance géographique de la Garonne reste pourtant essentielle : elle est l'élément unificateur d'une région très variée.

Bilan de l'eau en France

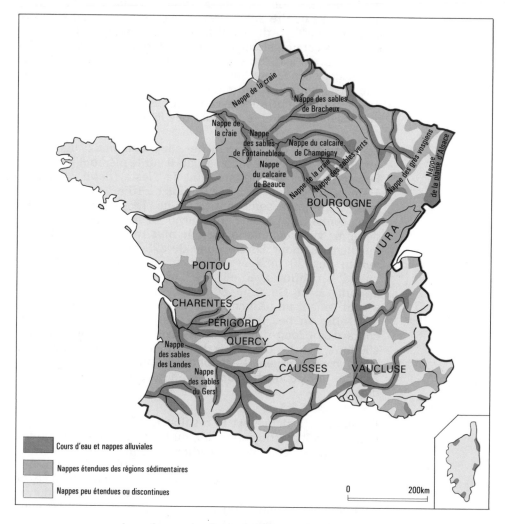

Les gisements d'eau en France.

Chaque année, les précipitations déversent sur la France 450 milliards de m^3 d'eau dont 60 % s'évaporent. Le reste est écoulé par les cours d'eau, ou va, par infiltration, alimenter les nappes souterraines, qui couvrent le tiers de la consommation française, le reste étant prélevé dans les sources et les eaux de surface. On estime que les ressources en eau du pays sont cinq fois supérieures aux besoins, ce qui est une situation très favorable. Néanmoins, les régions sont inégalement pourvues, ce qui a nécessité, depuis longtemps, des aménagements ; de plus, les menaces de pollution ont imposé en 1976 la mise en place d'un plan de sauvegarde des eaux.

Les richesses naturelles de la France

La forêt

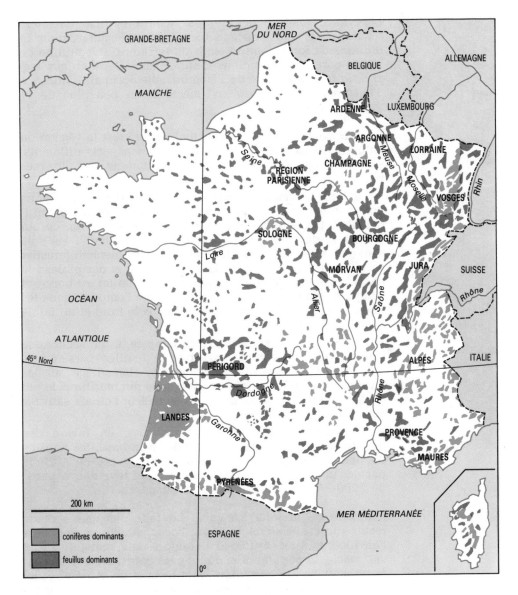

Extension des forêts en France.

Espèces	Superficie (millions d'ha)	%
Feuillus (Chêne, Hêtre, Charme, etc.)	8,3	59,3
Peupleraies	0,2	1,4
Résineux (Pin, Épicéa, Sapin, Mélèze)	3,9	27,9
Forêts mixtes (feuillus et conifères)	1,6	11,4

Composition de la forêt française.

La France dispose de la plus vaste superficie forestière d'Europe : l'arbre y occupe 15 millions d'hectares, dont 14 millions de forêts, soit le quart du territoire, et 1 million de haies, parcs et plantations d'alignement. Depuis deux siècles, la forêt n'a cessé de s'étendre ; elle occupait 8 millions d'hectares au début du XIXe siècle et un peu plus de 11 millions en 1945.

Dans le contexte climatique actuel, la forêt est la végétation naturelle de la France ; elle présente des aspects différents, selon les températures et les précipitations des diverses régions françaises :

● La *forêt de feuillus tempérée* prospère dans les régions non montagneuses à climat océanique ou de nuances continentales. Les arbres perdent leurs feuilles en hiver, ce qui permet le développement d'un humus abondant : les sols sont généralement de bonne qualité. Le peuplement forestier varie selon l'importance de l'ensoleillement et des pluies : la chênaie domine dans les régions où l'insolation est bonne et les pluies sans excès, alors que la hêtraie l'emporte dans les régions plus humides et supporte mieux le froid et un faible ensoleillement.

● La *forêt méditerranéenne* est adaptée à la sécheresse estivale. Elle se compose d'arbres à feuilles persistantes (chêne vert sur les terrains calcaires, chêne-liège sur les terrains siliceux), de résineux comme le pin maritime, le pin d'Alep ou le pin laricio, auxquels se mêlent l'olivier sauvage et parfois le châtaignier.

● Les *forêts de montagne* sont étagées, en raison des modifications climatiques d'altitude ; à la base, les feuillus dominent ; ils sont progressivement remplacés en altitude par des conifères, mieux adaptés au froid hivernal. A partir de 2 200-2 400 m d'altitude, l'arbre disparaît.

L'histoire de la forêt française est faite d'avancées et de reculs successifs en relation avec l'occupation humaine. Vers l'an 1000, la forêt était encore omniprésente, mais, du XIe au XIIIe siècle, la population a doublé, les défrichements se sont étendus et l'arbre a reculé devant la charrue. Au XIVe et au XVe siècle, la population régresse, durement touchée par les ravages de la peste et de la guerre de Cent Ans : la forêt

Grandes forêts domaniales de France (+ de 1 000 ha)	
	(en ha)
Orléans (45)	34 246
Fontainebleau (77)	16 589
Rambouillet (78)	13 611
Chaux (39)	13 059
Lyons (27-76)	10 613
Tronçais (03)	10 433
Mormal (59)	9 166
Châtillon-sur-Seine (21)	8 721
Écouves (61)	7 531
Haye (54)	7 000
Hourtin-Carcans (33)	6 789
Brotonne (76)	6 754
Eawy (76)	6 557
Esterel (83)	5 575
Andaines (61)	5 542
Seix (09)	5 453
Bercé (72)	5 445
Auberive (52)	5 416
Darney (88)	5 290
Châteauroux (36)	5 100
Gérardmer (88)	4 700
Valdoniello (2B)	4 700
Crécy (80)	4 315
Senonches (28)	4 200
Moulières (86)	4 176
Lente (26)	4 000
Abreschwiller (57)	3 900
Vercors (26)	3 517
Grésigne (81)	3 259
Lubéron (84)	3 189
Rennes (35)	2 945
Joux (39)	2 650
Bouconne (31-32)	2 015
Rialsesse (11)	1 832
Saint-Trojan (17)	1 763
Valbonne (30)	1 405
Vizzavona (2B)	1 382
Olonne (85)	1 183
Bavella (2A)	1 080

recolonise alors les terroirs abandonnés. Par la suite, la croissance démographique et l'extension de l'agriculture ne cesseront de réduire la forêt, jusqu'au début du XIXe siècle ; elle occupait alors 15 % du territoire. La politique de reboisement, amorcée sous le Premier Empire, sera poursuivie par les régimes suivants, en particulier le Second Empire. Utilisant souvent les résineux, elle permettra notamment la création du plus grand massif forestier d'Europe, celui des Landes, où le pin couvre 1 000 000 ha. Aujourd'hui, le reboisement est confié au Fonds forestier national, créé en 1946 ; il a permis de reboiser 3 millions d'hectares, d'ouvrir 12 000 km de routes et 5 000 km de pistes en forêt et de mettre en œuvre de nombreux aménagements pour la prévention des incendies.

La forêt française n'est plus naturelle : son exploitation par les hommes a modifié le milieu, favorisant les espèces les plus utiles, comme le chêne et le châtaignier, au détriment des autres, multipliant les peuplements de résineux peu exigeants et dont la croissance rapide assure une bonne rentabilité. D'autres périls menacent la forêt, comme les incendies d'été qui ravagent les régions méditerranéennes, les maladies qui s'attaquent au hêtre, au châtaignier et sont en train de faire disparaître l'orme, et les pluies acides qui commencent à toucher l'est de la France. Ce patrimoine irremplaçable exige donc des actions de sauvegarde ; pourtant, il reste dans l'ensemble mal entretenu et peu mis en valeur. Si les plus beaux massifs, anciennes forêts royales devenues domaniales, sont gérés et exploités depuis parfois des siècles, si des régions comme le Jura et les Vosges ont une tradition ancestrale de mise en valeur de la forêt, dans la plupart des cas, le potentiel forestier n'est que très médiocrement utilisé.

La France produit environ 30 millions de m³ de bois par an, soit l'équivalent de la production de l'Allemagne fédérale qui dispose d'une forêt pourtant deux fois moins étendue. L'ensemble des activités liées au bois, la filière bois, emploie 650 000 salariés dans 100 000 entreprises, mais le déficit commercial de ce secteur a été multiplié par deux en cinq ans et approche aujourd'hui 14 milliards de francs.

C'est la répartition de la propriété forestière qui est à l'origine de ce problème : les forêts domaniales et communales sont le plus souvent correctement gérées, mais l'État et les communes ne contrôlent que 4 millions d'ha, soit moins de 30 % de la surface boisée totale. Le reste — plus de 10 millions d'ha — est propriété privée, aux mains de 1,6 million de propriétaires, dont 93 % possèdent moins de 10 hectares. Ces petites propriétés, le plus souvent morcelées par héritage, sont en général improductives et ne sont pas entretenues. La loi sur la forêt, adoptée en 1985, propose des réglementations et des procédures d'aide pour valoriser enfin ce patrimoine inutilisé.

Les ressources de la mer

La France dispose du troisième empire maritime du monde après les États-Unis et le Royaume-Uni. Depuis que les états ont progressivement décidé de délimiter une *zone économique exclusive* de 200 milles (environ 370 km) au large de leurs côtes et de celles de leurs possessions — situation entérinée par la Convention sur le droit de la mer signée en décembre 1982 par 117 pays —, la France contrôle une zone maritime de 10,2 millions de km². Ainsi, par exemple, l'île déserte de Clipperton met à la disposition de la métropole une zone économique exclusive de 430 000 km² dans le Pacifique, au large des côtes occidentales du Mexique.

Ce vaste espace est encore peu exploité ; il recèle d'importantes ressources biologiques et la prospection pétrolière s'y poursuit, mais ses richesses sont avant tout minérales. On a en effet identifié plusieurs gisements de nodules polymétalliques riches en nickel, cuivre, cobalt et manganèse, dont l'exploitation systématique ferait de la France un grand producteur de ces importants métaux. Mais ces nodules gisent à grande profondeur, généralement entre 3 000 et 5 000 m et leur exploitation, très coûteuse et techniquement difficile, ne devrait pas commencer avant la fin de la décennie.

Les partages opérés avec les États riverains ont donné à la France métropolitaine une zone économique exclusive de 150 000 km² ouverte sur deux ensembles maritimes bien distincts :

● L'*Atlantique et ses mers bordières,* Manche et mer du Nord, connaissent de fortes marées, de puissantes houles d'ouest et la convergence d'eaux chaudes, apportées par la dérive nord-atlantique, et d'eaux froides venues de l'Arctique. La richesse biologique des eaux est donc importante, d'autant que la plate-forme continentale est large : les pêcheries de la façade océane ont une bonne productivité.

● La *Méditerranée* ne connaît que des marées imperceptibles. La plate-forme continentale est réduite et l'on gagne rapidement les grands fonds. La moindre richesse biologique est compensée par la plus grande valeur des espèces : poissons de roches et thon sont les prises les plus recherchées des pêcheurs du Midi.

La pêche en France : production, en tonnes.

1970	764 000
1972	797 000
1974	808 000
1976	806 000
1978	796 000
1980	765 000
1982	750 000
1984	794 000

Poissons, crustacés et coquillages constituent en effet la première ressource naturelle des espaces côtiers. La pêche emploie directement 25 000 pêcheurs, auxquels s'ajoutent 50 000 éleveurs d'huîtres et de moules, et procure du travail à plus de 200 000 personnes. La pêche bretonne arrive en tête, dominée par les ports de Lorient, Concarneau, Guilvinec et Douarnenez, mais le premier port du pays est Boulogne-sur-Mer (Pas-de-Calais), avec plus de 100 000 t par an.

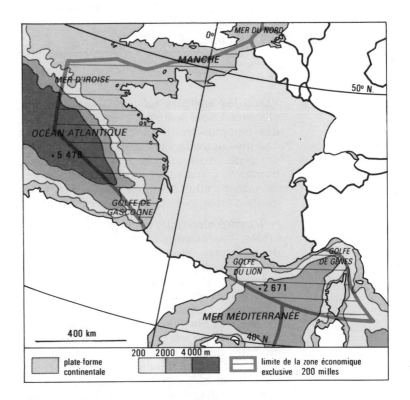

Les zones maritimes bordières de la France métropolitaine.

Chaque année, ces activités livrent environ 750 000 t de produits de la mer. La consommation nationale de poisson a fortement augmenté : 10 kg par Français et par an à la fin des années 50, contre plus de 20 kg aujourd'hui ; la France n'est donc pas autosuffisante et doit importer 20 % de ses besoins. La pêche connaît de nombreuses difficultés : la surexploitation épuise les pêcheries traditionnelles, les coûts d'entretien des navires ont fortement augmenté et la concurrence est vive dans les eaux communautaires, où l'activité est réglementée par un accord de 1983, et dans les eaux internationales, face aux grands producteurs mondiaux. Pour limiter la crise, on développe actuellement l'aquaculture, élevage côtier de poissons de valeur, pour prendre le relais de la petite pêche traditionnelle en déclin.

Le sel est, après la pêche, la deuxième grande ressource des zones côtières et les premiers marais salants ont été aménagés par les Romains. La production de sel de mer s'élève aujourd'hui à 1,5 million de t, soit plus de 40 % de la production nationale, le reste étant fourni par les mines de sel gemme de Lorraine et du Jura. La production est pratiquement éteinte dans les marais salants de l'Ouest, qui furent autrefois les plus productifs du pays ; elle s'est concentrée sur les salines du Midi : avec 1 million de t par an, Salin-de-Giraud est le premier marais salant d'Europe.

Les énergies renouvelables

Parmi les énergies renouvelables, certaines comme l'hydro-électricité sont utilisées depuis le XIXᵉ siècle ; mais la crise des énergies traditionnelles a conduit à s'intéresser à des énergies nouvelles comme le solaire, la géothermie ou l'énergie verte. Au total, ces ressources, inépuisables à l'échelle humaine, constituent un fort potentiel, encore trop peu mis en valeur : elles devraient assurer 10 % de la consommation totale d'énergie de la France en 1990.

● L'*hydro-électricité* est la première de nos énergies renouvelables, fournissant entre 6 et 7 % de l'énergie consommée dans le pays (voir p. 195). C'est une énergie propre et d'un coût très compétitif ; de plus, les équipements hydrauliques permettent de fournir de l'eau pour l'irrigation et pour la consommation domestique et industrielle. La quasi-totalité des sites équipables des grands massifs montagneux, Alpes, Pyrénées et Massif central, sont aujourd'hui aménagés, ainsi que le Rhône et le Rhin, seuls fleuves français aptes à produire de l'hydro-électricité : en ce domaine, le potentiel national est donc bien mis en valeur. Il faut ajouter à cela la production d'électricité par les marées sur l'estuaire de la Rance en Bretagne du Nord. L'usine marémotrice, mise en service en 1966, est aujourd'hui encore la seule à fonctionner dans le monde et fournit environ 550 millions de kWh par an.

● L'*énergie solaire* est inépuisable mais reste encore une énergie d'appoint, car elle est difficile à stocker et n'autorise que de faibles puissances installées. Un four solaire d'une

L'usine marémotrice de la Rance.

Le potentiel solaire de la France.

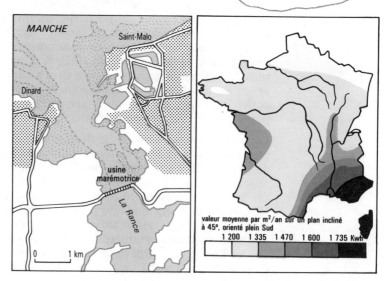

valeur moyenne par m²/an sur un plan incliné à 45°, orienté plein Sud
1 200   1 335   1 470   1 600   1 735 Kwh

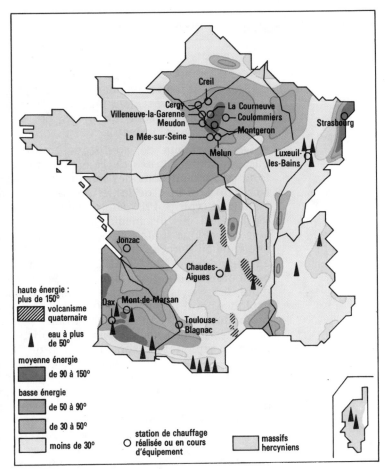

La géothermie utilise les eaux chaudes du sous-sol; le potentiel français est assez vaste, mais ce sont les gisements de basse énergie (eaux à moins de 90 °C) qui dominent largement. Ils sont utilisés pour le chauffage des logements, à partir de forages, et peuvent satisfaire jusqu'à 90 % des besoins dans les zones les plus favorables. Près de 80 000 logements sont aujourd'hui raccordés, essentiellement dans le bassin de Paris et l'Aquitaine. Les Antilles et la Réunion disposent en outre d'un bon potentiel de géothermie haute énergie (plus de 150°C), qui pourrait permettre de produire de l'électricité.

La géothermie en France.

puissance de 64 kW fonctionne depuis 1976 à Odeillo alors que la centrale Thémis, d'une puissance de 2 000 kW, a été mise en service en 1983. Ces deux équipements, qui se trouvent dans les Pyrénées-Orientales, produisent une électricité assez coûteuse. C'est en fait dans le domaine des chauffe-eau et du chauffage des logements que le solaire connaît un développement notable : près de 100 000 équipements ont déjà été installés.

● Enfin, deux autres ressources sont développées : la *géothermie* (voir ci-dessus) et l'*énergie de la biomasse,* c'est-à-dire l'énergie extraite par combustion, fermentation ou distillation de matière végétale. On peut ainsi obtenir de la chaleur, du gaz ou des alcools carburants comme le méthanol (à partir du bois) et l'éthanol (à partir de plantes comme les céréales, la betterave ou le topinambour). La seule utilisation rationnelle des sous-produits de la forêt et de l'agriculture pourrait ainsi permettre de produire l'équivalent de 10 millions de t de pétrole par an.

Les richesses du sous-sol

La France est pauvre en charbon et en hydrocarbures. Or, ces combustibles représentent plus de 70 % de notre consommation d'énergie et sont, en outre, des matières premières essentielles pour l'industrie.

• Les gisements de *houille* se trouvent dans les vieux bassins sédimentaires de l'ère primaire, souvent enfouis à forte profondeur sous des terrains plus récents : bassin du Nord, de Lorraine, de la périphérie du Massif central et du Dauphiné (voir p. 198). On trouve aussi, en Provence et dans les Landes, des gisements plus récents de lignite, au pouvoir calorifique moins élevé. L'exploitation du charbon est ancienne en France ; elle a commencé à l'échelle industrielle à Anzin, dans le Nord, en 1720, et a permis le développement de nombreuses régions industrielles au XIXe siècle. Aujourd'hui, les veines charbonnières les plus accessibles ont été exploitées et il faut aller chercher le charbon de plus en plus profondément et dans des conditions souvent difficiles, en dépit des progrès techniques accomplis. On estime que les réserves exploitables sont de l'ordre de 500 à 600 millions de t, mais seuls les bassins de Lorraine et de Provence permettent des rendements élevés ; les autres fournissent un charbon cher. Tout espoir n'est pourtant pas perdu en ce domaine ; les techniques modernes de prospection permettent de mieux ausculter le sous-sol et, en 1985, un gisement de 200 millions de tonnes a été découvert à Lucenay-lès-Aix dans la Nièvre. En outre, des techniques récentes, comme la gazéification en profondeur, pourraient permettre de valoriser des veines inaccessibles et de récupérer des réserves dépassant le milliard de tonnes. La France restera néanmoins un pays charbonnier mineur face aux grands producteurs mondiaux.

• Les gisements d'*hydrocarbures*, pétrole et gaz naturel, sont concentrés dans deux régions :

— L'Aquitaine, avec le gisement de gaz de Lacq, découvert en 1951, et le gisement de pétrole de Parentis-en-Born, découvert en 1954. Après trente années d'exploitation, la production de ces sites est en déclin et devrait s'éteindre d'ici la fin du siècle. Elle est actuellement relayée par celle de gisements découverts récemment, en particulier celui de Vic Bilh et, surtout, celui de Lagrave, qui a commencé à fournir du pétrole en 1984.

— Le Bassin parisien, essentiellement dans la Brie, où l'on produit uniquement du pétrole. La part de ses gisements est restée longtemps modeste (autour de 15 % de la production nationale) mais est appelée à s'accroître nettement depuis la mise en service des gisements de Chaunoy et de Villeperdue.

La prospection au large des côtes se poursuit depuis 10 ans mais n'a toujours donné aucun résultat. Si aucune découverte

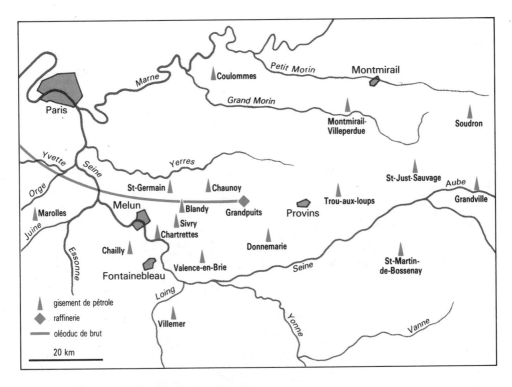

**Les gisements de pétrole
de la Brie.**

majeure n'intervient, la France continuera à produire entre 2 et 3 millions de t de pétrole par an, soit moins de 2 % de sa consommation énergétique totale.

● La France est mieux pourvue en *uranium :* les ressources économiquement exploitables sont de l'ordre de 80 000 t, alors que l'ensemble des ressources identifiées s'élève à 120 000 t pour une production annuelle dépassant 3 000 t. Les principaux gisements sont situés en Vendée, à l'Écarpière, dans le Limousin, près de Bessines, aux Bois-Noirs, en Auvergne, et près de Lodève, en Languedoc.

● Pour les autres minerais métalliques, les ressources sont inégales. La France dispose d'un important gisement de *fer* en Lorraine, mais le minerai est phosphoreux et de faible teneur, et la production est en forte baisse, avec environ 5 millions de t par an. La France possède aussi des gisements de *bauxite,* en Provence (moins de 2 millions de t par an), et de *nickel,* en Nouvelle-Calédonie ; elle est, en outre, un producteur notable de *cobalt* et de *magnésium,* qui sont des métaux rares.

Le sous-sol national recèle la plupart des métaux, mais en quantités généralement si faibles que leur exploitation n'est pas rentable. Pourtant, certaines découvertes récentes sont prometteuses (voir p. 60), et la prospection active qui se poursuit réserve sans doute d'autres surprises.

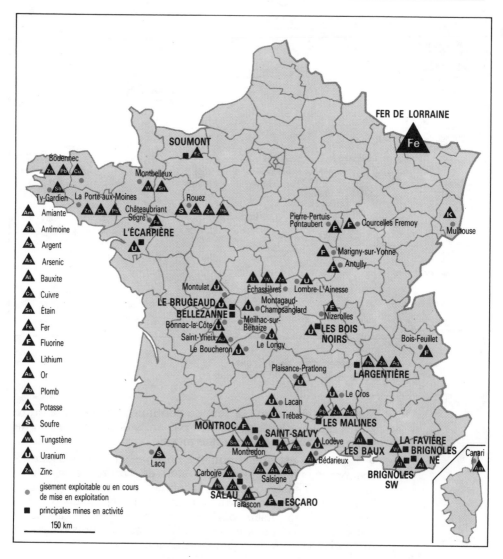

Les minerais métalliques en France.

Depuis 20 ans, on assiste à un renouveau de la recherche minière dans les vieux pays. Si tous les gisements métalliques de surface ont été identifiés, il n'en va pas de même de ceux du sous-sol, que des méthodes modernes permettent aujourd'hui de déceler. Le Bureau de recherches géologiques et minières (B.R.G.M.) compte ainsi à son actif deux découvertes récentes qui feront date dans l'histoire minière de la France :

● L'amas de Rouez, dans la Sarthe, est constitué de 100 millions de t de sulfures de cuivre, de zinc et de plomb, métaux pour lesquels la France est fortement dépendante ;

● Le site de l'Échassières, dans l'Allier, près de Montluçon est un gisement polymétallique de 8 km³ qui renferme nombre de métaux stratégiques que la France importe actuellement à 100 % : tantale, nyobium, béryllium, rubidium, césium, gallium, ainsi que des métaux associés comme l'étain, le tungstène et l'oxyde de lithium, utilisé dans les alliages spéciaux et qui serait la première ressource du site, avec des réserves évaluées à 300 000 t pour une production annuelle mondiale de 7 000 t.

L'exploitation de ces gisements exigera des investissements considérables et la mise au point de techniques appropriées, mais elle peut faire de la France, territoire que l'on croyait épuisé depuis longtemps, une puissance minière avec laquelle il faudra compter.

L'organisation administrative de la France

De la centralisation à la décentralisation

La France est restée, jusqu'à une période récente, le type même de l'État centralisé. La centralisation est un système d'organisation dans lequel tous les actes administratifs, même ceux qui concernent la gestion régionale et locale, relèvent de la compétence des organes de l'État et sont exercés par ses représentants politiques et ses fonctionnaires. C'est donc l'autorité centrale qui détient seule le pouvoir de décision, contrôle l'ensemble de la machine administrative et exerce sa tutelle dans les différentes circonscriptions qui composent le pays.

Cet état de choses est le fruit de longs siècles d'évolution au cours desquels s'est lentement forgée l'unité politique et nationale du pays. La centralisation a été amorcée sous Philippe Auguste (1180-1223) qui généralisa les bailliages, circonscriptions territoriales où s'exerçait l'autorité royale. Par la suite, le progrès ne fut pas continu, la centralisation reculant pendant les périodes de crises et de troubles politiques ou militaires et se renforçant sous l'autorité de grands souverains et de leurs représentants : François Ier (1517-1547), Louis XIII (1610-1643) et Richelieu, Louis XIV (1643-1715) et Colbert en furent, parmi d'autres, les principaux artisans.

Pourtant, avant la Révolution de 1789, la centralisation restait inachevée. La France était divisée en circonscriptions diverses, apparues à des périodes différentes, et qui se chevauchaient : bailliages, gouvernements, généralités, États provinciaux, pays,... Une telle complexité entraînait des conflits de compétence, des lenteurs, et limitait l'efficacité administrative.

C'est paradoxalement la Révolution qui, tout en mettant fin à l'Ancien Régime, va perfectionner son œuvre centralisatrice : les anciennes divisions du territoire sont abolies et remplacées en 1790 par une circonscription homogène, le *département*, lui-même divisé en cantons, ces derniers regroupant un certain nombre de communes.

Bonaparte complétera le dispositif et lui donnera toute sa cohérence et son efficacité : la loi du 28 pluviôse an VIII

(17 février 1800) institue la fonction de préfet et de maire, tous deux nommés par le gouvernement, et subdivise les départements en arrondissements à la tête desquels est placé un sous-préfet. Au XIXe siècle, la France est l'État le plus centralisé d'Europe, d'autant que l'ensemble des pouvoirs et des organes de direction est concentré à Paris, à la fois cœur et cerveau du pays. La centralisation est donc un fait politique et administratif, mais aussi géographique.

Cependant, les collectivités territoriales, communes et départements, vont être progressivement dotées d'organes représentatifs et de véritables pouvoirs. Les conseils municipaux sont élus à partir de 1831 ; en 1881, ils se voient attribuer le pouvoir de désigner les maires et, en 1884, la « Charte des communes » reconnaît les principes de l'autonomie communale. Élu à partir de 1833, le conseil général (appellation de l'assemblée départementale) voit peu à peu son autorité se renforcer dans le département pour devenir un véritable organe de décision à partir de 1926. Les tendances décentralisatrices sont donc amorcées dès le XIXe siècle ; néanmoins, l'autorité de l'État continue à s'exercer par l'intermédiaire du préfet qui garde sa tutelle sur les maires et reste l'organe exécutif du département.

Au lendemain de la Seconde Guerre mondiale, le besoin de réformes plus profondes se fait sentir. La création des régions apparaît comme l'instrument essentiel de ce renouveau. Ces circonscriptions territoriales, nées en 1956, groupent plusieurs départements et répondent mieux aux nécessités de l'aménagement du territoire. Dans un discours célèbre du 25 mars 1968, le président de Gaulle souligne leur rôle essentiel dans l'évolution du pays : « *L'évolution principale porte notre pays vers un équilibre nouveau. L'effort multiséculaire de centralisation qui fut longtemps nécessaire pour réaliser et maintenir son unité malgré les divergences des provinces qui lui étaient successivement rattachées ne s'impose plus aujourd'hui. Au contraire, ce sont les activités régionales qui apparaissent comme les ressorts de sa puissance économique de demain...* » Pourtant, le projet de réforme régionale préparé par le chef de l'État sera repoussé par les Français lors du référendum du 27 avril 1969. Le Général s'est alors retiré, mais l'idée de réforme a survécu.

Prudemment remise à flot par la loi de 1972, qui modifie le statut des régions et augmente leurs compétences, la décentralisation administrative sera finalement réalisée en 1982. La loi du 2 mars 1982, dite « loi Defferre » (du nom du ministre de l'Intérieur socialiste qui l'a présentée), complétée par la loi du 7 janvier 1983, fixe les nouvelles compétences des communes, des départements et des régions. Si la décentralisation est d'ores et déjà une réalité juridique, il est probable qu'elle mettra encore un certain temps à s'inscrire dans les faits et dans les mœurs.

Les communes ①

La commune est la cellule territoriale de base de la France ; elle correspond à un espace contrôlé par un village pour les communes rurales, ou par une ville pour les communes urbaines. Son origine est ancienne : quand les groupes humains se sont établis sur le territoire, ils ont progressivement mis en valeur un espace qui correspondait à leurs besoins et à leurs possibilités. Des limites naturelles se sont alors fixées entre ces diverses unités : cours d'eau, lignes de relief ; cependant, au fil de l'histoire, de nouvelles communautés s'installaient sur des territoires laissés vierges jusqu'alors. Dans les régions sans frontières naturelles, ce sont les usages qui, peu à peu, ont défini les limites entre les espaces contrôlés par les communautés villageoises. De plus, ces unités de base sont assez rapidement devenues des cellules religieuses élémentaires, les « paroisses ». Chaque paroisse avait son église et son curé, les habitants se distinguant ainsi de la communauté voisine qui avait sa propre église et son propre curé. Ainsi s'est élaborée, dans un cadre territorial qui s'est peu à peu fixé, la communauté humaine et sociale d'où sortira la commune. L'acte de naissance officiel, c'est à la Révolution française qu'il est dû : des 44 000 paroisses qui existaient alors, elle fit des communes, le 14 décembre 1789.

Évolution du nombre des communes :
1881 : 36 097
1911 : 36 241
1921 : 37 963
1946 : 37 983
1954 : 38 000
1962 : 37 962
1968 : 37 708
1975 : 36 394
1982 : 36 433

Au recensement de 1982, la France comptait 36 433 communes. Leur nombre a diminué, car certaines se sont dépeuplées et ont été regroupées avec leur voisine, alors que d'autres ont volontairement fusionné. Une commune est qualifiée d' « urbaine » quand plus de 2 000 habitants vivent regroupés dans une agglomération. Les *communes urbaines* représentent moins de 15 % du total mais groupent plus de 70 % de la population du pays. Sur ces 4 888 communes urbaines, 952 ont une ville-centre ; les autres, soit 3 936, sont un élément des 830 agglomérations urbaines les plus importantes.

Quant aux *communes rurales,* elles sont très diverses : plus de 4 000 d'entre elles dépassent 1 000 habitants, mais on en compte un nombre égal ayant moins de 100 habitants. On compte 25 communes de moins de 10 habitants et 4 communes inhabitées. Elles ont été détruites pendant la Première Guerre mondiale et n'ont pas été reconstruites, mais ont été maintenues au titre de vestiges historiques ; elles sont toutes situées sur le champ de bataille de Verdun : Beaumont-en-Verdunois, Bezonvaux, Hautmont-près-Samogneux et Louvremont-Côte-du-Poivre.

La diversité des communes est énorme, tant par leur superficie que par leur population :

● Arles, dans les Bouches-du-Rhône, est la commune la plus grande avec 77 000 hectares ;

	Nombre	%	Population	%
Communes rurales	31 545	86,6	15 000 000	27
Communes urbaines	4 888	13,4	40 000 000	73
Total	36 433	100,0	55 000 000	100

(Estimations pour 1985, données arrondies pour la population.)

Communes rurales et communes urbaines.

● Le *syndicat mixte* : il résulte d'une entente ponctuelle entre la commune et une autre collectivité locale ou un organisme sur un objet précis : eau, transports,... Il en existe plus de 10 000.

● Le *syndicat intercommunal à vocation multiple (SIVOM)* : il a des attributions diverses, surtout en matière de services et d'équipements communs ; il en existe près de 1 400 regroupant plus de 18 000 communes, essentiellement rurales.

● Le *district* permet une mise en commun des impôts des communes membres ; il gère les services du logement et a des compétences en matière de plans d'urbanisme, de transports, de services scolaires,...

● La *communauté urbaine* concerne les communes qui appartiennent à une agglomération de plus de 50 000 habitants et gère l'ensemble des services et équipements. Il en existe 9 : Bordeaux, Lille, Lyon, Strasbourg, Brest, Cherbourg, Dunkerque, Le Creusot-Montceau-les-Mines et Le Mans.

Les types de regroupements communaux.

● Castelmoron-d'Albret, en Gironde, est la commune la plus petite avec 3,76 hectares (41 habitants) ;

● Paris est la commune la plus peuplée : 2 188 918 habitants.

Depuis longtemps, on cherche à favoriser la fusion des petites communes, mais ce mouvement est lent ; 1 130 communes seulement ont disparu depuis 1971. Il a donc fallu trouver des formules permettant aux petites communes de se regrouper pour des objectifs communs. Les regroupements intéressent aussi les communes appartenant à une agglomération urbaine et qui sont amenées à unir leurs compétences pour faire face à des problèmes qui les concernent toutes.

Nombre d'habitants de la commune	Nombre de conseillers municipaux
moins de 100	9
100 à 499	11
500 à 1 499	15
1 500 à 2 499	19
2 500 à 3 499	23
3 500 à 4 999	27
5 000 à 9 999	29
10 000 à 19 999	33
20 000 à 29 999	35
30 000 à 39 999	39
40 000 à 49 999	43
50 000 à 59 999	45
60 000 à 79 999	49
80 000 à 99 999	53
100 000 à 149 999	55
150 000 à 199 999	59
200 000 à 249 999	61
250 000 à 299 999	65
300 000 et plus	69
Lyon	73
Marseille	101
Paris	163

Composition des conseils municipaux.

L'administration de la commune

Les communes s'administrent librement, par l'intermédiaire de représentants élus par leur population. Les élections municipales ont lieu tous les 6 ans et servent à désigner le conseil municipal. Il faut avoir 18 ans pour être candidat au poste de conseiller, 21 ans pour être candidat au poste de maire et résider dans la commune.

Le mode de scrutin, système de désignation des élus, est complexe. Il s'agit d'un « scrutin de liste », c'est-à-dire que les bulletins de vote comportent plusieurs noms, autant qu'il y a de sièges à pourvoir dans les villes de plus de 2 500 habitants, obligation qui n'est pas requise en dessous de ce seuil. Dans les communes de moins de 3 500 habitants, l'électeur peut panacher la liste en rayant ou en rajoutant des noms, et le décompte des voix est fait par candidat. Dans les communes de plus de 3 500 habitants, les listes ne peuvent être modifiées par l'électeur. La liste de tête obtient la moitié des sièges, le reste est réparti proportionnellement entre toutes les listes qui ont obtenu plus de 5 % des sièges. C'est le conseil municipal élu qui désigne le maire.

Le maire a une double fonction : il représente la commune et sa population face à l'État et aux autres collectivités territoriales ; il représente l'État dans sa commune. Il est assisté par des adjoints qui prennent en charge un secteur de la vie municipale ; maire et adjoints perçoivent une indemnité annuelle qui dépend de la taille de la commune.

Les attributions du maire sont multiples ; il exécute les décisions du conseil municipal en matière de création d'équipements nouveaux, d'investissements, de subventions, et prend des arrêtés pour réglementer la vie communale. Il est le chef du personnel municipal (il y a plus de 600 000 employés de mairie dans les communes de France), préside les établissements publics et organismes relevant de la commune, négocie et signe les contrats ou les emprunts et doit assurer la sécurité et l'ordre public. Comme représentant de l'État, il est responsable de l'état civil : il célèbre les mariages et enregistre les naissances et les décès ; il est enfin officier de police judiciaire.

La loi de décentralisation de 1982 a renforcé les pouvoirs du maire et son autorité. Dans les communes dotées d'un plan d'occupation des sols, il peut désormais délivrer les permis de construire, ce qui était auparavant de la compétence de la préfecture. Enfin, ses actes, ainsi que les décisions du conseil municipal, ne sont plus soumis à la tutelle d'un préfet. Des systèmes de contrôle subsistent néanmoins, par l'intermédiaire des tribunaux administratifs et des chambres régionales des comptes.

Le conseil municipal prend les décisions qui concernent l'ensemble de la vie communale, décisions que le maire fait appliquer ; son attribution principale reste pourtant le vote du budget qui permet le fonctionnement de la collectivité et oriente l'investissement dans les services et les équipements destinés à améliorer la vie des habitants. Une partie du budget est enfin mobilisée pour le remboursement des emprunts.

Le budget communal.

D'où vient l'argent ?	Où va l'argent ?
Les recettes communales ont cinq origines :	Les dépenses communales sont réparties en deux grandes sections :
• Les impôts directs : taxe foncière (sur les propriétés), taxe d'habitation (sur le logement), taxe professionnelle (payée par les industriels, les artisans, les commerçants et les membres des professions libérales).	• La section fonctionnement : paiement du personnel, éclairage, chauffage, entretien des locaux et de la voirie, charges intercommunales (quand il y a regroupement), aide sociale et subventions aux associations.
• Les impôts indirects sur les spectacles, les débits de boisson et les droits d'enregistrement.	• La section investissement : elle prend en charge les dépenses exceptionnelles d'équipement, ce qui consiste le plus souvent à rembourser les emprunts contractés à cet effet. Les remboursements ne doivent pas dépasser le tiers du budget de fonctionnement.
• Les dotations globales de fonctionnement fournies par l'État.	
• Les revenus des propriétés communales et les recettes de certains services.	
• Les dons et legs.	

Les départements ②

Le 15 janvier 1790, la France fut découpée en 83 départe-ments. Cette nouvelle circonscription se substituait à toutes les précédentes ; les différents services administratifs étaient regroupés au chef-lieu. Le département était conçu de manière à être le plus homogène possible et devait permettre de se rendre, à cheval, de tout point de son territoire au chef-lieu, en un jour, et d'en revenir dans le même temps. La superficie moyenne du département est aujourd'hui de 5 666 km^2 et, à quelques exceptions près (Paris, territoire de Belfort et départements limitrophes), beaucoup s'en appro-chent.

Le nombre des départements a considérablement varié depuis leur création.

● Il y en avait 100 en 1801 et 130 en 1810, à la suite des conquêtes de la Révolution et de l'Empire. La France comptait alors un département des Bouches-de-l'Elbe dont le chef-lieu était Hambourg et un département du Tibre dont le chef-lieu était Rome.

● Après le démembrement de l'Empire napoléonien, la France se retrouva avec 86 départements en 1815. Trois nouveaux départements furent créés en 1860, après l'an-nexion de Nice et de la Savoie, mais, après la défaite de 1870, le territoire fut amputé par l'Allemagne du Haut-Rhin, du Bas-Rhin, ainsi que d'une partie de la Meuse et de la Moselle. Il restait donc 87 départements, nombre qui passa à 90 en 1919, à la suite de la récupération des territoires alsacien et lorrain après la victoire sur l'Allemagne.

Départements compor-tant une enclave dans un département voisin :
— Côte-d'Or, dans la Nièvre ;
— Nord, dans le Pas-de-Calais ;
— Hautes-Pyrénées, dans les Pyrénées-Atlanti-ques ;
— Jura, dans la Saône-et-Loire ;
— Meurthe-et-Moselle, dans la Meuse ;
— Vaucluse, dans la Drô-me.

C'est après la Seconde Guerre mondiale qu'intervinrent de nouvelles créations.

● Martinique, Guadeloupe, Guyane et Réunion deviennent des départements en 1946. En 1947, l'Algérie est divisée en 3, puis en 4 départements qui deviendront indépendants en 1962.

● En 1964, Seine et Seine-et-Oise sont divisées en 7 départe-ments : Yvelines, Hauts-de-Seine, Essonne, Seine-Saint-Denis, Val-de-Marne, Val-d'Oise et Seine.

● La Corse est divisée en deux départements en 1975 et Saint-Pierre-et-Miquelon devient un département en 1976. La France compte désormais 101 départements, dont 96 sont métropolitains.

Les départements sont divisés en *cantons* qui servent de circonscription électorale. Le conseil général, assemblée représentative du département, est en effet composé de conseillers généraux élus dans le cadre du canton au scrutin uninominal majoritaire à deux tours : on vote pour un seul

Département	Code	Superficie en km²	Population au recensement de 1881	Population au recensement de 1982	Chef-lieu
AIN	01	5 762	356 865	418 516	Bourg-en-Bresse
AISNE	02	7 369	556 321	533 970	Laon
ALLIER	03	7 340	416 759	369 580	Moulins
ALPES-DE-HAUTE-PROVENCE	04	6 925	131 916	119 068	Digne
ALPES (HAUTES-)	05	5 549	121 787	105 070	Gap
ALPES-MARITIMES	06	4 299	226 621	881 198	Nice
ARDÈCHE	07	5 529	376 867	267 970	Privas
ARDENNES	08	5 229	333 675	302 338	Charleville-Mézières
ARIÈGE	09	4 890	240 601	135 725	Foix
AUBE	10	6 004	255 326	289 300	Troyes
AUDE	11	6 139	327 942	280 686	Carcassonne
AVEYRON	12	8 735	415 075	278 654	Rodez
BOUCHES-DU-RHÔNE	13	5 087	589 028	1 724 199	Marseille
CALVADOS	14	5 548	439 845	589 559	Caen
CANTAL	15	5 726	236 190	162 838	Aurillac
CHARENTE	16	5 956	370 822	340 770	Angoulême
CHARENTE-MARITIME	17	6 864	466 416	513 220	La Rochelle
CHER	18	7 235	351 405	320 174	Bourges
CORRÈZE	19	5 857	317 066	241 448	Tulle
HAUTE-CORSE	2B	4 666	} 272 639	} 240 178	Bastia
CORSE DU SUD	2A	4 014			Ajaccio
CÔTE-D'OR	21	8 763	382 819	473 548	Dijon
CÔTES-DU-NORD	22	6 878	627 585	538 869	Saint-Brieuc
CREUSE	23	5 565	278 782	139 968	Guéret
DORDOGNE	24	9 060	495 037	377 356	Périgueux
DOUBS	25	5 234	310 895	477 163	Besançon
DRÔME	26	6 530	313 763	389 781	Valence
EURE	27	6 040	364 291	462 323	Évreux
EURE-ET-LOIR	28	5 880	279 897	362 813	Chartres
FINISTÈRE	29	6 733	681 564	828 364	Quimper
GARD	30	5 853	415 629	530 478	Nîmes
GARONNE (HAUTE-)	31	6 309	478 009	824 501	Toulouse
GERS	32	6 257	281 532	174 154	Auch
GIRONDE	33	10 000	748 703	1 127 546	Bordeaux
HÉRAULT	34	6 101	441 527	706 499	Montpellier
ILLE-ET-VILAINE	35	6 775	615 480	749 764	Rennes
INDRE	36	6 791	287 705	243 191	Châteauroux
INDRE-ET-LOIRE	37	6 127	329 160	506 097	Tours
ISÈRE	38	7 431	555 400	936 771	Grenoble
JURA	39	4 999	285 175	242 925	Lons-le-Saunier
LANDES	40	9 243	301 143	297 424	Mont-de-Marsan
LOIR-ET-CHER	41	6 343	275 713	296 220	Blois
LOIRE	42	4 781	599 836	739 521	Saint-Étienne
LOIRE (HAUTE-)	43	4 977	316 461	205 895	Le Puy
LOIRE-ATLANTIQUE	44	6 815	625 625	995 498	Nantes
LOIRET	45	6 775	368 526	535 669	Orléans
LOT	46	5 217	280 269	154 533	Cahors
LOT-ET-GARONNE	47	5 361	312 081	298 522	Agen
LOZÈRE	48	5 167	143 565	74 294	Mende
MAINE-ET-LOIRE	49	7 166	524 244	675 321	Angers

Les 101 départements français.

Département	Code	Superficie en km²	Population au recensement de 1881	Population au recensement de 1982	Chef-lieu
MANCHE	50	5 938	526 377	465 948	Saint-Lô
MARNE	51	8 162	421 553	543 627	Châlons-sur-Marne
MARNE (HAUTE-)	52	6 211	254 722	210 670	Chaumont
MAYENNE	53	5 175	344 881	271 784	Laval
MEURTHE-ET-MOSELLE	54	5 241	419 317	716 846	Nancy
MEUSE	55	6 216	289 861	200 101	Bar-le-Duc
MORBIHAN	56	6 823	521 614	590 889	Vannes
MOSELLE	57	6 216	492 713	1 007 189	Metz
NIÈVRE	58	6 817	347 576	239 635	Nevers
NORD	59	5 743	1 603 774	2 520 526	Lille
OISE	60	5 860	404 555	661 781	Beauvais
ORNE	61	6 103	376 111	295 472	Alençon
PAS-DE-CALAIS	62	6 671	820 344	1 412 413	Arras
PUY-DE-DÔME	63	7 970	566 064	594 365	Clermont-Ferrand
PYRÉNÉES-ATLANTIQUES	64	7 645	436 366	555 696	Pau
PYRÉNÉES (HAUTES-)	65	4 464	236 474	227 922	Tarbes
PYRÉNÉES-ORIENTALES	66	4 116	208 855	334 557	Perpignan
RHIN (BAS-)	67	4 755	612 015	915 676	Strasbourg
RHIN (HAUT-)	68	3 525	461 942	650 372	Colmar
RHÔNE	69	3 249	772 948	1 445 208	Lyon
SAÔNE (HAUTE-)	70	5 360	296 381	231 962	Vesoul
SAÔNE-ET-LOIRE	71	8 575	625 589	571 852	Mâcon
SARTHE	72	6 206	438 917	504 768	Le Mans
SAVOIE	73	6 028	266 438	323 675	Chambéry
SAVOIE (HAUTE-)	74	4 388	274 067	494 505	Annecy
PARIS (Ville de)	75	105	2 269 023	2 176 243	Paris
SEINE-MARITIME	76	6 278	814 068	1 193 039	Rouen
SEINE-ET-MARNE	77	5 915	348 991	887 112	Melun
YVELINES	78	2 284	236 471	1 196 111	Versailles
SÈVRES (DEUX-)	79	5 999	349 350	342 812	Niort
SOMME	80	6 170	549 515	544 570	Amiens
TARN	81	5 758	359 223	339 345	Albi
TARN-ET-GARONNE	82	3 718	217 056	190 485	Montauban
VAR	83	5 973	288 577	708 331	Toulon
VAUCLUSE	84	3 567	244 149	427 343	Avignon
VENDÉE	85	6 720	421 642	483 027	La Roche-sur-Yon
VIENNE	86	6 990	340 295	371 428	Poitiers
VIENNE (HAUTE-)	87	5 520	349 332	355 737	Limoges
VOSGES	88	5 874	406 862	395 769	Épinal
YONNE	89	7 427	357 029	311 019	Auxerre
BELFORT (Territoire de)	90	609	74 244	131 999	Belfort
ESSONNE	91	1 804	140 027	988 000	Évry
HAUTS-DE-SEINE	92	176	254 928	1 387 039	Nanterre
SEINE-SAINT-DENIS	93	236	180 412	1 324 301	Bobigny
VAL-DE-MARNE	94	245	161 607	1 193 655	Créteil
VAL-D'OISE	95	1 246	134 859	920 598	Pontoise
GUADELOUPE	971	1 780	—	328 400	Basse-Terre
MARTINIQUE	972	1 100	—	328 566	Fort-de-France
GUYANE	973	91 000	—	73 022	Cayenne
RÉUNION	974	2 510	—	515 814	Saint-Denis
SAINT-PIERRE-ET-MIQUELON	975	242	—	6 041	Saint-Pierre

69. L'ORGANISATION ADMINISTRATIVE DE LA FRANCE

Départements, préfectures et sous-préfectures.

candidat ; il faut la majorité absolue pour l'emporter au premier tour et la majorité relative au second. Les conseillers généraux sont élus pour 6 ans mais renouvelables par moitié : les élections cantonales ont donc lieu tous les 3 ans, au mois de mars (les dernières se sont tenues en 1985)*.

Le *conseil général* est l'organe de décision départemental ; il statue sur tout ce qui relève de sa compétence et doit administrer les biens du département (immeubles, monuments, forêts,...). Il dispose d'un budget propre, alimenté par une partie des taxes locales (voir budget des communes), des dotations de l'État, les revenus de ses propriétés et, depuis 1984, par des droits de mutations sur les héritages et le produit de la vignette automobile. Les compétences du conseil général sont larges et touchent à tous les domaines de la vie économique et sociale : entretien et extension du réseau routier départemental, administration des services et organismes relevant du département : hôpitaux, offices d'H.L.M., transports en commun et créations d'infrastructures nouvelles. De plus, le conseil général vote des subventions diverses (aux associations ou aux équipes de sport, par exemple) et une aide financière aux communes.

Jusqu'en 1982, le *préfet* était l'autorité principale du département ; il était seul à pouvoir mettre en application les décisions du conseil général et exerçait sa tutelle sur les communes. De 1800 à 1982, le corps préfectoral a symbolisé la centralisation administrative de la France. La loi de décentralisation a restreint ses attributions. Le préfet, devenu *commissaire de la République*, est assisté par des adjoints dans les sous-préfectures qui sont à la tête de chaque arrondissement. Il reste néanmoins un des personnages clefs de la vie administrative du pays : il représente l'État et chaque ministre dans le département, dirigeant les grands services ministériels qui se trouvent dans sa circonscription : direction départementale de l'agriculture, direction de l'équipement, direction des affaires sanitaires et sociales,... Le commissaire de la République est, en outre, responsable de l'ordre public et chargé de la sécurité et de la défense civile. Il est enfin le supérieur hiérarchique des fonctionnaires du département, mais les membres de l'autorité militaire et judiciaire échappent à sa compétence.

Aujourd'hui, c'est le *président du conseil général* qui est la personnalité centrale du département. Homme politique élu par les conseillers généraux, il est généralement le chef du groupe politique majoritaire au conseil. Il s'est vu attribuer une part importante des pouvoirs du préfet en tant qu'exécutif du département. Il propose et fait appliquer les décisions du conseil général, ordonne les dépenses, gère le patrimoine départemental et dispose de pouvoirs de police, notamment en matière de circulation. Il est le chef des services départementaux et peut requérir l'assistance des services de l'État dans le département.

Circonscription	Capitale de région	Superficie en km²	Population au recensement de 1982
ALSACE	Strasbourg	8 309	1 566 048
AQUITAINE	Bordeaux	41 407	2 656 544
AUVERGNE	Clermont-Ferrand	26 180	1 332 678
BOURGOGNE	Dijon	31 592	1 596 064
BRETAGNE	Rennes	27 184	2 707 886
CENTRE	Orléans	39 500	2 264 164
CHAMPAGNE-ARDENNE	Châlons-sur-Marne	25 740	1 345 935
CORSE	Ajaccio	8 722	240 178
FRANCHE-COMTÉ	Besançon	16 190	1 084 049
ILE-DE-FRANCE	Paris	12 100	10 073 059
LANGUEDOC-ROUSSILLON	Montpellier	27 770	1 926 514
LIMOUSIN	Limoges	16 932	737 153
LORRAINE	Metz	23 540	2 319 905
MIDI-PYRÉNÉES	Toulouse	45 604	2 325 319
NORD-PAS-DE-CALAIS	Lille	12 126	3 932 939
BASSE-NORMANDIE	Caen	17 583	1 350 979
HAUTE-NORMANDIE	Rouen	12 258	1 655 362
PAYS DE LA LOIRE	Nantes	32 670	2 930 398
PICARDIE	Amiens	19 443	1 740 321
POITOU-CHARENTES	Poitiers	25 790	1 568 220
PROVENCE-ALPES-CÔTE-D'AZUR	Marseille	31 395	3 965 209
RHÔNE-ALPES	Lyon	43 694	5 015 947

Les 22 régions françaises.

La région est avant tout une réalité géographique et historique ; c'est un espace vécu, c'est-à-dire un ensemble géographique qui sert de support à des relations économiques et sociales et auquel des populations ont conscience d'appartenir. Pourtant, lorsqu'il a fallu faire de la région une réalité administrative, le problème des limites territoriales s'est posé. C'est en 1955 qu'un décret a créé 21 *régions de programme* en France, le district de Paris devenant région en 1976. Le législateur a tenu à conserver le cadre départemental, réalité administrative bien ancrée dans le pays, et les régions ont donc été constituées à partir de l'association de divers départements. Il a bien sûr fallu faire un certain nombre de choix, qui ont donné lieu à contestation et ont parfois fait parler d'incohérence... Ainsi, la Normandie est coupée en deux, Nantes a été isolée de la Bretagne pour devenir la capitale d'une région hybride, le pays niçois a été placé sous la coupe de Marseille et le pays catalan sous celle de Montpellier... Les contestations ne se sont certes pas tues, mais des solidarités se sont peu à peu développées entre les

ÎLE-DE-FRANCE

VAL-D'OISE 95
YVELINES 78
SEINE-ET-MARNE 77
ESSONNE 91

25 km

10 km

HAUTS-DE-SEINE 92
SEINE-ST-DENIS 93
Paris
VAL-DE-MARNE 94

NORD-PAS-DE-CALAIS
PAS-DE-CALAIS 62 · Lille
NORD 59

SEINE-MARITIME 76
SOMME 80 · Amiens
PICARDIE
AISNE 02
ARDENNES 08

HAUTE-NORMANDIE
MANCHE 50
CALVADOS 14 · Caen
Rouen
EURE 27

BASSE-NORMANDIE
ORNE 61

OISE 60
MEURTHE-Metz
MEUSE 55 ET-MOSELLE 57

Châlons-sur-Marne
MARNE 51

ÎLE-DE-FRANCE
CHAMPAGNE-ARDENNE

LORRAINE
Strasbourg
MOSELLE 54
BAS-RHIN 67
VOSGES 88

AUBE 10
HAUTE-MARNE 52

ALSACE
HAUT-RHIN 68

FINISTÈRE 29
CÔTES-DU-NORD 22
ILLE-ET-VILAINE 35 · Rennes
BRETAGNE
MORBIHAN 56

MAYENNE 53
SARTHE 72
PAYS DE LA LOIRE
MAINE-ET-LOIRE 49
LOIRE-ATLANTIQUE 44 · Nantes

EURE-ET-LOIR 28
LOIR-ET-CHER 41
CENTRE
INDRE-ET-LOIRE 37

Orléans · LOIRET 45
YONNE 89

CÔTE-D'OR 21 · Dijon
BOURGOGNE
NIÈVRE 58
SAÔNE-ET-LOIRE 71

HAUTE-SAÔNE 70
FRANCHE-COMTÉ
Besançon · DOUBS 25
JURA 39

TERRITOIRE DE BELFORT 90

VENDÉE 85
DEUX-SÈVRES 79 · Poitiers
VIENNE 86

INDRE 36
CHER 18

ALLIER 03

POITOU-CHARENTES
CHARENTE-MARITIME 17
CHARENTE 16
VIENNE 87

LIMOUSIN
Limoges · CORRÈZE 23
CREUSE

Clermont-Ferrand
PUY-DE-DÔME 63

RHÔNE 69
LOIRE 42
· Lyon

AIN 01
HAUTE-SAVOIE 74
SAVOIE 73

DORDOGNE 24
Bordeaux ·
GIRONDE 33

CORRÈZE 19
AUVERGNE
CANTAL 15
HAUTE-LOIRE 43

RHÔNE-ALPES
ISÈRE 38
DRÔME 26
HAUTES-ALPES 05

LOT-ET-GARONNE 47
LOT 46
AVEYRON 12
LOZÈRE 48
ARDÈCHE 07

ALPES-DE-HTE-PROVENCE 04
ALPES-MARITIMES 06

AQUITAINE
LANDES 40
TARN-ET-GARONNE 82
MIDI-
GERS 32
TARN 81
Toulouse ·
GARD 30
VAUCLUSE 84
BOUCHES-DU-RHÔNE 13
VAR 83

PROVENCE-ALPES-CÔTE D'AZUR

PYRÉNÉES-ATLANTIQUES 64
HAUTES-PYRÉNÉES 65
HAUTE-GARONNE 31
PYRÉNÉES
ARIÈGE 09
AUDE 11
HÉRAULT 34
Montpellier ·
Marseille ·

LANGUEDOC-ROUSSILLON
PYRÉNÉES-ORIENTALES 66

CORSE
HAUTE-CORSE 2B
Ajaccio · CORSE-DU-SUD 2A

─── limite de région
─── limite de département
CENTRE région
LOIRET 45 département
Orléans · chef-lieu de région

150 km

Régions et chefs-lieux de région.

73. L'ORGANISATION ADMINISTRATIVE DE LA FRANCE

départements qui composent une région, et il semble bien que le découpage initial ne puisse plus être remis en cause.

La région est devenue le territoire privilégié dans lequel s'inscrivent les politiques de développement économique et un maillon mieux adapté aux réalités modernes, entre un État trop lointain et un département trop petit pour assumer des efforts d'aménagement global. Chaque région se dote ainsi d'un schéma d'aménagement qui programme l'implantation des grands équipements, les mesures sectorielles de développement, la protection et la mise en valeur des sites. Pour ce faire, la région dispose de son propre budget, alimenté par les taxes additionnelles sur les impôts locaux, les taxes sur les cartes grises, les permis de conduire, les mutations immobilières, ainsi que par les dotations de l'État.

A la tête de chaque région, l'État a placé un *commissaire de la République de région,* qui portait à l'origine le titre de préfet de région et qui dépend directement du Premier ministre. Il met en œuvre la politique économique et d'aménagement du territoire dans la région et dirige les services de l'État dans sa circonscription.

Quant aux assemblées régionales, elles sont au nombre de deux :
- Le *conseil régional,* composé de tous les parlementaires de la région et d'un nombre égal de représentants des collectivités locales ; c'est l'organe délibératif de la région, il désigne à sa tête un *président de région.*
- Le *conseil économique et social,* composé de représentants des entreprises, des salariés et des organisations représentatives ; c'est une assemblée consultative dont le rôle se limite à formuler des avis.

Ces institutions, héritées de la réforme de 1972 qui a fait de la région un établissement public, voient progressivement leurs compétences précisées et élargies par la mise en place de la loi de décentralisation de 1982. Les régions sont en effet devenues des collectivités territoriales à part entière, au même titre que les départements et les communes. Cependant, la région n'accédera à la maturité que lorsqu'auront eu lieu les élections régionales pour désigner, au suffrage universel, les membres du conseil régional. Ces élections, initialement prévues pour 1984, auront lieu en 1986. La région pourra alors s'affirmer comme le cadre territorial privilégié de la décentralisation.

L'État et les institutions

La Constitution

Une constitution est l'ensemble des règles juridiques régissant l'organisation des pouvoirs dans un pays. Sous l'Ancien Régime, aucun texte écrit ne fixait les attributions des différents pouvoirs. Le roi régnait « par la grâce de Dieu » et seules quelques « lois fondamentales » et des coutumes encadraient la vie politique du pays. Ce sont les députés des États généraux, réunis à Versailles en 1789, qui dotèrent la France de sa première Constitution, celle du 3 septembre 1791. Celle-ci avait été précédée de la Déclaration des droits de l'homme et du citoyen qui fut reprise par des textes constitutionnels postérieurs et inspira aussi bien des constitutions étrangères.

Extraits de la Déclaration des droits de l'homme et du citoyen du 26 août 1789.
Article 1 — Les hommes naissent et demeurent libres et égaux en droits. Les distinctions sociales ne peuvent être fondées que sur l'utilité commune.
Article 2 — Le but de toute association politique est la conservation des droits naturels et imprescriptibles de l'homme. Ces droits sont la liberté, la propriété, la sûreté et la résistance à l'oppression.
Article 3 — Le principe de toute souveraineté réside essentiellement dans la Nation. Nul corps, nul individu ne peut exercer d'autorité qui n'en émane expressément.

La Constitution permet de définir plusieurs types de régimes. Dans le régime d'assemblée, comme celui que connut la France sous la IVe République, les élus du peuple exercent à la fois les fonctions législatives et les fonctions exécutives, ce qui peut se traduire par une certaine instabilité gouvernementale. Dans le régime présidentiel, le chef de l'exécutif n'est pas responsable devant le Parlement, mais il ne peut le dissoudre et doit lui demander l'autorisation d'effectuer certaines dépenses (c'est le cas aux États-Unis). Dans le régime parlementaire enfin, les ministres sont responsables devant le Parlement, mais le chef de l'exécutif a le droit de dissoudre ce dernier.

La France est actuellement régie par la Constitution de 1958 — la 11e de son histoire —, préparée par le gouvernement du général de Gaulle et approuvée par référendum. Elle institue un régime semi-parlementaire, semi-présidentiel. En effet, le gouvernement est responsable devant l'Assemblée nationale, mais le président de la République, élu au suffrage universel depuis la modification constitutionnelle de 1962 et chef de l'exécutif, ne l'est pas, alors qu'il possède le droit de dissoudre cette assemblée.

Cette Constitution a d'autant mieux fonctionné jusqu'à présent que le président de la République a toujours disposé d'une majorité, souvent très large, à l'Assemblée nationale. Il lui reste à prouver qu'elle permet également un fonctionnement normal des institutions en cas d'opposition entre la majorité parlementaire et le Président.

Le président de la République

Le président de la République est le chef de l'État. Il veille au respect de la Constitution ; il est le garant de l'indépendance nationale et de l'intégrité du territoire et il assure, par son arbitrage, le fonctionnement régulier des pouvoirs publics. Depuis 1962, il est élu au suffrage universel direct, pour un mandat de 7 ans.

● Le Président nomme le Premier ministre et, sur proposition de celui-ci, les autres membres du gouvernement. C'est lui qui met fin aux fonctions du chef du gouvernement sur présentation de sa démission, mais aussi à celles des ministres et des secrétaires d'État.

● Il préside le Conseil des ministres, qui se tient généralement à l'Élysée le mercredi matin, signe les ordonnances ou décrets délibérés lors de ces Conseils et promulgue les lois que le Parlement a adoptées.

● C'est aussi un arbitre entre les pouvoirs. Il peut dissoudre l'Assemblée nationale après avoir consulté le Premier ministre et les présidents des deux assemblées. Il peut demander au Parlement une nouvelle délibération des lois ou de certains articles avant leur promulgation. Il peut aussi, sur proposition du gouvernement ou des deux assemblées, soumettre au référendum un projet de loi relatif à l'organisation des pouvoirs publics, à la ratification d'un traité ou à l'approbation d'un accord de Communauté.

● Il dirige la diplomatie. C'est lui qui négocie et ratifie les traités, qui accrédite les ambassadeurs français à l'étranger et qui reçoit les lettres de créance des ambassadeurs des autres pays. La politique extérieure est d'ailleurs devenue le domaine exclusif du Président au cours de la Ve République.

● Il est le chef des armées, préside les conseils et comités supérieurs de la Défense nationale et peut seul déclencher le feu nucléaire.

● Il nomme les hauts fonctionnaires, notamment civils et militaires, les conseillers d'État, les généraux, les commissaires de la République et les recteurs d'Académie.

● Il est aussi le garant de l'indépendance judiciaire. Il préside le Conseil supérieur de la magistrature et dispose du droit de grâce.

● La Constitution lui confère enfin, en vertu de l'article 16, des pouvoirs exceptionnels, lorsque les institutions, l'indépendance de la Nation, l'intégrité de son territoire ou l'exécution de ses engagements internationaux sont menacés, ou bien lorsque le fonctionnement régulier des pouvoirs publics constitutionnels est interrompu. Ces pouvoirs exceptionnels n'ont été utilisés qu'une seule fois, en 1961, par le général de Gaulle, au moment du « putsch des généraux » hostiles à la politique algérienne du chef de l'État.

Louis-Napoléon
Bonaparte 1848-1852

Adolphe Thiers
1871-1873

Mac-Mahon
1873-1879

Jules Grévy
1879-1887

Sadi Carnot
1887-1894

Jean Casimir-Perier
1894-1895

Félix Faure
1895-1899

Émile Loubet
1899-1906

Armand Fallières
1906-1913

Raymond Poincaré
1913-1920

Paul Deschanel
1920-1920

Alexandre Millerand
1920-1924

Gaston Doumergue
1924-1931

Paul Doumer
1931-1932

Albert Lebrun
1932-1940

Vincent Auriol
1947-1954

René Coty
1954-1958

Charles de Gaulle
1958-1969

Georges Pompidou
1969-1974

Valéry Giscard d'Estaing
1974-1981

François Mitterrand
1981-

77. L'ÉTAT ET LES INSTITUTIONS

Le gouvernement

Le gouvernement est composé du *Premier ministre*, désigné par le président de la République et d'un nombre variable de *ministres et de secrétaires d'État.* Le gouvernement est chargé de déterminer et de conduire la politique du pays.

Ministres et secrétaires d'État sont responsables devant le président de la République et le Premier ministre, dont ils sont solidaires. Pour assurer ses fonctions, le gouvernement doit bénéficier de la confiance du Président, mais aussi d'une majorité parlementaire à l'Assemblée nationale.

- Le Premier ministre est le chef du gouvernement. Il dirige et coordonne l'action du gouvernement et veille à l'exécution des lois. Il a l'initiative des lois et peut prendre des décrets qui édictent des règlements. Il peut proposer au Président une révision de la Constitution et demander la réunion du Parlement en session extraordinaire.

- Il supplée éventuellement le chef de l'État pour diriger le Conseil des ministres, sur délégation expresse de ce dernier. Il préside les comités interministériels consacrés à l'étude d'un sujet précis. Il est aussi responsable de la défense nationale et nomme à certains emplois civils et militaires.

- Le Premier ministre réside à l'hôtel Matignon, construit aux XVIIe et XVIIIe siècles et dont le jardin est le plus vaste espace vert de la capitale.

- Le chef du gouvernement, comme ses ministres, dispose d'un cabinet et de conseillers. Les ministres ont un double rôle. Sur le plan politique, ils doivent proposer des projets de lois qu'ils défendent devant les deux assemblées et, parfois, lors des réunions qu'ils ont avec leurs collègues des autres pays membres de la Communauté européenne. Sur le plan administratif, chaque ministre doit gérer un large secteur d'activités. Il dispose pour cela d'un pouvoir réglementaire sous la forme d'arrêtés ministériels, mais aussi d'un pouvoir hiérarchique sur tous les fonctionnaires chargés d'assurer l'application des décisions gouvernementales. Les ministres, enfin, préparent le budget de leur ministère, ordonnent les dépenses et passent les commandes au nom de l'État qu'ils peuvent, le cas échéant, représenter en justice.

Les résidences du Premier ministre.
L'hôtel Matignon, situé rue de Varenne à Paris, a été construit à la fin du XVIIe siècle et au début du XVIIIe siècle pour le maréchal de Montmorency. L'architecte Courtonne a dirigé les travaux. Il appartint à Talleyrand au début du XIXe siècle, puis devint le siège de l'Ambassade d'Autriche entre 1888 et 1914. Il fut modifié en 1935 et servit dès lors de résidence à la Présidence du Conseil, Léon Blum en étant le premier occupant.
Le château de Champs-sur-Marne, situé en Seine-et-Marne, fut construit au début du XVIIIe siècle par Bullet pour le financier Renouard. Depuis 1945, il est souvent utilisé par le gouvernement pour loger ses hôtes étrangers.

Les Premiers ministres de la Ve République

Michel Debré	8-1-1959 au 14-4-1962	Jacques Chirac	28-5-1974 au 27-8-1976
Georges Pompidou	14-4-1962 au 21-7-1968	Raymond Barre	27-8-1976 au 21-5-1981
Maurice Couve de Murville	21-7-1968 au 16-6-1969	Pierre Mauroy	21-5-1981 au 17-7-1984
Jacques Chaban-Delmas	20-6-1969 au 7-7-1972	Laurent Fabius	17-7-1984
Pierre Messmer	7-7-1972 au 27-5-1974		

Le Parlement

Il est constitué de deux assemblées, l'*Assemblée nationale* et le *Sénat,* qui possèdent le pouvoir législatif, c'est-à-dire celui d'étudier, de discuter et de voter les lois. L'une et l'autre assemblées disposent d'un certain nombre de pouvoirs communs.

● Les membres des assemblées peuvent poser au gouvernement des questions orales ou écrites, suivies ou non de débats. Ils peuvent également émettre des propositions de lois ou encore amender les projets de lois déposés par le gouvernement.

● Les assemblées possèdent également, conjointement avec le président de la République, l'initiative de révision de la Constitution. Le projet, accepté par les deux assemblées, doit ensuite être soumis à référendum ou au vote du Congrès (Sénat et Assemblée nationale réunis), devant lequel il doit réunir les trois cinquièmes des suffrages exprimés. Le Parlement autorise et ratifie les traités et, le cas échéant, autorise la déclaration de guerre.

● Les assemblées se réunissent deux fois par an en sessions ordinaires, en automne et au printemps. Il existe aussi des sessions extraordinaires convoquées par le président de la République, à la demande du gouvernement ou de la majorité de l'Assemblée nationale.

● Chaque assemblée dispose d'un bureau élu par ses membres, de commissions parlementaires spécialisées pouvant demander l'audience des ministres ou poursuivre des missions d'enquête ou d'information destinées à contrôler l'action du gouvernement.

● Par ailleurs, les parlementaires se répartissent selon leurs affinités politiques en groupes parlementaires au sein de chaque assemblée. Ces groupes doivent compter au moins 30 députés ou 15 sénateurs. Les parlementaires peuvent éventuellement s'apparenter à un groupe pour bénéficier de certains services, ou demeurer isolés : ce sont les « non-inscrits ».

● Les parlementaires disposent d'un statut particulier. Pour être élus, ils doivent avoir satisfait aux obligations du service national et avoir au moins 23 ans pour les députés et 35 ans pour les sénateurs. Certaines occupations professionnelles sont incompatibles avec le mandat parlementaire (par exemple : dirigeant d'une entreprise liée à l'État ou à une collectivité publique). Pour assurer leur mission, députés et sénateurs perçoivent une indemnité de fonction (32 980 F par mois en 1985), dont le montant peut varier en fonction de leur participation aux travaux du Parlement. Ils bénéficient en outre d'une réduction sur les transports, de la franchise postale et d'une indemnité de secrétariat.

Les parlementaires sont protégés par deux immunités. Ils ne peuvent être poursuivis pour une opinion ou un vote émis dans l'exercice de leurs fonctions. De plus, ils ne peuvent être poursuivis ou arrêtés en matière criminelle ou correctionnelle (sauf cas de flagrant délit) sans l'autorisation de l'assemblée dont ils font partie.

Toutefois, les parlementaires, en dépit d'un certain nombre de pouvoirs communs, ne disposent pas des mêmes prérogatives selon l'assemblée à laquelle ils appartiennent et ne sont pas désignés selon le même mode de scrutin.

L'Assemblée nationale

Elle siège depuis 1829 au Palais-Bourbon, édifice du XVIIIe siècle réaménagé sous l'Empire. Elle compte actuellement 491 députés, élus pour 5 ans au scrutin dit « d'arrondissement » uninominal majoritaire à deux tours. La prochaine Assemblée, qui doit être élue en mars 1986, verra le nombre de ses membres porté à 577 et sera élue selon le scrutin de liste proportionnel.

• L'Assemblée nationale peut renverser le gouvernement par le vote d'une motion de censure. Celle-ci doit être signée par au moins un dixième des députés. Seuls les votes favorables à son adoption sont recensés et il faut que la majorité des députés l'approuvent pour qu'elle soit adoptée. Dans ce cas, le Premier ministre doit remettre au président de la République la démission de son gouvernement. Si la motion est rejetée, les députés ne peuvent en déposer une nouvelle au cours de la session parlementaire, sauf si le gouvernement engage sa responsabilité.

• L'Assemblée a priorité de lecture pour le projet de budget. De plus, son autorité prime celle du Sénat en cas de désaccord entre les deux assemblées. Après deux lectures du projet de loi et l'échec d'une commission mixte paritaire (7 députés + 7 sénateurs), c'est la Chambre des députés qui statue en dernier ressort.

• Les députés disposent enfin du pouvoir d'amnistie, c'est-à-dire de voter une loi qui efface les condamnations ou empêche les poursuites contre des citoyens.

Le Sénat

Le Sénat siège depuis 1879 au palais du Luxembourg, construit au début du XVIIe siècle pour la régente Marie de Médicis. Il est composé de 315 sénateurs élus pour neuf ans et renouvelables par tiers. Les sénateurs sont élus au suffrage universel indirect, dans le cadre départemental, par les députés, les conseillers généraux et des délégués des

Le scrutin de liste départemental avec répartition des restes à la plus forte moyenne donne plus de chances aux candidats soutenus par des partis politiques puissants.

Supposons un département où 5 sièges sont à pourvoir pour 250 000 suffrages exprimés. 4 listes sont en présence. La liste A obtient 100 000 voix, la liste B, 95 000 voix, la liste C, 40 000 voix et la liste D, 15 000 voix.

Le quotient électoral est obtenu en divisant le nombre de suffrages exprimés par le nombre de sièges, soit : 250 000 : 5 = 50 000. On divise ensuite le nombre de voix obtenues par chaque liste par ce quotient, et on attribue à chacune d'entre elles autant de sièges qu'elle a de fois ce quotient.

Ainsi, la liste A (100 000 : 50 000 = 2) aura 2 sièges, la liste B (95 000 : 50 000 = 1,9) aura 1 siège et la liste C (40 000 : 50 000 = 0,8) aucun siège, comme la liste D. 3 sièges ont donc déjà été attribués. Pour pourvoir les deux derniers, on ajoute un siège à ceux dont chaque liste a déjà bénéficié et l'on divise le score électoral de la liste par ce nombre fictif. C'est le parti qui obtient la plus forte moyenne qui obtient le siège. Ainsi, les moyennes sont les suivantes : 33 333 pour A (100 000 : 3), 47 500 pour B (95 000 : 2), 40 000 pour C et 15 000 pour D. La liste B enlève donc un 2e siège. Et l'on recommence cette opération jusqu'à l'attribution de tous les sièges à pourvoir.

Le nouveau mode de scrutin pour les élections à l'Assemblée nationale.

conseils municipaux dont le nombre varie en fonction de l'importance de la commune. L'élection se fait à la proportionnelle dans les départements les plus peuplés, au scrutin majoritaire à deux tours dans les autres. Un cas particulier est offert par celui des sénateurs élus par le Conseil supérieur des Français de l'étranger.

● Après chaque renouvellement partiel, les sénateurs élisent leur président, qui est le second personnage de l'État. Il assure en effet l'intérim du président de la République en cas de vacance du pouvoir. Toutefois, durant cet intérim, le président du Sénat ne peut ni dissoudre l'Assemblée nationale ni organiser un référendum.

● Le Sénat ne peut être dissout par le président de la République, mais, en revanche, il ne peut pas censurer le gouvernement.

Les Conseils

Le Conseil constitutionnel

Créé en 1958, il siège au Palais-Royal. Il est composé des anciens présidents de la République, membres de droit, et de 9 autres conseillers désignés par tiers et pour 9 ans par le chef de l'État (qui nomme le Président du Conseil) et par les présidents des deux assemblées du Parlement. Les décisions sont prises à la majorité de 7 voix au moins, sauf cas de force majeure.

• Le Conseil constitutionnel veille à la régularité des élections présidentielles et des référendums, dont il proclame les résultats. Il prononce la déchéance ou la démission d'office des parlementaires se trouvant dans un cas d'incompatibilité ou d'inéligibilité.

• Il veille aussi à la constitutionnalité des lois. Depuis 1974, les lois peuvent être déférées devant lui avant leur promulgation par le président de la République, par le Premier ministre, les présidents des deux assemblées ou encore par 60 parlementaires.

• C'est le Conseil qui constate l'impossibilité du président de la République d'exercer ses fonctions. Ce dernier doit par ailleurs le consulter sur l'application de l'article 16.

Le Conseil d'État

Il siège depuis 1874 au Palais-Royal. C'est un lointain héritier du Conseil royal et il a contribué, sous le Premier Empire, à la rédaction du Code civil. Il est composé de hauts fonctionnaires, souvent originaires de l'École nationale d'administration (E.N.A.) et joue un double rôle.

• Il conseille le gouvernement. Ce dernier doit obligatoirement le consulter sur les projets de lois, d'ordonnances et de certains décrets. Il peut aussi solliciter son avis en toutes occasions.

• C'est également un tribunal. Il juge directement certains litiges opposant, par exemple, un fonctionnaire à l'État et se prononce, en appel, sur les décisions prises par les tribunaux administratifs.

La Haute Cour de Justice

Créée en 1958, elle est formée de 24 juges et de 12 suppléants, tous parlementaires, élus au scrutin secret et en nombre égal par l'Assemblée nationale et par le Sénat.

• Elle est chargée de juger le président de la République en cas de haute trahison, ainsi que les ministres, pour les délits ou crimes commis durant l'exercice de leurs fonctions et, le cas échéant, leurs éventuels complices.

Le Conseil économique et social

Il comprend 230 conseillers permanents, désignés pour cinq ans ; 67 sont nommés par le gouvernement, les autres sont désignés par les organisations représentatives : syndicats, artisans, agriculteurs, associations familiales,...

• Le Conseil donne son avis sur les projets de lois, d'ordonnance ou de décret ; il est également saisi par le gouvernement des projets de lois de programme ou de plan relevant du domaine économique et social. Il peut enfin attirer l'attention du pouvoir sur la nécessité d'effectuer certaines réformes.

La Cour des comptes

Créée en 1807, elle est formée de magistrats inamovibles, nommés par le gouvernement. Elle assure le contrôle de l'exécution du budget et supervise la gestion des administrations, de la Sécurité sociale et des entreprises nationales. Elle est assistée de chambres régionales depuis 1983.

• Elle remet chaque année un rapport au président de la République. Ce rapport est publié au *Journal officiel* et trouve un large écho dans la presse écrite ou parlée favorisant ainsi, par une critique rigoureuse, l'amélioration de la gestion de l'État.

• La Cour des comptes peut aussi enquêter à la demande de la Commission des Finances de l'une ou l'autre des assemblées du Parlement.

Le médiateur

Instituée en France en 1973, sur le modèle scandinave de l' « ombudsman », la fonction du médiateur est de régler à l'amiable les litiges pouvant surgir entre un particulier et une administration ou un organisme chargé d'un service public. Le médiateur est cependant incompétent lorsqu'une décision de justice a été prise.

• Il émet des recommandations à l'organisme en cause, mais aussi des propositions de réformes visant à améliorer le fonctionnement du service public. Le recours est gratuit, mais la demande de saisine doit être faite par l'intermédiaire d'un parlementaire.

La justice

Le pouvoir judiciaire est, depuis la Révolution de 1789, indépendant des pouvoirs exécutif et législatif. La justice est publique, sauf cas particulier nécessitant le huis-clos, et elle est rendue par différents types de tribunaux en fonction de la nature des affaires.

La justice civile

Elle concerne essentiellement les affaires entre particuliers, qu'il s'agisse de la protection des individus, majeurs ou mineurs, de la famille, de la propriété des biens, du versement d'une pension alimentaire, etc. Deux types de tribunaux jugent en premier ressort :

● Les *tribunaux d'instance,* au nombre de 468, sont situés dans les mairies et leur ressort est celui de l'arrondissement. Le juge d'instance statue seul sur le conflit et s'efforce d'abord de concilier les adversaires.

● Les *tribunaux de grande instance* existent dans tous les départements. Leur nombre varie selon la population de ces derniers ; il y en a 181 en France. Le tribunal comprend un président, au moins deux juges, un juge d'instruction et un procureur. L'assistance d'un avocat est presque toujours exigée devant ce tribunal.

● Au-dessus viennent les *cours d'appel* (35 en France) qui sont compétentes pour recevoir les contestations des décisions prises par les précédents tribunaux, et la *Cour de cassation,* la plus haute juridiction nationale. Cette dernière veille au respect des lois appliquées par toutes les juridictions ; elle est composée des magistrats les plus élevés en grade.

La justice pénale

Elle juge les infractions commises envers le Code pénal ou d'autres lois, qu'il s'agisse de contraventions (excès de vitesse), de délits (vol) ou de crimes (meurtre, hold-up, viol).

L'infraction est constatée par la police ou la gendarmerie et, si elle est grave, un juge d'instruction est chargé du dossier à la demande du procureur de la République ou à la suite d'une plainte de la victime.

Lorsque l'affaire est prête à être jugée, elle est renvoyée, selon le degré de la faute, devant l'une des juridictions suivantes :

- Le *tribunal de police* juge les contraventions et peut prononcer des amendes et des peines de prison. En dehors des très grandes villes, c'est le tribunal d'instance — qui statue alors en matière pénale — qui remplit cette fonction.

- Le *tribunal correctionnel* fait partie du tribunal de grande instance et juge tous les délits, sauf si l'auteur est un enfant mineur.

- La *cour d'assises* (1 par département) peut seule juger les crimes. Elle ne se réunit que quelques fois par an, à la différence des autres juridictions qui sont permanentes. Elle est présidée par un conseiller de la cour d'appel, et les crimes sont jugés par 3 juges professionnels et par un jury de 9 citoyens tirés au sort sur les listes électorales.

Seule, la Cour de cassation peut remettre en cause les décisions de la cour d'assises, mais seulement pour un défaut de procédure. Elle ne se prononce jamais sur le fond.

La justice administrative

Elle est distincte des juridictions judiciaires, possède ses propres juges et une organisation particulière. Les magistrats sont le plus souvent issus de l'École nationale d'administration. Les *tribunaux administratifs* jugent les litiges opposant un citoyen à l'État ou à une collectivité publique (par exemple, pour un refus de permis de construire), ainsi que les conflits relatifs aux impôts sur le revenu et à la T.V.A. Les tribunaux peuvent annuler, le cas échéant, les décisions de l'administration contraires à la loi et octroyer une indemnité pour réparer le préjudice subi. Le Conseil d'État (voir page 82) et d'autres juridictions spécialisées (*Cour des comptes, Ordre des médecins,...*) sont également compétents pour traiter les conflits d'ordre administratif.

ENA –
voir Astérix –

D'autres tribunaux spécialisés

Il existe d'autres types de tribunaux, étroitement spécialisés.

- C'est le cas des *tribunaux pour enfants,* composés d'un juge des enfants et de deux assesseurs non professionnels, désignés par le ministère de la Justice. Il existe également une cour d'assises pour les mineurs âgés de 16 à 18 ans.

- Les *conseils de prud'hommes* jugent les conflits survenus entre un employeur et un salarié ou un apprenti. Ils sont composés en nombre égal de salariés et d'employeurs, le juge d'instance intervenant éventuellement en cas de partage des voix.

- Les *tribunaux de commerce* instruisent les conflits relatifs à la fonction commerciale. Leurs juges sont élus parmi les commerçants.

Le budget de l'État

L'élaboration et le vote du budget

Le budget n'est pas seulement le tableau des recettes et des dépenses de l'État et des collectivités publiques. C'est aussi une longue procédure parlementaire qui se traduit par l'adoption d'une loi de finances traduisant les grandes options économiques et sociales du gouvernement.

● Dès le début de l'année, le directeur du budget dresse pour son ministre de tutelle un état de la situation économique nationale et des prévisions pour l'année suivante. A l'aide de ces documents et des budgets antérieurs, le ministre élabore un projet qui est soumis au Conseil des ministres.

● De leur côté, tous les ministères et les collectivités publiques préparent un état des dépenses à effectuer pour l'année suivante. Ces budgets sectoriels sont discutés par les ministres lors de conférences budgétaires. Le Premier ministre, voire le président de la République, arbitrent les conflits éventuels pouvant surgir entre les ministères et le ministre chargé du budget. Les dépenses générales sont définitivement arrêtées lors d'un Conseil des ministres. Il ne reste plus au ministre des Finances qu'à établir la répartition des recettes pour mettre au point la loi de finances. Présentée à un nouveau Conseil des ministres, celle-ci est ensuite soumise à l'approbation du Parlement lors de la session d'automne, en commençant par l'Assemblée nationale. Si, passé un délai de 70 jours, les deux assemblées sont toujours en désaccord, le gouvernement peut mettre en vigueur la loi de finances par l'intermédiaire d'ordonnances.

● Fréquemment, il s'avère indispensable d'établir, durant l'année d'exercice du budget, une loi de finances rectificative, ou « collectif budgétaire », destinée à modifier les prévisions de la loi initiale en raison d'un changement de la conjoncture économique ou de nouveaux impératifs politiques. Cette loi complémentaire doit également être soumise au vote du Parlement.

● A la fin de l'exercice budgétaire, les comptes définitifs de l'année sont présentés aux députés et sénateurs sous la forme d'une loi de règlement.

Dépenses et recettes

Le budget de l'État comprend trois parties essentielles :

— Le *budget général* est établi selon le principe de l'universalité budgétaire, c'est-à-dire que l'ensemble des ressources doit couvrir l'ensemble des dépenses, sans qu'une recette soit affectée à une dépense particulière.

— Les *comptes d'affectation spéciale*, au contraire, permettent d'imputer chaque ressource à des charges spécifiques. Ainsi, la redevance perçue sur la télévision est réservée aux sociétés de programme et de diffusion.

— Les *budgets annexes* sont réservés à certains services publics possédant une autonomie financière : P.T.T., Légion d'honneur, monnaies et médailles,...

● Le budget de 1985 prévoit des *dépenses* s'élevant à 1 006 milliards de F, ce qui traduit une faible augmentation par rapport au budget initial de 1984 (5,9 %), et même, compte tenu de l'inflation, une stagnation des dépenses. L'éducation et la culture, le secteur social (emploi, santé, logement, subventions à la Caisse d'assurance maladie,...) et la Défense représentent les charges les plus lourdes. Les dépenses en personnel s'élèvent à 34 % du budget total ; l'État emploie environ 2 500 000 personnes, la majeure partie des fonctionnaires étant employée à l'Éducation nationale, aux Postes et Télécommunications, à la Défense et au ministère de l'Économie et du Budget.

● Les *recettes* prévues au budget 1985 s'élèvent à 867 milliards de F. Les recettes fiscales constituent près de 95 % des ressources de l'État. Elles devancent donc de très loin les recettes non fiscales, représentées par les revenus de l'État employeur (retenues et cotisations sociales), de l'État entrepreneur (bénéfices des entreprises publiques) et de l'État propriétaire (revenus des biens domaniaux). Il faut aussi ajouter les recettes tirées des comptes d'affectation spéciale (11,6 milliards de F). Par contre, les recettes budgétaires doivent être amputées des remboursements et dégrèvements fiscaux (98,6 milliards de F) et des prélèvements effectués au profit des collectivités locales (81,5 milliards de F) et de la Communauté économique européenne (33,7 milliards de F).

Parmi les recettes fiscales de l'État, il convient de distinguer les impôts directs et indirects. En 1985, les premiers représentent 38,4 % du total. Jusqu'en 1973, les impôts directs avoisinaient le tiers des recettes fiscales ; depuis cette date, leur part s'est sensiblement élevée, sans cependant atteindre un chiffre comparable à celui des pays européens voisins. L'impôt sur le revenu et l'impôt sur les sociétés constituent la majeure partie des rentrées. L'impôt sur les grandes fortunes, institué en 1982, ne rapporte qu'un peu plus de 5 milliards de francs. Parmi les impôts indirects, la T.V.A. (taxe sur la valeur ajoutée) joue toujours un rôle essentiel. Quatre taux sont appliqués : un taux normal de 18,6 % de la valeur hors taxes, un taux de 33,3 % sur les produits de luxe (voitures, fourrures, parfums, pierres précieuses, tabacs,...), un taux réduit de 7 % sur les livres et la plupart des produits alimentaires et pharmaceutiques, et un taux super-réduit de 5,5 % sur les articles de première nécessité.

Au total, les prélèvements obligatoires représentent près de 44 % du Produit intérieur brut (P.I.B.), à raison de 24,2 %

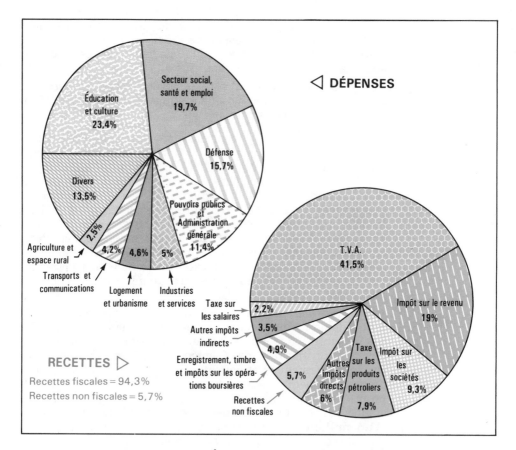

Le budget de l'État.

pour les impôts et 19,5 % pour les prélèvements sociaux. C'est un chiffre élevé, qui place la France dans le peloton de tête des pays industriels, derrière les pays scandinaves, la Belgique et les Pays-Bas, mais devant l'Italie, le Royaume-Uni, la R.F.A. et, surtout, les États-Unis (31 %) et le Japon (27 %).

Un équilibre bien difficile

Un budget en équilibre a longtemps été considéré comme le symbole d'une saine gestion financière jusqu'à ce que l'économiste anglais Keynes présente le déficit budgétaire comme un moyen de relance de l'activité.

● Le budget de l'État a été exécuté avec de lourds déficits entre 1947 et 1958. Ces déficits ont été réduits lors des premières années de la Ve République, au point que l'équilibre budgétaire a été atteint et que durant quelques années, un solde positif a été enregistré. Depuis 1974, le déficit est chronique et il tend même à augmenter au cours des

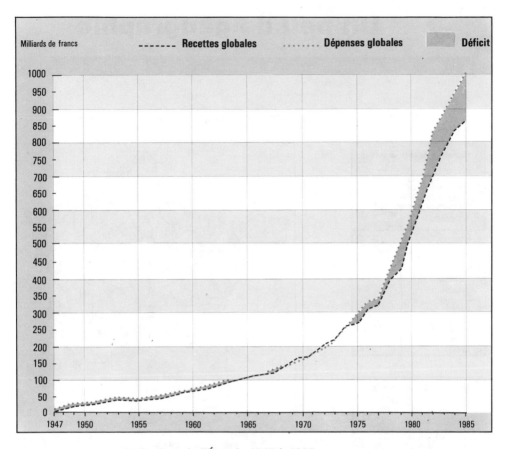

Le budget de l'État de 1947 à 1985.

dernières années. Le budget 1985 apparaît comme un budget de rigueur, avec l'objectif de limiter l'impasse budgétaire au-dessous de 140 milliards de francs, ce qui représente environ 3 % du Produit intérieur brut.

● Pour financer le déficit, l'État doit demander des avances à la Banque de France et recourir assez fréquemment à l'emprunt. Ces emprunts, d'une durée variable et offrant des taux d'intérêt sensiblement supérieurs à l'inflation, sont placés auprès des investisseurs institutionnels (banques, sociétés d'assurance) ou du grand public. L'État fait aussi appel aux capitaux étrangers, ainsi d'ailleurs que plusieurs entreprises nationales.

● La dette publique, de ce fait, tend à s'accroître. Elle représentait environ 13 000 F par Français en 1984. Les intérêts payés par l'État, qui ont décuplé au cours des dix dernières années, s'élèvent à environ 8 % du budget, contre 3 % en 1974. Pourtant, le déficit budgétaire français demeure bien modeste à côté de celui des États-Unis (175 milliards de dollars pour le budget 1984), où les intérêts de la dette (ce que l'on appelle le « service de la dette ») s'élèvent à 13 % du budget.

Un peu de géographie

Les élections présidentielles de 1974.

Résultats du premier tour	
Inscrits : 30 602 953	
Votants : 25 775 743	
Abstentions : 4 827 210	
Exprimés : 25 538 636	
Candidats	**Nombre de suffrages**
F. Mitterrand	11 044 373
V. Giscard d'Estaing	8 326 774
J. Chaban-Delmas	3 857 728
J. Royer	810 540
A. Laguiller	595 247
R. Dumont	337 800
J.-M. Le Pen	190 921
E. Muller	176 279
A. Krivine	93 990
B. Renouvin	43 722
J.-C. Sebag	42 007
G. Héraud	19 255

Résultats du second tour	
Inscrits : 30 600 775	
Votants : 26 724 595	
Abstentions : 3 876 180	
Exprimés : 26 367 807	
Candidats	**Nombre de suffrages**
V. Giscard d'Estaing	13 396 203
F. Mitterrand	12 971 604

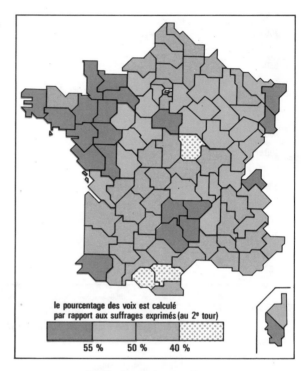

le pourcentage des voix est calculé
par rapport aux suffrages exprimés (au 2ᵉ tour)

55 %   50 %   40 %

**1974 : les votes en faveur
de Valéry Giscard d'Estaing.**

A la mort du Président Georges Pompidou, le 2 avril 1974, le Conseil constitutionnel constate la vacance du pouvoir et l'intérim est confié au Président du Sénat, Alain Poher.

● Le premier tour *des élections présidentielles a lieu le 5 mai. Douze candidats s'affrontent. François Mitterrand représente la gauche unie. Il bénéficie du soutien du Parti socialiste, du Parti communiste et du Mouvement des Radicaux de gauche, formations signataires d'un « Programme commun » de gouvernement en juin 1972, ainsi que de celui du Parti socialiste unifié. Au contraire, la droite et le centre sont divisés, à l'image des gaullistes, partagés entre Valéry Giscard d'Estaing et Jacques Chaban-Delmas qui ont tous deux été ministres dans de précédents gouvernements.*
L'extrême-gauche et l'extrême-droite sont également représentées, de même que le mouvement écologiste qui réussit à cette époque une percée remarquée dans plusieurs pays européens. Aucun candidat n'atteint la majorité absolue des suffrages au premier tour.

● Au second tour, V. Giscard d'Estaing, qui profite du soutien des autres candidats de droite et du centre arrivés derrière lui, est élu avec un peu plus de 400 000 voix d'avance. Cette marge étroite confirme que la France électorale est coupée en deux, alors que le fort taux de participation (87,36 %) souligne l'attachement des Français à l'élection du président de la République au suffrage universel.
V. Giscard d'Estaing dépasse la majorité absolue dans 51 départements métropolitains et dans la plupart des départements et territoires d'Outre-mer. C'est dans le centre de la France, dans l'Est et dans l'Ouest, qu'il obtient ses meilleurs résultats, dépassant même 60 % des voix dans 11 départements.
F. Mitterrand a la majorité absolue dans 44 départements métropolitains, à la Réunion et en Polynésie. Il vient en tête dans le Nord, vieux bastion socialiste, dans le Sud-Ouest à tradition radicale-socialiste, dans le Languedoc, la vallée du Rhône et dans une bonne partie de la couronne parisienne.

électorale

Les élections présidentielles de 1981.

Résultats du premier tour	
Inscrits : 36 398 859	
Votants : 29 516 082	
Abstentions : 6 882 777	
Exprimés : 29 038 117	
Candidats	**Nombre de suffrages**
V. Giscard d'Estaing	8 222 432
F. Mitterrand	7 505 960
J. Chirac	5 225 848
G. Marchais	4 456 922
B. Lalonde	1 126 254
A. Laguiller	668 057
M. Crépeau	642 847
M. Debré	481 821
M.-F. Garaud	386 623
H. Bouchardeau	321 353

Résultats du second tour	
Inscrits : 36 392 678	
Votants : 31 249 753	
Abstentions : 5 142 925	
Exprimés : 30 362 385	
Candidats	**Nombre de suffrages**
F. Mitterrand	15 714 598
V. Giscard d'Estaing	14 647 787

le pourcentage des voix est calculé par rapport aux suffrages exprimés (au 2e tour)

55 % 50 % 40 %

1981 : les votes en faveur de François Mitterrand.

En 1981, c'est la première fois dans l'histoire du pays qu'un président de la République élu au suffrage universel demande le renouvellement de son mandat.
Les deux camps politiques qui s'étaient déjà affrontés en 1974 sont divisés. A droite, V. Giscard d'Estaing est en effet concurrencé par son ancien Premier ministre, J. Chirac, qui avait largement contribué à son succès en 1974 en lui ralliant une partie des parlementaires gaullistes. Il doit aussi compter avec Michel Debré, un fidèle du général de Gaulle dont il fut le Premier ministre, et avec Marie-France Garaud, ancienne conseillère du Président Pompidou. A gauche, la rupture du Programme commun se traduit aussi par la multiplication des candidatures. Le Parti communiste, en la personne de Georges Marchais, tente pour la seconde fois sa chance dans une telle élection et Michel Crépeau représente les Radicaux de gauche, soucieux d'affirmer leur autonomie face au Parti socialiste.

• Le premier tour, le 26 avril, confirme le relatif équilibre entre les deux blocs, le recul électoral du Parti communiste et l'existence d'un courant écologiste.

• Le second tour, le 10 mai, apparaît comme une revanche de 1974. F. Mitterrand est élu avec un peu plus d'un million de voix d'avance. Il profite d'un bon report des suffrages communistes et radicaux, mais aussi d'une grande mobilisation des abstentionnistes du premier tour. Confortant l'assise électorale de la gauche dans ses fiefs traditionnels, il progresse aussi très sensiblement dans l'Ouest, gagnant près de 5 points par département sur son score de 1974. Il vient en tête dans 65 départements métropolitains.
V. Giscard d'Estaing, qui souffre de la défection d'une partie de l'électorat de J. Chirac, marqué par les polémiques de la campagne électorale, ne dépasse la majorité absolue que dans 31 départements, localisés, comme en 1974, dans l'Est, l'Ouest et le centre du pays, alors qu'il remporte aisément les élections dans tous les départements et territoires d'Outre-mer.

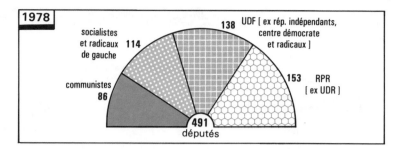

La composition de l'Assemblée nationale.

Le premier tour des élections

Inscrits :   35 204 152
Votants :   29 141 979
Abstentions :   6 062 173 (17,22 %)
Exprimés :   28 560 243

Partis	Nombre de suffrages	%
Extrême-gauche	953 088	3,33
P.C.F.	5 870 402	20,55
P.S.	6 451 151	22,58
M.R.G.	603 932	2,11
R.P.R.	6 462 462	22,62
U.D.F.	6 128 849	21,45
Majorité présidentielle	684 985	2,39
Écologistes	621 100	2,14
Divers (1)	793 274	2,77

(1) Selon le ministère de l'Intérieur, les « divers » se répartissent de la manière suivante : divers opposition, 1,1 % ; divers majorité, 1 % et divers droite, 0,9 %.

● *Les élections des 12 et 19 mars 1978 marquent d'abord un affaiblissement électoral de la majorité. Au premier tour, les candidats se réclamant d'elle n'obtiennent que 46,5 % des voix, ne dépassant la barre des 50 % que dans 27 départements. Même les bastions traditionnels de l'Est, de l'Ouest et du Massif central sont entamés. Pourtant, entre les deux tours, la droite réussit à mobiliser son électorat et elle conserve une confortable majorité à la Chambre des députés. L'Union pour la démocratie française profite du soutien du président de la République ; elle totalise 21,4 % des voix au premier tour et gagne 17 sièges, passant mieux l'épreuve que le Rassemblement pour la République. Ce dernier, avec 22,6 % des voix, demeure cependant le premier parti de France et, en dépit de la perte de 23 sièges, le premier groupe de l'Assemblée.*

● *Ces élections sont aussi un échec pour la gauche. Certes, elle progresse en voix et en sièges, mais elle ne gagne pas, contrairement à ses espérances. Elle paie sans doute là la rupture des négociations sur le Programme commun de gouvernement, en 1977. Le rapport des forces est modifié en son sein. Le Parti socialiste, pour la première fois, devance en voix le Parti communiste, avec 22,6 % contre 20,6 %, et progresse dans la plupart des départements, sans cependant toujours atteindre les résultats obtenus aux élections cantonales et municipales de 1976 et de 1977.*
Le Parti socialiste ne gagne pourtant que 9 députés, alors que le Parti communiste en compte 12 de plus qu'en 1973.

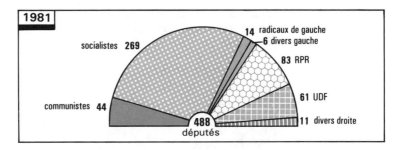

La composition de l'Assemblée nationale.

Le premier tour des élections

Inscrits : 35 536 041
Votants : 25 182 262
Abstentions : 10 353 779
Exprimés : 24 823 065

Partis	Nombre de suffrages	%
Extrême-gauche	330 344	1,33
P.C.F.	4 003 025	16,12
P.S. + M.R.G.	9 376 853	37,77
Divers gauche	141 638	0,57
Écologistes	270 792	1,09
R.P.R.	5 192 894	20,91
U.D.F.	4 756 503	19,16
Divers droite	660 990	2,66
Extrême-droite	90 026	0,36

Le 22 mai 1981, F. Mitterrand, nouveau Président de la République, dissout l'Assemblée nationale élue en 1978, dans laquelle la gauche est minoritaire.

• Les élections des 14 et 21 juin se traduisent par un véritable raz-de-marée au profit de la gauche, qui n'est pas sans rappeler ceux dont bénéficia le Général de Gaulle en 1962 et 1968. La gauche profite de la dynamique de l'élection présidentielle et de la volonté des électeurs d'éviter une crise constitutionnelle. Le Parti socialiste est le grand vainqueur. Non seulement, il devient le premier parti de France (37,7 % des voix avec les Radicaux de gauche), mais il dispose de la majorité absolue des sièges à la Chambre. Il conforte sa prépondérance dans le Sud-Ouest, le Sud-Est et le Nord, mais il obtient aussi de nombreux élus dans l'Ouest, le Centre et l'Est du pays. Le Parti communiste subit par contre un recul sensible de son audience (16,1 % des voix), enregistrant son plus bas score depuis la Libération et perdant 42 députés. Ce repli sera confirmé par des élections ultérieures.

• La droite subit les conséquences de l'échec de V. Giscard d'Estaing et de ses divisions internes que ne parvient pas à masquer la pratique de la candidature unique dans la plupart des circonscriptions. Le R.P.R., qui a légèrement devancé l'U.D.F. en voix au premier tour (20,9 % contre 19,2 %), perd 70 députés mais demeure le groupe parlementaire le plus important de l'opposition, d'autant que l'U.D.F. enregistre aussi la perte de 58 sièges.

Inscrits : 36 880 688
Votants : 20 918 772
Abstentions : 15 961 916
Exprimés : 20 180 934

Partis	Nombre de suffrages	%
U.D.F.-R.P.R.	8 683 596	43,02
P.S.	4 188 875	20,75
P.C.F.	2 261 312	11,20
Front national	2 210 334	10,95
Verts	680 080	3,36
E.R.E. (Entente radicale écologiste pour les États-Unis d'Europe)	670 474	3,32
Lutte ouvrière	417 702	2,06
Réussir l'Europe	382 404	1,89
Parti communiste internationaliste ..	182 320	0,90
Parti socialiste unifié - Communistes démocrates unitaires	146 238	0,72
Utile (Union des travailleurs indépendants pour la liberté d'entreprendre)	138 220	0,68
Initiative 84	123 642	0,61
Pour les États-Unis d'Europe	78 234	0,38
Parti ouvrier européen	17 503	0,08

Les élections européennes se déroulent le 17 juin 1984. C'est la seconde fois depuis 1979 que le pays désigne ses 81 représentants au Parlement européen. Comme dans les autres pays de la Communauté, le scrutin est marqué par une faible participation : 56,7 % seulement des Français se sont rendus aux urnes, chiffre comparable à ceux de la R.F.A. (56,8 %), du Danemark ou des Pays-Bas. Ce sont les Britanniques qui se montrent les plus réticents (32 % de votants), alors que les Belges sont les plus enthousiastes (92,2 %). Il est vrai que le vote est obligatoire Outre-Quiévrain !

A la différence des élections législatives antérieures, ces élections européennes se déroulent au scrutin proportionnel. Comme dans les autres pays, mais plus nettement encore, elles sont avant tout considérées comme un test national, la campagne électorale s'étant faite avant tout sur des thèmes de politique intérieure.

Les résultats traduisent une défaite de la majorité au pouvoir et une nette percée de l'extrême-droite.

● Le Parti socialiste, conduit par L. Jospin, est victime de la politique de rigueur mise en place après 1982. Il retombe à son niveau de 1973 et perd 2 points par rapport aux élections de 1979. Son recul est surtout net dans les vieilles régions industrielles en proie au chômage et à la reconversion. Ainsi, le recul est de 6 points en Lorraine et de 4 points dans le Nord. Le Parti communiste enregistre un nouveau recul. Avec 11,2 % des voix, il obtient son plus bas score depuis 1928 et ne dépasse 20 % des suffrages que dans 5 départements (Allier, Corrèze, Gard, Seine-Saint-Denis et Haute-Vienne).

● A droite, le R.P.R. et l'U.D.F., qui ont fait liste commune derrière Simone Veil, n'atteignent pas la majorité absolue et sont même en retrait par rapport à leur score de 1979, obtenu avec des listes séparées. La liste Veil ne dépasse les 50 % que dans une douzaine de départements surtout situés dans le centre, l'ouest et en Alsace.

● Quant à l'extrême-droite, conduite par J.-M. Le Pen, elle talonne la liste du Parti communiste et dépasse les 10 % dans 44 départements, obtenant ses meilleurs résultats dans les départements du littoral méditerranéen et dans les régions urbaines et industrielles les plus sensibilisées aux problèmes mis en relief par le Front national : l'immigration et l'insécurité. C'est notamment le cas de l'agglomération parisienne et de Lyon. Par contre, l'extrême-droite demeure bien discrète dans les départements ruraux.

Les 81 députés français vont siéger à Strasbourg où ils rejoignent leurs collègues des neuf autres pays membres de la Communauté européenne : 81 Allemands, 81 Britanniques, 81 Italiens, 25 Néerlandais, 24 Grecs, 24 Belges, 15 Danois, 15 Irlandais et 6 Luxembourgeois. La répartition des sièges s'est faite en fonction de la population de chacun des pays, en permettant une représentation correcte des différentes forces politiques nationales.

DEUXIÈME PARTIE

LA FRANCE : RADIOSCOPIE D'UNE SOCIÉTÉ

Les cadres de vie : citadins et ruraux

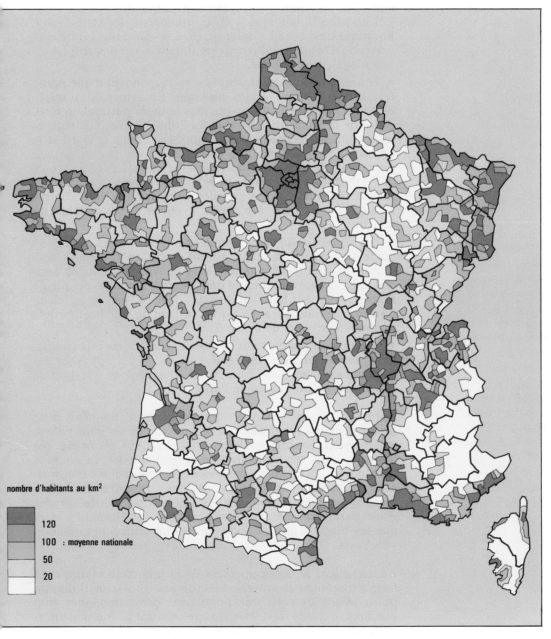

nombre d'habitants au km²

120
100 : moyenne nationale
50
20

La répartition de la population en France.

Comment se répartit la population ?

En 1985, la France compte un peu plus de 55 millions d'habitants pour une superficie totale de 551 000 km², soit une densité moyenne de 100 hab./km². C'est donc un pays très moyennement peuplé à l'échelle européenne et qui se situe loin derrière ses principaux partenaires (Pays-Bas : 424 hab./km², Belgique : 324, Allemagne fédérale : 247, Royaume-Uni : 232, Italie : 189,...). En fait, la densité moyenne n'est pas réellement significative, car le territoire est très inégalement occupé.

● Les *régions fortement peuplées* correspondent d'une part à certains littoraux : Flandre, Bretagne, Charentes, Midi méditerranéen, d'autre part aux grandes vallées, particulièrement celles de la Seine, du Rhône et du Rhin, et enfin, aux régions industrielles précocement développées, comme le Nord et la Lorraine. Les régions qui associent à un réseau urbain important un tissu industriel dense et des activités agricoles de polyculture exigeant une main-d'œuvre relativement importante sont les plus peuplées du pays : le Nord compte ainsi 440 hab./km² et n'a rien à envier à ses voisins du Benelux.

● Les *régions faiblement peuplées* sont des terres difficiles : hauts massifs montagneux, Massif central méridional, Corse intérieure, grandes forêts aux sols pauvres comme les Landes,... La Lozère est ainsi le département le moins peuplé de France avec 14 hab./km², mais il n'est pas rare, dans l'Aubrac, le haut Vivarais ou le Queyras de voir les densités tomber en dessous de 5 hab./km².

● *Ailleurs,* le peuplement est assez lâche, mais aux campagnes assez peuplées de l'Ouest et du Sud s'opposent les campagnes beaucoup plus vides des régions de grande céréaliculture du bassin de Paris.

Autrefois, la population, à dominante rurale, bougeait peu ; on se mariait avec quelqu'un de son village ou d'un village voisin et on mourait sur la terre de ses aïeux. Pourtant, dès le xviiie siècle, les transformations économiques, la poussée urbaine, les difficultés d'existence dans les régions défavorisées ont conduit les hommes à émigrer, d'abord saisonnièrement, puis définitivement : les habitants du Jura ou des Alpes partaient ainsi vers Besançon, Lyon ou Grenoble, alors que les maçons de la Creuse et du Limousin « montaient » vers Paris.

Au xixe siècle le développement de la grande industrie et la forte croissance des activités urbaines vont constituer un puissant attrait pour une population des campagnes trop nombreuse que le travail de la terre ne suffit plus à nourrir. A partir de 1840, l'*exode rural* s'amplifie et 300 000 à 800 000 personnes, selon les années, quittent définitivement leur

Évolution de la population rurale, en % de la population totale.
1806	81 %
1866	70 %
1911	56 %
1929	50 %
1936	48 %
1954	42 %
1962	37 %
1968	30 %
1975	27 %
1982	27 %

Les données sont celles des recensements, sauf pour 1929, donnée estimée.

village pour la ville. En 1929, les villes sont pour la première fois aussi peuplées que les campagnes, et le monde rural continue à se vider au point que, après la Seconde Guerre mondiale, on a pu parler de « désert français » pour des régions que de véritables hémorragies humaines avaient vidées de leur substance.

Jusqu'à la fin des années 60, le phénomène se poursuit ; la forte poussée urbaine fait surgir les cités champignons dans les banlieues des grandes villes, qui connaissent d'importants problèmes en matière d'infrastructures et d'équipements. Pourtant, au début des années 70, on enregistre une décélération du mouvement d'urbanisation, que révèle le recensement de 1975, en particulier dans les grandes villes. Le recensement de 1982 confirme la tendance. Pour la première fois depuis le XIXe siècle, la part de la population des agglomérations est restée stationnaire et de nombreuses communes rurales ont vu leur population augmenter plus fortement que les communes urbaines.

En fait, la *croissance urbaine* n'est pas stoppée, mais elle a changé de nature. Ce ne sont plus les villes ou leur proche banlieue qui se développent, mais les communes rurales de leur périphérie. Le coût élevé des terrains, qui limite la construction dans les aires urbaines, l'aspiration des Français à la maison individuelle, la possibilité de rejoindre la ville en voiture individuelle ou par des réseaux de transport en commun de plus en plus étendus sont autant d'éléments qui permettent d'expliquer qu'un nombre croissant de Français qui travaillent à la ville habitent en dehors, « à la campagne ».

Or, cette campagne n'en est plus tout à fait une, sans pour autant être devenue la ville. Les lotissements ont poussé autour des villages et les nouveaux venus sont souvent plus nombreux que les anciens habitants : on appelle ce phénomène la *rurbanisation*. C'est lui qui a modifié les données du problème et donné naissance à une nouvelle catégorie de Français : les « rurbains », hybrides entre le citadin et le rural. La statistique a pris en compte ces nouveaux espaces ; ils sont inclus, avec les agglomérations dont ils dépendent, dans les « zones de peuplement industriel et urbain » (Z.P.I.U.), qui regroupent aujourd'hui plus de 80 % de la population.

La population urbaine en France en 1985.

Agglomérations	40 millions d'habitants	73 % de la population
Zones de peuplement industriel et urbain	45 millions d'habitants	82 % de la population

La France des campagnes

En 20 ans, le monde rural a changé : il n'est plus le milieu fermé, mal équipé, retardé socialement et culturellement que l'on fuyait pour la ville. Quant au paysan, il s'est intégré à la société moderne, participe à la gestion communale, à la vie syndicale, est informé sur le plan économique et est sociétaire de l'une des plus grandes banques du monde : le Crédit agricole mutuel. En outre, les liens sont de plus en plus étroits entre les citadins et les ruraux : la fermeture des commerces et des services dans les villages impose des déplacements réguliers à la ville, alors que, périodiquement, les citadins viennent séjourner dans les 2 300 000 résidences secondaires que comptent les communes rurales. Les campagnes sont donc intégrées à la vie moderne : les progrès du confort dans l'habitat et de l'équipement des ménages sont là pour en témoigner.

Le confort dans les campagnes françaises.

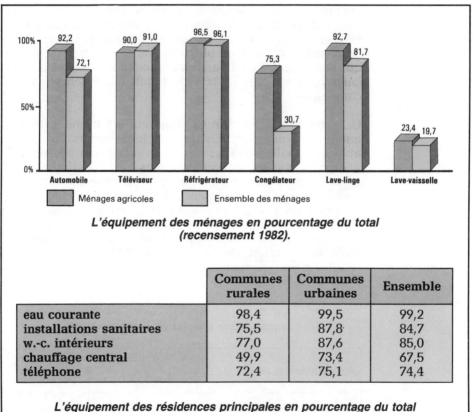

L'équipement des ménages en pourcentage du total (recensement 1982).

	Communes rurales	Communes urbaines	Ensemble
eau courante	98,4	99,5	99,2
installations sanitaires	75,5	87,8	84,7
w.-c. intérieurs	77,0	87,6	85,0
chauffage central	49,9	73,4	67,5
téléphone	72,4	75,1	74,4

L'équipement des résidences principales en pourcentage du total (recensement 1982).

Le bocage dans le Cotentin.

● Dans les *pays de bocage* — basse Normandie, Maine, Bretagne, Vendée, Limousin et Morvan —, le maillage des haies délimite des parcelles de petite taille où règnent les herbages et les cultures fourragères, car l'élevage est l'activité agricole dominante. L'habitat est dispersé, mais le peuplement reste relativement dense ; ce sont en effet des régions de petites et de moyennes exploitations ; de plus, l'élevage exige encore une main-d'œuvre abondante. Le paysage s'est progressivement transformé : on a édifié des hangars et des bâtiments nouveaux, le remembrement a entraîné l'arrachage de haies et l'élargissement des parcelles, la taille mécanique des arbres a dégagé l'horizon. Pourtant, la physionomie de ces régions reste caractéristique et l'arbre est toujours un élément essentiel du paysage.

Un village beauceron.

● Dans les *plaines* et *plateaux* aux riches terroirs où la céréaliculture est reine, en association avec les betteraves, les fourrages et les plantes oléagineuses, l'habitat groupé domine. Le village, souvent en forme d'étoile ou de quadrilatère, parfois allongé en rue, occupe le centre de son espace agricole, le « finage ». Des nécessités diverses ont conduit autrefois les hommes à se grouper : présence de points d'eau, impératifs de défense, organisation communautaire des systèmes de cultures qui empêchait que l'on construise sur les champs et que l'on clôture les parcelles. L'histoire a façonné un paysage de campagne ouverte ; les champs, agrandis par les opérations de remembrement, forment un vaste damier, appelé « openfield ». Ces campagnes, autrefois très peuplées, quand le travail agricole n'était pas mécanisé, ont été vidées par l'exode rural : artisans, petits commerces, services ont disparu, et seuls les villages de la

Saint-Hilaire (Aude) : 595 habitants (recensement 1982).

grande périphérie des agglomérations voient, depuis dix ans, pousser des lotissements neufs.

● On trouve aussi l'habitat groupé dans les *régions méditerranéennes*. Les villages se tassent souvent au pied d'une colline ou sur des hauteurs défensives, car les plaines furent longtemps peu sûres : occupées en période de paix et de prospérité, on les fuyait pendant les temps de guerre et de troubles qui ne manquèrent pas dans ces régions. Ces villages ont leur cachet architectural, avec leurs murs blanchis à la chaux ou de pierres dorées et leurs toits de tuiles romaines rondes. Autrefois, ils vivaient de la culture du blé, de la vigne, de l'olivier et de leurs troupeaux de moutons. Depuis le XIXᵉ siècle, les cultures spécialisées se sont étendues à toutes les plaines et un habitat dispersé assez dense s'est développé au milieu des vergers, des vignes et des cultures légumières intensives.

Le village de La Grave, au pied de la Meije : 243 habitants (recensement 1982).

● La vie traditionnelle était rude dans les *villages de montagne,* difficiles d'accès et vivant pauvrement de l'élevage et de quelques cultures. Aussi, ces régions furent-elles précocement et profondément touchées par l'exode rural qui livra les hameaux à la ruine. Pourtant, depuis 20 ans, les villages les mieux placés revivent : les citadins y restaurent des résidences secondaires, mais, surtout, ils se peuplent, été comme hiver, d'un nombre croissant de randonneurs, alpinistes, amoureux de la nature, qui apportent argent et emploi dans ces régions que l'on croyait condamnées il y a peu. Les mieux lotis sont évidemment les villages des stations de ski que la manne hivernale a complètement métamorphosés et qui disposent d'équipements que certaines villes pourraient leur envier.

La France des villes

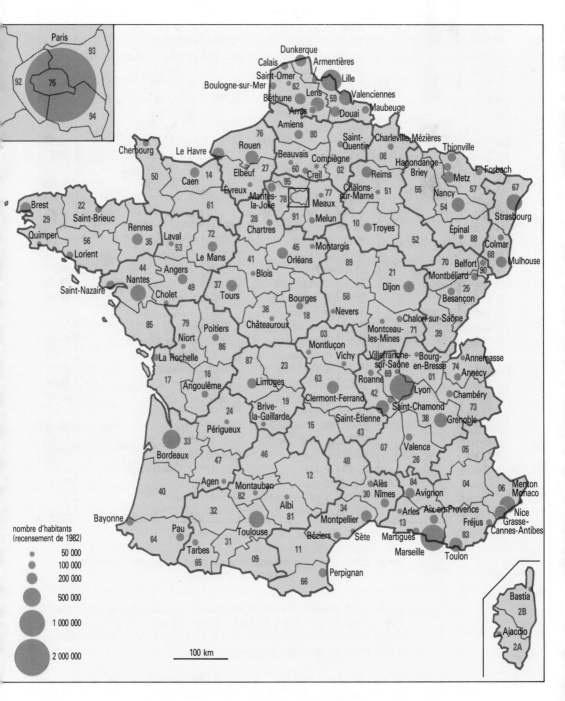

Les agglomérations de plus de 50 000 habitants en France (recensement 1982).

Agglomération	Population	Agglomération	Population	Agglomération	Population
(a) Paris	8 706 963	78 Mantes-la-Jolie	170 265	28 Chartres	77 795
(a) Lyon	1 220 844	80 Amiens	154 498	(a) Belfort	76 221
13 Marseille	1 110 511	57 Thionville	138 034	13 Martigues	72 316
59 Lille (b)	936 295	66 Perpignan	137 915	(a) Genève (c)-Annemasse (b)	72 242
33 Bordeaux	640 012	30 Nîmes	132 343	02 Saint-Quentin	71 887
31 Toulouse	541 271	64 Pau	131 265	30 Alès	70 180
44 Nantes	464 857	44 Saint-Nazaire	130 271	03 Montluçon	67 963
06 Nice	449 496	25 Montbéliard	128 194	08 Charleville-Mézières	67 694
83 Toulon	410 393	(a) Bayonne	127 477	36 Châteauroux	66 851
38 Grenoble	392 021	13 Aix-en-Provence	126 552	(a) Brive-la-Gaillarde	64 301
76 Rouen	379 879	10 Troyes	125 240	03 Vichy	63 501
67 Strasbourg (b)	373 470	25 Besançon	120 772	51 Châlons-sur-Marne	63 061
59 Valenciennes (b)	349 505	(a) Hagondange-Briey	119 669	60 Compiègne	62 778
62 Lens	327 383	74 Annecy	112 632	79 Niort	61 959
42 Saint-Étienne	317 228	(a) Valence	106 041	41 Blois	61 049
54 Nancy	306 982	59 Maubeuge (b)	105 714	83 Fréjus	60 289
06 Grasse-Cannes-Antibes	295 525	56 Lorient	104 025	81 Albi	60 181
37 Tours	262 786	16 Angoulême	103 552	24 Périgueux	59 716
(a) Béthune	258 383	86 Poitiers	103 204	58 Nevers	59 274
63 Clermont-Ferrand	256 189	17 La Rochelle	102 143	06 Menton-Monaco (b)	59 198
76 Le Havre	254 595	62 Calais	100 823	34 Sète	58 865
35 Rennes	234 418	57 Forbach (b)	99 606	47 Agen	58 288
34 Montpellier	221 307	62 Boulogne-sur-Mer	98 566	53 Laval	55 984
68 Mulhouse	220 613	73 Chambéry	96 163	59 Armentières (b)	55 913
45 Orléans	220 478	18 Bourges	92 202	60 Beauvais	55 817
21 Dijon	215 865	50 Cherbourg	85 485	77 Meaux	55 797
(a) Douai	202 366	22 Saint-Brieuc	83 900	27 Évreux	54 654
29 Brest	201 145	60 Creil	82 505	62 Saint-Omer	53 748
51 Reims	199 388	77 Melun	82 479	01 Bourg-en-Bresse	53 463
49 Angers	195 859	68 Colmar	82 468	(a) Arles	52 547
(a) Dunkerque	195 705	42 Saint-Chamond	82 059	45 Montargis	51 954
72 Le Mans	191 080	42 Roanne	81 786	88 Épinal	51 495
57 Metz	186 437	34 Béziers	81 347	71 Montceau-les-Mines	51 290
14 Caen	183 526	62 Arras	80 477	(a) Elbeuf	51 083
(a) Avignon	174 264	71 Chalon-sur-Saône	78 064	2B Bastia	50 596
87 Limoges	171 689	65 Tarbes	78 056	(a) Villefranche-sur-Saône	50 143

(a) Agglomérations rayonnant sur plusieurs départements.　(b) Partie française.　(c) Suisse.

**Population des agglomérations de plus de 50 000 habitants
(recensement 1982).**

Bourgs et petites villes constituent l'échelon de base de la hiérarchie urbaine en France ; ils représentent plus des trois quarts des unités urbaines de tout le pays. Le recensement de 1982 en a dénombré 1 376.

● Le bourg compte 2 000 à 5 000 habitants et a souvent gardé un caractère semi-rural. Chef-lieu de canton, il anime les campagnes proches, auxquelles il offre la plupart des commerces et services courants. On y trouve aussi le collège,

*Une petite ville, Avallon (Yonne) : 9 186 habitants
(recensement 1982).*

quelquefois un cinéma et le marché, lieu de rencontre hebdomadaire.

● La *petite ville*, de 5 000 à 20 000 habitants, est mieux achalandée et offre déjà des commerces et services de niveau supérieur : grand supermarché, médecins spécialistes, lycée,... Elle est souvent chef-lieu d'arrondissement et, exceptionnellement, préfecture : Foix (Ariège) 9 212 habitants, Privas (Ardèche) 9 253 habitants et Mende (Lozère) 10 520 habitants.

Laval (Mayenne) : 55 984 habitants (recensement 1982).

Narbonne (Aude) : 42 657 habitants (recensement 1982).

Arras (Pas-de-Calais) : 80 477 habitants (recensement 1982).

● Entre 20 000 à 30 000 et 200 000 à 250 000 habitants, on parle de *ville moyenne ;* il en existe plus de 350 en France. Elles disposent d'équipements et de services de bon niveau, tant au plan commercial que culturel ou éducatif : certaines ont des instituts universitaires de technologie et quelques-unes, comme Poitiers, Besançon ou Limoges, des universités.

Enfin, les plus grandes sont des foyers industriels d'importance régionale. La quasi-totalité des préfectures sont des villes moyennes et quelques-unes d'entre elles ont accédé au rang de capitale régionale : Châlons-sur-Marne, Poitiers, Besançon, Amiens, Limoges, Caen, Metz, Dijon. Beaucoup de villes moyennes conservent un cachet architectural propre à leur région : villes blanches aux toits d'ardoises grises des pays de Loire et de l'Ouest atlantique, villes dorées du Midi où les maisons se serrent autour de leur cathédrale et des vestiges romains, villes flamandes du Nord avec leur hôtel de ville, leur beffroi et leurs places entourées de maisons à pignons.

Une métropole régionale, Lyon (Rhône) : 1 220 844 habitants (recensement 1982).

● Les *grandes villes,* qui dépassent 250 000 habitants, ont un poids important dans le territoire français ; on en compte une vingtaine qui, outre une vaste gamme d'équipements et de services, disposent de fonctions urbaines rares : centres décisionnels, universitaires, culturels, places bancaires et de commerce de gros, centres de presse,... Ce sont, de plus, d'importants pôles économiques. Ces atouts leur confèrent une influence assez large et elles occupent l'échelon supérieur des hiérarchies urbaines régionales. Les plus importantes, au nombre de huit, ont été instituées métropoles régionales et ont bénéficié d'efforts de développement et d'aménagement, afin d'en faire de véritables capitales capables de contrebalancer le poids écrasant de Paris : création de nouveaux centres administratifs et d'affaires (comme celui de la Part-Dieu à Lyon), opérations de rénovation de certains quartiers, renforcement des infrastructures de transport, développement d'activités industrielles et de recherche capables d'exercer un effet entraînant sur la région.

Les huit métropoles d'équilibre :
Lyon
Marseille
Lille
Bordeaux
Toulouse
Nantes
Strasbourg
Nancy

Paris, capitale de la France et métropole internationale :
8 706 963 habitants (recensement 1982).

● *Paris* est l'une des dix premières agglomérations du
monde et la première d'Europe. La ville et sa région urbaine
comptent 16 % de la population du pays et 22 % de sa
population urbaine. Elle produit plus du quart de la richesse
nationale, concentre 22 % des emplois du pays et 28 % des
effectifs de l'Administration, des commerces et des services.
On y trouve 36 % des étudiants français, 61 % des chercheurs,
75 % des journalistes, 78 % des sièges sociaux des 500 plus
grandes entreprises nationales et 90 % des sièges sociaux
des banques. Cette exceptionnelle domination, sans équivalent dans les autres pays industrialisés, est héritée de longs
siècles de centralisation, mais les politiques d'aménagement
du territoire entreprises depuis 30 ans et la réduction de la
croissance démographique ont permis de freiner l'explosion
urbaine qui menaçait d'être démesurée : la population qui
avait augmenté de plus de 1,5 million d'habitants entre 1954
et 1968 n'a augmenté que de 500 000 habitants de 1968 à
1982, dont seulement 157 000 entre 1975 et 1982.

La ville nouvelle de Marne-la-Vallée (Seine-et-Marne) :
27 928 habitants (recensement 1982).

● Devant la forte poussée urbaine des années 60, on a
cherché à déconcentrer les grandes agglomérations menacées de saturation. A l'exemple des Anglais dans leur
aménagement du grand Londres, on a créé des *villes nouvelles* destinées à attirer les nouveaux venus et des habitants de
l'agglomération-centre. Le succès a été mitigé. Le ralentissement de la croissance urbaine n'a pas permis à ces villes
d'atteindre une population souhaitable et, en dépit de la
qualité des aménagements qu'elles ont reçus, elles ont du
mal à devenir des organismes urbains à part entière. Cinq
sont situées autour de Paris : Saint-Quentin-en-Yvelines
(76 778 habitants), Melun-Sénart (39 323 habitants), Cergy-
Pontoise (37 505 habitants), Marne-la-Vallée (27 928 habitants) et Évry (17 170 habitants) ; deux se trouvent en province : l'Isle-d'Abeau (14 171 habitants), près de Lyon, et Le
Vaudreuil (5 468 habitants), près de Rouen.

Français, qui êtes-vous?

Démographie : vers la croissance zéro ?

En 1779, la France comptait 27,5 millions d'habitants, soit exactement la moitié de la population actuelle. C'était alors l'un des États les plus peuplés du monde : elle avait presque autant d'habitants que la Russie et trois fois plus que le Royaume-Uni. Il a fallu plus de deux siècles pour que le nombre des Français double. Dans le même temps, la population britannique était multipliée par 6 ; si nous avions connu la même évolution, il y aurait aujourd'hui 165 millions d'habitants en France, ce qui la placerait au 6e rang mondial, alors qu'elle n'est plus qu'au 16e.

Une telle évolution est exceptionnelle ; au XIXe siècle, alors que la population des grandes puissances triplait ou quadruplait, l'effectif des Français n'augmentait que d'un peu plus de 50 %. De nombreux hommes jeunes étaient morts dans les guerres de la Révolution et de l'Empire, réduisant la génération en âge de procréer. A ce handicap s'est ajouté le comportement malthusien* d'une population encore très largement paysanne qui ne voulait pas voir ses biens chèrement acquis dispersés entre plusieurs descendants, le droit d'aînesse ayant été supprimé : l'enfant unique était un moyen efficace de maintenir le patrimoine familial dans son intégralité.

*Malthusien (de T.R. Malthus, 1766-1834) : se dit d'un comportement qui recommande la restriction volontaire des naissances, la croissance de la population étant un danger face au manque de ressources.

L'évolution de la population française (en millions d'habitants).

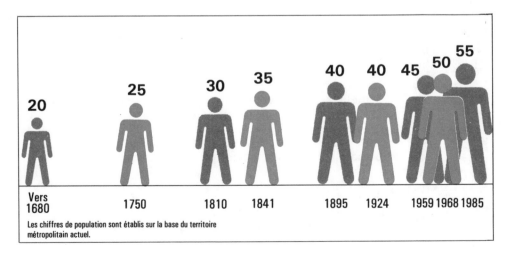

Les chiffres de population sont établis sur la base du territoire métropolitain actuel.

A la veille de la Première Guerre mondiale, la population de la France atteignait 41,5 millions d'habitants : elle était retombée à un peu plus de 39 millions d'habitants en 1921. Un million et demi de morts, une natalité inférieure à la mortalité naturelle pendant les années de guerre avaient ramené les effectifs à leur niveau des années 1880. Ce fut alors la stagnation autour d'une quarantaine de millions d'habitants : à l'issue de la Seconde Guerre mondiale, la France se retrouve avec 40,5 millions d'habitants, à peine plus que 50 ans plus tôt !

De 1946 à 1964, comme dans l'ensemble des pays industrialisés, la France connaît le « baby boom » ; après les monstrueuses saignées humaines de la guerre et face aux nécessités de la reconstruction, la politique nataliste aidant, le taux de natalité* remonte au-dessus de 20 pour mille alors que le taux de mortalité* baisse à moins de 12 pour mille. A cela s'ajoute l'arrivée d'importantes vagues d'immigrés : la population augmente de 10 millions d'habitants de 1946 à 1968, autant que de 1810 à 1946 !

Depuis, la croissance fléchit : les femmes sont beaucoup plus nombreuses à travailler, on se marie moins, l'urbanisation a changé les modes de vie et la hausse des revenus et du niveau général d'instruction fait que les couples désirent moins d'enfants pour mieux les élever. Le développement de moyens de contraception modernes, la légalisation de l'avortement ont certes facilité ces comportements, mais toutes les analyses montrent qu'ils n'en sont pas responsables : il y a 150 ans, sans aucun moyen médical moderne, les Français savaient déjà réguler les naissances... Le renforcement des mesures natalistes — avantages financiers, tarifs réduits, aides diverses, allègement des impôts — n'a que peu de poids face à ce comportement, que l'on retrouve chez tous nos voisins des pays riches, quels que soient leur régime politique ou leur religion.

Si le taux de natalité de la France est un peu supérieur à celui de ses partenaires européens, c'est à sa population immigrée qu'elle le doit : 11 % des naissances ont lieu dans des familles étrangères, alors que celles-ci ne représentent que 8 % de la population totale.

La France a passé le cap des 55 millions d'habitants ; actuellement, la probabilité qu'elle atteigne 60 millions est faible. La population devrait culminer un peu au-dessous de ce chiffre dans les 15 ans pour décroître lentement par la suite. Cependant, les pronostics doivent être prudents : personne en France n'avait prévu le « baby boom ».

Quelques spécialistes estiment que les nouvelles générations, dans lesquelles on compte beaucoup d'enfants uniques, seront peut-être plus fécondes, par réaction. Néanmoins, il est sûr qu'une population vieillie ne pourra guère être très prolifique.

---

*Taux de natalité :
Nombre de naissances pour 1 000 habitants.

*Taux de mortalité :
Nombre de décès pour 1 000 habitants.
On divise le nombre des naissances ou des décès enregistrés par celui de la population totale et on multiplie le résultat par 1000.

Nombre de naissances (en milliers)	Taux de natalité (pour mille)
1946 867	21,4
1961 835	18,1
1962 829	17,6
1963 865	18,1
1964 874	18,1
1965 862	17,7
1966 860	17,5
1967 837	16,9
1968 833	16,7
1969 839	16,7
1970 848	16,7
1971 879	17,1
1972 875	16,9
1973 855	16,4
1974 799	15,2
1975 743	14,1
1976 720	13,6
1977 745	14,0
1978 735	13,8
1979 757	14,2
1980 800	14,9
1981 806	14,9
1982 797	14,7
1983 749	13,8
1984 760	13,8

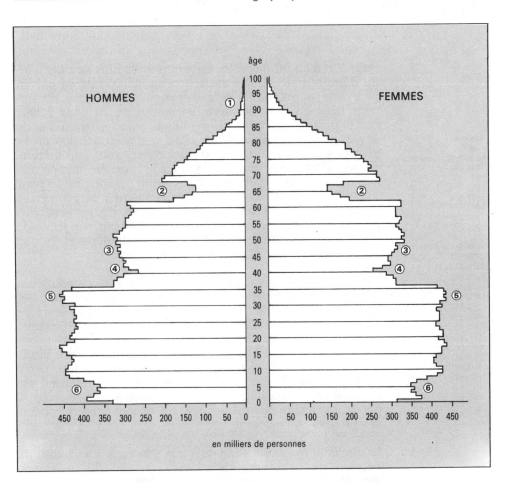

Pyramide des âges de la France, au 1ᵉʳ janvier 1985.

La pyramide des âges fournit l'instantané d'une population à un moment donné : elle présente ses effectifs, sa structure par sexes et par âges, et permet de reconstituer son histoire. Chaque année, la population de la France est ainsi représentée. Elle est décomposée en tranches d'âge de 1 an : 0-1 an, 1-2 ans,... jusqu'à 100 ans. L'âge des individus répertoriés apparaît en données verticales centrales, leur date de naissance en données verticales latérales. Les effectifs sont indiqués horizontalement en milliers, en classant, par convention, les hommes à gauche et les femmes à droite.

Comme dans toutes les populations, les garçons sont plus nombreux à la naissance : il en naît 105 pour 100 filles, car ils sont plus fragiles et meurent en plus grand nombre dans les premières années de la vie ; l'équilibre se rétablit dans les tranches de 5 à 10 ans. Au contraire, à partir de 55 ans, les femmes sont beaucoup plus nombreuses, déséquilibre qui va en s'accroissant, puisque, au-delà de 80 ans, leur effectif est deux fois supérieur à celui des hommes. Au total, les femmes sont donc plus nombreuses que les hommes : elles représentent 51 % de la population totale.

Les cent dernières années de l'histoire de la population française sont inscrites dans les accidents de la pyramide des âges :

*● En **1**, la faiblesse des effectifs masculins est d'autant plus forte que ces générations ont payé à la guerre un lourd tribut.*

*● En **2**, les classes creuses, présentes chez les hommes et les femmes, sont des générations peu nombreuses, qui correspondent aux années de guerre, où il y a eu peu de naissances ; le phénomène se répercute 20 à 30 ans plus tard (en **3**) quand ces tranches d'âge réduites arrivent en âge de procréer. On le retrouve, moins marqué, lors de la Seconde Guerre mondiale, qui enregistre aussi un déficit des naissances (en **4**).*

*● Enfin, l'évolution récente apparaît en **5** : classes nombreuses des années du « baby boom », et en **6** : effectifs réduits dus à la baisse de la fécondité. Depuis 1975, les générations ne se renouvellent plus dans leur totalité.*

De quoi meurt-on en France ?

On meurt d'abord *de moins en moins et de plus en plus tard*. Au début du siècle, il y avait environ 800 000 décès par an pour une population totale d'environ 40 millions d'habitants, soit un taux de mortalité moyen de 20 pour 1 000 ; l'espérance de vie était alors de 49 ans pour les femmes et de 46 ans pour les hommes. En 1984, il y a eu 545 000 décès pour une population de 55 millions d'habitants, soit un taux de mortalité de 9,9 pour 1 000 (pour la première fois de son histoire, la France voit ce taux passer en dessous de 10 pour 1 000, ce qui est une des toutes meilleures performances mondiales, compte tenu de l'importance de l'effectif des personnes âgées et de la faiblesse de l'effectif des jeunes) ; quant à l'espérance de vie, elle a désormais dépassé 79 ans pour les femmes et 71 ans pour les hommes.

Les progrès de l'hygiène et de la médecine, la meilleure alimentation, le dépistage précoce des maladies ont donc fait reculer la mortalité. Le phénomène est particulièrement sensible si l'on observe la mortalité infantile, qui décompte les décès d'enfants, nés vivants, au cours de leur première année. En 1900, 130 enfants sur 1 000 mouraient avant d'avoir atteint leur premier anniversaire ; aujourd'hui, il n'y en a plus que 8 sur 1 000 : la perte d'un nouveau-né est devenue un phénomène exceptionnel et les efforts accomplis par la médecine périnatale peuvent encore laisser espérer des progrès en ce domaine.

La seconde évolution fondamentale concerne les *causes de décès* : au début du siècle, près de 200 000 personnes mouraient chaque année de maladies infectieuses transmissibles, contre 40 000 aujourd'hui : 85 000 personnes décédaient de la tuberculose en 1909, un peu plus de 1 500 en

Nombre de décès (en milliers)	Taux de mortalité (pour mille)
1946 543	13,4
1961 497	10,8
1962 538	11,6
1963 554	11,6
1964 516	10,7
1965 540	11,1
1966 526	10,7
1967 540	10,9
1968 551	11,1
1969 571	11,4
1970 540	10,7
1971 552	10,8
1972 548	10,6
1973 557	10,7
1974 550	10,5
1975 558	10,6
1976 555	10,5
1977 536	10,1
1978 547	10,2
1979 542	10,1
1980 547	10,2
1981 555	10,2
1982 543	10,0
1983 559	10,2
1984 545	9,9

L'évolution des causes de décès en France.

Ensemble	1909	1950	1982
Nombre de décès	755 442	530 000	543 000
Mortalité pour 1 000	19,2	12,7	10
Cause des décès (en %)			
Maladies infectieuses et respiratoires	25,0	14,3	7,2
Cancers et tumeurs	4,1	14,4	24,3
Maladies cardiaques et vasculaires	15,2	31,5	36,6
Alcoolisme, accidents, morts violentes	4,7	6,9	12,5
Autres maladies	18,0	13,6	6,3
Vieillesse et causes indéterminées	33,0	19,3	13,1

1982. Des fléaux comme la typhoïde, les dysenteries, la diphtérie, la rougeole, occasionnaient 40 000 décès, alors que, de nos jours, ces maladies ont quasiment disparu ou ont cessé d'être mortelles.

Maintenant, on meurt d'autre chose, de maladies dites « de civilisation », comme les maladies cardiovasculaires, ou de morts violentes, comme les accidents de la circulation. Quant au cancer, sa part apparente dans les décès a fortement augmenté, mais il ne faut pas négliger le fait qu'au début du siècle, on le décelait moins bien et qu'une partie des décès classés dans les causes indéterminées peut sans doute lui être attribuée.

Il faut enfin relever *l'inégalité devant la mort :*

● Inégalité des sexes d'abord, qui fait que la mortalité masculine est plus élevée que la mortalié féminine, particulièrement dans la tranche des 14-24 ans (les 3/4 des décès de cette catégorie), en raison des accidents et dans la tranche des 45-65 ans (70 % des décès de la catégorie), en raison du lourd tribut que les hommes payent à l'alcoolisme, aux cancers des fumeurs et aux maladies professionnelles.

● Inégalité sociale et professionnelle, enfin, qui fait que les catégories de Français dont les conditions de travail sont pénibles et le niveau de formation le plus bas ont une espérance de vie plus courte que les professions intellectuelles : un professeur vit presque 10 ans de plus qu'un manœuvre.

Les décès par accidents de la route

1970	15 087
1971	16 212
1972	16 617
1973	15 636
1974	13 521
1975	13 170
1976	13 787
1977	13 104
1978	12 137
1979	12 480
1980	12 543
1981	12 428
1982	12 410
1983	11 945
1984	11 515

Les morts qu'on pourrait éviter (en 1982)

Alcoolisme	17 188
Accidents de la route	12 410
Suicides	11 342
Accidents du travail	1 454
Autres morts violentes (chutes, intoxications, accidents domestiques)	25 398
Total	67 792

Espérance de vie des Français.

Professeurs	78,2
Ingénieurs	77,3
Cadres supérieurs et professions libérales	77
Instituteurs	76,1
Techniciens	75,3
Cadres moyens	75,3
Agriculteurs	75,3
Contremaîtres	75,2
Artisans	75,2
Patrons de l'industrie et du commerce	74,5
Petits commerçants	73,8
Employés de bureau	73,5
Employés de commerce	73,4
Ouvriers qualifiés	72,5
Salariés agricoles	72,5
Ouvriers spécialisés	72
Armée, police	71,9
Personnel de service	71
Manœuvres	69,3

Espérance de vie à 35 ans. Période 1975-1980. Source : INSEE. Extrait de Économie et statistique, *n° 162, janvier 1984, G. Desplanques :* L'inégalité sociale devant la mort.

Une population qui vieillit

Années	0-19 ans	20-64 ans	65 ans et plus
1740	42,1	52,5	5,4
1800	41,0	53,4	5,6
1850	38,4	55,4	6,2
1901	34,2	57,3	8,5
1946	29,6	59,4	11,1
1962	33,1	55,1	11,8
1968	33,8	53,6	12,6
1976	31,7	54,8	13,5
1980	30,3	55,9	13,8
1984	29,1	58,1	12,8

Répartition de la population par groupe d'âge depuis 1740
(en % du total).

Plus de 7 millions de Français ont dépassé 65 ans, et 10 millions d'entre eux ont plus de 60 ans ; ces derniers seront sans doute plus de 12 millions en l'an 2000. Quant aux jeunes, ils sont de moins en moins nombreux. Les moins de 20 ans, qui représentaient plus de 40 % de la population il y a deux siècles, en constituent moins de 30 % aujourd'hui.

La baisse récente de la catégorie des plus de 65 ans qui apparaît sur le tableau ne doit pas faire illusion : elle correspond à l'arrivée dans cette classe d'âge des générations peu nombreuses nées pendant la Guerre de 1914-1918. La croissance de l'effectif du troisième âge va reprendre bientôt et sera particulièrement forte entre 2005 et 2030, quand les générations nombreuses du « baby boom » auront dépassé la soixantaine. Les démographes prévoient qu'au début du XXIe siècle, 25 % des Français auront plus de 60 ans ; les vieux seront alors plus nombreux que les jeunes.

Deux facteurs expliquent ce vieillissement de la population française :

● Du fait de la *baisse de la fécondité,* les naissances ne sont plus assez nombreuses pour que le renouvellement complet des générations soit assuré : 100 couples devraient mettre au monde 210 enfants pour que, théoriquement, la population puisse rester la même à la génération suivante. Or, aujourd'hui, 100 couples français donnent seulement naissance à 180 enfants.

● En raison de l'*allongement de la durée de la vie,* le Français moyen, comme beaucoup de ses voisins des pays riches, vit 25 à 30 ans de plus que l'habitant des pays les plus pauvres. Après le « baby boom », voici venir ce que l'on commence à appeler le « papy boom ».

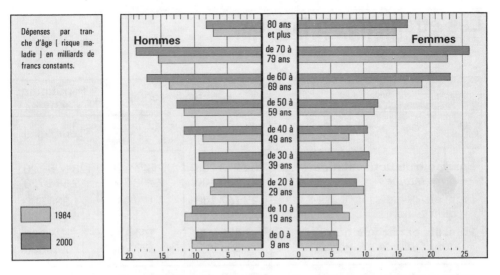

Dépenses par tranche d'âge [risque maladie] en milliards de francs constants.

1984

2000

Pyramide des dépenses de santé : dépenses par tranches d'âge (risque maladie), en milliards de francs constants.

Le vieillissement de la population est évidemment perçu comme lourd de conséquences ; certains experts et hommes politiques, prévoyant une perte de dynamisme et un déclin inévitable du pays, crient au suicide collectif.

Il est certain qu'une telle évolution va poser deux problèmes majeurs :

● Le *système des retraites* ne pourra vraisemblablement pas fonctionner dans les mêmes conditions qu'actuellement si la cessation d'activité est maintenue à 60 ans. Les effectifs trop peu nombreux d'actifs au travail ne pourront pourvoir aux versements auxquels les retraités du début du XXIe siècle auront droit.

● Les *dépenses de santé* vont gravement s'alourdir : les sexagénaires consomment, par tête, trois fois plus de médicaments et de soins que les 20-40 ans, les septuagénaires cinq fois plus et les octogénaires six fois plus. La pyramide des dépenses de santé montre que les plus de 60 ans, qui représentent 18 % de la population totale, sont responsables de près du tiers de la consommation médicale du pays, c'est-à-dire environ 100 milliards de francs de 1985.

Il faudra pourtant s'adapter à cette nouvelle donne ; des structures particulières se développent de plus en plus pour faire face aux besoins de cette population et des marchés spécifiques sont nés, tant dans le domaine du logement que dans celui des services ou des loisirs. De plus, l'engouement pour les universités du troisième âge, la création de multiples associations où se regroupent les personnes âgées, donnent à penser que le dynamisme n'est plus l'apanage de la seule jeunesse. Le XXIe siècle sera-t-il celui des vieillards alertes et des centenaires de choc ?

Les étrangers en France

Nationalité	Population totale		Population active
	Tous âges	Dont moins de 25 ans	Tous âges
Ensemble de la population	54 273 200	19 826 120	23 525 120
dont femmes	27 780 400	9 708 760	9 584 720
Français de naissance	49 167 180	18 179 040	21 330 580
dont femmes	25 400 940	8 901 580	8 943 080
Français par acquisition	1 425 920	154 420	638 280
dont femmes	803 720	79 900	272 500
Étrangers	3 680 100	1 494 040	1 556 260
dont femmes	1 575 740	727 280	369 140
Parmi lesquels :			
Espagnols	321 440	88 520	137 340
dont femmes	152 080	42 480	44 660
Portugais	764 860	352 720	388 820
dont femmes	359 380	171 700	138 160
Italiens	333 740	66 840	146 920
dont femmes	143 500	31 820	31 300
Autres CEE	157 860	37 040	65 360
dont femmes	74 700	20 200	21 360
Yougoslaves	64 420	19 880	35 800
dont femmes	30 180	10 320	13 420
Algériens	795 920	379 080	318 660
dont femmes	304 880	184 620	40 480
Marocains	431 120	216 760	167 620
dont femmes	167 900	107 400	18 240
Tunisiens	189 400	89 120	76 020
dont femmes	72 300	43 420	7 720
Turcs	123 540	69 860	40 780
dont femmes	51 480	31 620	3 920
Africains noirs	138 080	55 000	56 080
dont femmes	48 580	28 080	10 160
Autres nationalités	359 720	118 220	122 860
dont femmes	170 760	55 620	39 720

La population étrangère (recensement de 1982).

Le recensement de mars 1982 dénombrait 3 680 100 étrangers en France, soit 6,7 % de la population totale, alors que les estimations du ministère de l'Intérieur, établies à la fin de la même année à partir des cartes de séjour, en comptaient 4 459 068, soit 8,1 % de la population totale ; il est probable que le chiffre réel est situé autour de 4 millions et qu'il est sans doute proche de l'estimation haute si l'on tient compte des résidents illégaux.

L'immigration n'est pas récente en France. Dans la seconde moitié du XIXe siècle, les ressortissants des pays voisins qui connaissaient une forte augmentation de population sont venus travailler en France, où l'on manquait de main-d'œuvre, du fait de la faible croissance démographique : des Italiens, des Belges, des Espagnols sont ainsi devenus Français grâce à la loi de naturalisation de 1889. Le mouvement s'est ensuite poursuivi jusqu'à la fin des années 1920, l'immigration polonaise étant alors très active, particulièrement dans le Nord. Le début des années 30 a marqué un net reflux, avec des mouvements de rapatriements, en raison de la crise économique ; mais, de 1936 à 1939, de nombreux réfugiés politiques espagnols sont venus s'installer en France, à la suite de la guerre civile dans leur pays. Dans cette période, les naturalisations ont été importantes : 700 000 personnes de 1931 à 1946 ; c'est ainsi qu'au lendemain de la Seconde Guerre mondiale, on comptait 1 million d'étrangers de moins que 15 ans auparavant. Il y avait alors en France 450 000 Italiens, 420 000 Polonais et 300 000 Espagnols.

Après 1945, le recours massif à la main-d'œuvre étrangère s'avéra indispensable pour assurer la reconstruction du pays. L'organisation des entrées fut confiée à l'Office national de l'immigration et l'on accueillit surtout des ressortissants méditerranéens : Maghrébins, Portugais, puis, un peu plus tard, des habitants des anciennes colonies d'Afrique noire. En 20 ans, de 1954 à 1974, le nombre d'étrangers en France a ainsi doublé, les entrées ayant approché 200 000 personnes certaines années.

Au début des années 70, sous les effets conjugués des difficultés économiques et de l'arrivée, sur le marché du travail, des générations plus nombreuses nées pendant le « baby boom », le chômage s'est aggravé. Des mesures de réglementation ont finalement abouti à la suspension de l'immigration en juillet 1974. Lors de l'arrivée au pouvoir des socialistes en 1981, des dispositions ont été prises pour régulariser la situation des résidents illégaux (130 000 personnes en ont bénéficié) et pour faciliter les regroupements familiaux (possibilité pour les travailleurs d'accueillir leur famille). Cependant, la poussée alarmante du chômage et la montée de sentiments xénophobes ont conduit les autorités à restreindre les regroupements familiaux depuis 1984 et à faire preuve d'une plus grande fermeté vis-à-vis des immigrés clandestins. De plus, les mesures d'aide au retour, instituées à la fin du septennat précédent, ont été renforcées et, dans certains cas, les primes de départ peuvent atteindre

Évolution du nombre des étrangers en France

Année	Nombre
1851	379 000
1866	655 000
1876	802 000
1901	1 034 000
1911	1 160 000
1921	1 532 000
1931	2 715 000
1936	2 198 000
1946	1 744 000
1954	1 765 000
1962	2 170 000
1968	2 664 000
1972	2 787 000
1975	3 442 000
1982	3 680 100⁽¹⁾ 4 459 068⁽²⁾

(1) Source : recensement I.N.S.E.E.
(2) Source : Ministère de l'Intérieur.

100 000 F (en 1985). Néanmoins, la France continue d'accueillir des réfugiés pour raisons humanitaires, en particulier les ressortissants des pays d'Asie du Sud-Est qui sont désormais près de 100 000. De plus, l'immigration clandestine se poursuit, trouvant sa source dans de nouveaux pays : Turquie, Sri Lanka, Pakistan,... En dépit des difficultés que rencontrent ces nouveaux venus, l'image d'une France terre d'accueil ne se ternit pas.

Trois régions groupent près de 60 % des immigrés : l'Ile-de-France, Rhône-Alpes et Provence-Alpes-Côte d'Azur. Ce sont des régions fortement urbanisées, où l'on trouve les plus grandes agglomérations du pays, et qui offrent donc des possibilités d'emplois très diversifiées, tant dans l'industrie que les commerces ou les services. En outre, l'existence dans les grandes villes, comme Paris, Lyon et Marseille, de communautés anciennement établies a constitué un facteur d'attrait puissant pour les compatriotes nouveaux venus. La concentration des populations étrangères s'est ainsi renforcée d'elle-même.

Répartition régionale des étrangers en 1982.

Régions	Nombre d'étrangers (au 31 décembre 1982)	Pourcentage par rapport à la population (au 31 décembre 1981)
Ile-de-France	1 759 456	19,91
Rhône-Alpes	546 755	11,27
Provence-Alpes-Côte d'Azur	375 859	10,54
Nord	215 023	5,30
Lorraine	190 220	8,14
Languedoc-Roussillon	158 547	8,61
Aquitaine	136 518	5,14
Midi-Pyrénées	132 785	5,61
Alsace	127 832	7,52
Centre	124 740	5,75
Bourgogne	99 149	5,97
Franche-Comté	85 337	7,88
Picardie	82 002	4,80
Champagne-Ardenne	78 902	5,86
Haute-Normandie	71 005	4,22
Auvergne	68 562	5,30
Corse	55 834	17,00
Pays de la Loire	52 056	1,88
Poitou-Charentes	29 006	1,83
Bretagne	24 692	0,86
Limousin	23 270	3,08
Basse-Normandie	21 518	1,67
Total	4 459 068	8,10

(Source : ministère de l'Intérieur.)

	Immigrés		Français	
	Effectifs	%	Effectifs	%
Actifs	1 556 000	100	18 333 000	100
Actifs ayant un emploi	1 338 000	86	16 586 000	90,5
Chômeurs	218 000	14	1 747 000	9,5

Structure de la population active immigrée et française en 1982.

Les deux tiers des immigrés vivant en France sont originaires des pays méditerranéens : péninsule ibérique, Maghreb, Italie, Turquie et Yougoslavie. Les communautés les plus nombreuses — Portugais et Algériens — représentent à elles seules 37,5 % de la population étrangère du pays. La population immigrée est dans l'ensemble plus jeune que la population nationale : 41 % de ses effectifs ont moins de 25 ans contre 36 % seulement pour les Français. Elle est aussi de plus en plus féminisée, avec une proportion de femmes s'élevant à 43 % en 1982. Ce sont donc, de plus en plus, des familles étrangères qui vivent en France, et non des célibataires ou des hommes seuls, comme ce fut longtemps le cas : les structures des deux populations tendent à se rapprocher.

*Actifs : la catégorie des actifs comprend toutes les personnes ayant un emploi, ainsi que les personnes disponibles à la recherche d'un emploi, c'est-à-dire les chômeurs.

Du fait de la jeunesse de la population immigrée, la proportion d'actifs* (42,3 %) y est un peu plus faible que dans la population nationale (43,3 %). La structure de ces actifs révèle cependant d'assez fortes différences entre les deux populations : en 1982, le taux de chômage était de 9,5 % chez les Français et de 14 % chez les immigrés. En 1984, les immigrés représentaient 6,8 % des actifs du pays, mais 12 % des chômeurs.

Pour plus de 90 % d'entre eux, les travailleurs immigrés sont des salariés. C'est une main-d'œuvre concentrée dans certains secteurs d'activités. Ils constituent en moyenne 8,5 % des salariés du pays, mais leur proportion est beaucoup plus forte dans les tâches les plus pénibles et les moins qualifiées :

● plus de 40 % des salariés du bâtiment et des travaux publics, la proportion dépassant parfois 80 % dans certains corps de métiers comme les terrassiers et les maçons ;

● plus de 35 % des employés des services de nettoiement et d'entretien ;

● 25 % des emplois dans la construction automobile et près de 20 % des emplois dans la métallurgie.

Par contre, leur participation est infime dans les branches réclamant un haut niveau de formation. Ils ne peuvent enfin faire partie de la fonction publique, la nationalité française étant requise pour y accéder.

On note cependant une évolution sensible dans la structure socioprofessionnelle des travailleurs étrangers ; elle se traduit par trois indices :

● La progression du travail féminin : les femmes représentaient 15 % de la population active immigrée en 1962, contre 24 % aujourd'hui.

● La lente augmentation du niveau de qualification : il y a quinze ans, les deux tiers des immigrés occupaient des emplois non qualifiés de manœuvres ou d'ouvriers spécialisés. Cette proportion est passée à 47 % aujourd'hui, alors que, dans le même temps, les effectifs étrangers d'agents de maîtrise, techniciens et cadres ont doublé.

● L'insertion accrue dans les activités de commerces et de services, qui emploient désormais 40 % des actifs étrangers.

Quant à la répartition géographique des salariés, elle reflète, en les renforçant, les déséquilibres observés dans la distribution de la population totale. La primauté des grandes régions industrielles est là évidente : 38 % travaillent en Ile-de-France et 15 % dans la région Rhône-Alpes.

Part des immigrés dans l'emploi salarié (avril 1982).

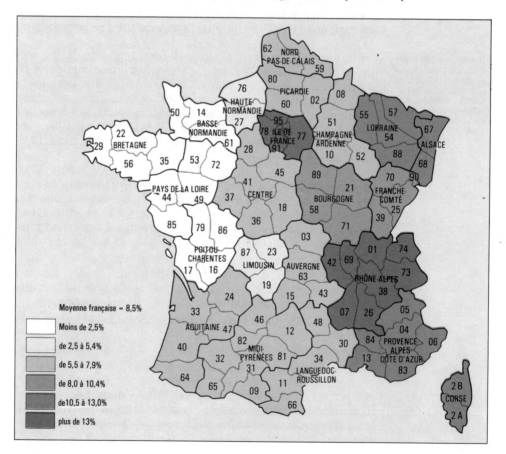

Les Français au travail

Année	Population totale (en millions)	Population active (en millions)	Taux d'activité (en %)
1880	39,0	19,8	50,7
1890	40,0	20,3	50,7
1900	40,6	20,8	51,2
1913	41,4	21,2	51,2
1921	39,2	21,7	55,4
1929	41,2	20,7	50,3
1938	42,0	19,7	46,9
1950	41,8	19,7	47,0
1960	45,7	19,7	43,2
1970	50,8	21,3	42,0
1973	52,1	21,9	42,1
1980	53,6	23,3	43,4
1985	55,1	23,5	42,6

L'évolution de la population active en France.

Taux d'activité : rapport, exprimé en pourcentage, entre la population active (personnes ayant un emploi + demandeurs d'emplois) et la population totale.

La population active a augmenté de près de 4 millions de personnes en un peu plus d'un siècle ; dans le même temps, le taux d'activité* a globalement diminué : il atteignait 55 % au lendemain de la Première Guerre mondiale, alors qu'il est de moins de 43 % aujourd'hui. Ceci s'explique d'abord parce que la population totale a augmenté plus vite que la population active, mais aussi et surtout par la réduction de la durée de la vie professionnelle. Il y a cent ans, on commençait à travailler beaucoup plus jeune et on cessait son activité beaucoup plus âgé qu'aujourd'hui. La proportion d'inactifs dans la population était donc nécessairement plus réduite, alors qu'elle s'accroît de nos jours du fait de la prolongation de la scolarité obligatoire, de l'entrée de plus en plus tardive des jeunes dans le monde du travail et de l'avancement à 60 ans de l'âge de la retraite.

On constate diverses phases dans l'évolution de la population active depuis le début du siècle :

● Les effectifs et le taux d'activité ont augmenté jusque dans les années 1920 ; pendant cette période, la population totale stagnait, alors que l'augmentation du travail féminin et l'arrivée de nombreux immigrés venaient gonfler la masse des travailleurs, y compris entre 1914 et 1918, où il a bien fallu remplacer les millions d'hommes mobilisés.

● A partir des années 1920 et jusqu'au milieu des années 1960, la population active diminue, puis se stabilise. Dans un premier temps, ce phénomène peut s'expliquer par le déficit en main-d'œuvre masculine occasionné par les pertes de la guerre, par la baisse de l'activité féminine (il y avait

8,6 millions de femmes dans la population active en 1921, il n'y en a plus que 7,3 millions en 1936), par le ralentissement de l'immigration au début des années 30 et, enfin, par la réduction de la durée de l'activité professionnelle, en liaison avec l'allongement de la scolarité et l'instauration des systèmes de retraite. A la fin des années 30, les générations qui arrivent sur le marché du travail sont peu nombreuses, car elles sont nées entre 1914 et 1918 ; l'allongement de la durée de vie et l'augmentation du nombre des personnes âgées accroît la proportion d'inactifs, et le taux d'activité diminue. Après la Seconde Guerre mondiale, ce sont d'autres facteurs qui entrent en jeu : l'activité féminine diminue pendant les années du « baby-boom », et les classes d'hommes en âge de travailler ont des effectifs peu nombreux. Seule l'arrivée de forts contingents d'immigrés permet à la population active de se maintenir au niveau qu'elle avait atteint en 1938. La baisse du taux d'activité pendant ces années est liée à l'augmentation de la population totale : les naissances, nombreuses entre 1946 et 1964, viennent augmenter le poids des inactifs dans le pays.

● Vers 1965, la situation change et la population active se remet à augmenter fortement : les générations nombreuses nées au début du « baby boom » sont désormais en âge de travailler, l'immigration se poursuit et une forte poussée du travail féminin se manifeste. Le taux d'activité progresse donc légèrement jusqu'au début des années 80. Actuellement, la population active a tendance à stagner. Les jeunes s'engagent de plus en plus tard sur le marché du travail, l'immigration est interrompue et les générations qui arrivent à l'âge actif, celles des enfants nés à partir de 1965, sont moins nombreuses qu'auparavant.

Évolution de la population active féminine aux différents recensements (en millions).

Année	Millions
1901	6,8
1906	7,7
1911	7,7
1921	8,6
1926	7,8
1931	7,9
1936	7,3
1946	7,8
1954	6,6
1962	6,6
1968	7,1
1975	8,1
1982	9,6

Le fait majeur de ces dernières décennies reste la montée du travail féminin. Les femmes ont toujours été présentes dans l'activité économique française et, au début du siècle, il y avait même plus de femmes travaillant dans l'industrie qu'aujourd'hui. Néanmoins, la croissance de l'activité féminine n'avait jamais été aussi rapide qu'au cours de ces vingt dernières années, où les effectifs ont augmenté de 50 %. On compte actuellement près de 10 millions de femmes sur le marché du travail, ce qui représente 41 % de la population active totale. L'activité des femmes présente des caractéristiques bien particulières :

● L'emploi féminin ne concerne pas certaines professions (mineurs de fond, dockers) et il est rarissime dans d'autres (chauffeurs de poids lourds, métallurgistes, officiers de l'armée, architectes libéraux, ingénieurs,...).

● Il est omniprésent dans certains métiers : les femmes représentent 98 % des employés et gens de maisons, proportion que l'on retrouve dans d'autres professions comme les assistantes sociales, les puéricultrices, les secrétaires et les dactylos. Dans d'autres branches, l'emploi féminin domine largement : les femmes représentent 78 % des employés du commerce, 77 % des instituteurs titulaires et 75 % du personnel des services médicaux et sociaux.

Globalement, les femmes occupent donc des emplois peu qualifiés, sauf dans la fonction publique où l'égalité professionnelle et salariale est depuis longtemps la règle (les femmes représentent ainsi 54 % des effectifs du corps des professeurs agrégés et certifiés). Dans l'industrie, par exemple, 80 % des emplois féminins sont peu ou pas qualifiés, alors que la proportion n'est que de 44 % chez les hommes. Cela se traduit évidemment par des inégalités de salaires, renforcées par la persistance d'une discrimination pourtant interdite par la loi mais qui fait, qu'à niveau de qualification égal, les hommes sont pratiquement toujours mieux payés que les femmes. Les écarts moyens de salaires atteignent ainsi 20 % chez les employés, 30 % chez les ouvriers spécialisés et les manœuvres et 35 % chez les cadres supérieurs.

En trente ans, la composition socioprofessionnelle de la population active française a beaucoup changé : entre les recensements de 1954 et de 1982, la vie économique, sociale et professionnelle des Français s'est transformée.

● Le monde agricole a vu ses effectifs se réduire de plus de 3 millions de personnes : l'exploitation s'est concentrée, l'agriculture a réalisé des progrès techniques considérables, elle est infiniment plus productive et a besoin de beaucoup moins de bras.

● Les actifs à leur compte dans le commerce, l'artisanat et l'industrie sont 500 000 de moins aujourd'hui qu'en 1954. Dans ce groupe, certaines catégories ont vu leur effectif se réduire fortement : petit commerce alimentaire, artisanat et services en milieu rural... D'autres, par contre, se développent, comme les commerces et l'artisanat spécialisé en milieu urbain. Le bilan global reste néammoins négatif.

● Le personnel d'encadrement, les professions libérales, intellectuelles et scientifiques ont plus que triplé leurs effectifs, gagnant 1,3 million d'emplois. Le groupe des cadres moyens, des employés et des personnels de service a connu la même évolution, avec un gain de plus de 6 millions de postes de travail. C'est là le bouleversement majeur de ces trente dernières années : il reflète le passage vers une économie fondée essentiellement sur la consommation (d'où

*Évolution des groupes socioprofessionnels
(aux recensements, en milliers).*

	1954	1968	1982
Agriculteurs et salariés agricoles	5 125	3 048	1 739
Patrons de l'industrie et du commerce	2 301	1 955	1 819
Cadres supérieurs et professions libérales	554	995	1 857
Employés et cadres moyens	3 181	5 002	9 315
Ouvriers	6 490	7 706	6 736

Catégories	Effectifs (milliers)	En % du total	Effectifs féminins
Agriculteurs	**1 739**	**8,1**	**585**
Petits exploitants	685	3,2	269
Moyens et gros exploitants	785	3,7	277
Salariés agricoles	269	1,2	39
Artisans, commerçants, chefs d'entreprise	**1 819**	**8,5**	**610**
Artisans	901	4,2	218
Commerçants	787	3,7	370
Chefs d'entreprise	131	0,6	22
Cadres et professions intellectuelles supérieures	**1 857**	**8,6**	**458**
Professions libérales	237	1,1	65
Cadres de la fonction publique	244	1,1	59
Professeurs, professions scientifiques, médecins	349	1,6	158
Métiers de l'information, des arts et du spectacle	106	0,5	43
Cadres administratifs et commerciaux d'entreprise	549	2,6	111
Ingénieurs et cadres techniques d'entreprise	372	1,7	22
Cadres moyens, professions intermédiaires	**3 814**	**17,8**	**1 526**
Instituteurs et assimilés	759	3,5	481
Santé et travail social	590	2,7	438
Clergé	59	0,3	26
Cadres moyens de la fonction publique	277	1,3	129
Cadres moyens des entreprises	923	4,3	364
Techniciens	656	3,1	57
Contremaîtres et agents de maîtrise	550	2,6	31
Employés et personnels de service	**5 501**	**25,6**	**3 956**
Employés et agents de la fonction publique	1 673	7,8	1 258
Policiers et militaires	376	1,7	20
Employés administratifs d'entreprise	2 041	9,5	1 543
Employés de commerce	625	2,9	485
Personnel des services aux particuliers	786	3,7	650
Ouvriers	**6 736**	**31,4**	**1 325**
Ouvriers qualifiés (industrie)	1 512	7,0	159
Ouvriers qualifiés (artisanat)	1 306	6,1	103
Chauffeurs	527	2,5	9
Ouvriers qualifiés (manutention et transports)	390	1,8	29
Ouvriers non qualifiés et manœuvres	3 001	14,0	1 025
Total	**21 466**	**100,0**	**8 460**

Répartition socioprofessionnelle des actifs ayant un emploi au recensement de 1982.

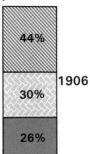
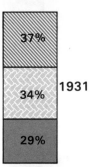
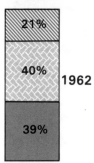
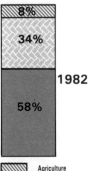

l'explosion des commerces et des services), où les tâches directement productives ne sont plus dominantes.

● Quant aux ouvriers, s'ils représentent encore un peu plus de 30 % des actifs ayant un emploi, ils ne sont plus le groupe socioprofessionnel dominant qu'ils ont longtemps été. Leurs effectifs, après avoir augmenté jusqu'au début des années 70, où ils atteignirent le niveau record de 8 millions de personnes, sont en diminution rapide en raison de la crise économique et des restructurations industrielles qu'elle impose.

L'évolution de la structure de la main-d'œuvre française s'est accompagnée d'une forte croissance du salariat : alors que diminuaient les effectifs des travailleurs indépendants, surtout dans l'agriculture et le petit commerce, les entreprises créaient des emplois dans l'industrie et les services. En 1954, les salariés représentaient 64 % de la population active ayant un emploi, taux qui montait à 82,5 % en 1975. Les experts estimaient alors que la proportion de salariés pourrait atteindre 93 % en 1985. Le recensement de 1982 a montré que la tendance avait changé ; on compte aujourd'hui 83 % de salariés dans la population ayant un emploi, soit un taux à peu près constant depuis 10 ans. Le fait que le salariat plafonne est à mettre en relation avec la crise économique ; les entreprises ne créent plus d'emplois en France et, face aux difficultés qui les touchent, nombre d'anciens salariés ayant perdu leur travail préfèrent se mettre à leur compte et prendre le risque de créer leur propre affaire. C'est ce phénomène qui explique la forte croissance des effectifs d'artisans entre les deux derniers recensements.

Au total, on est passé d'une société et d'une économie encore largement agraires au début du siècle à une société et à une économie industrielles jusqu'au début des années 70 ; l'industrie restait alors le moteur du développement économique, le salariat augmentait, les ouvriers étaient devenus la catégorie socioprofessionnelle la plus importante du pays. Depuis, la France s'est engagée dans l'ère post-industrielle : c'est le secteur tertiaire des commerces et des services qui crée seul des emplois depuis 15 ans et, désormais, ce ne sont plus les activités directement productives qui sont les locomotives du développement.

Ces mutations profondes se sont accompagnées d'une hausse des qualifications de la main-d'œuvre. Ainsi, entre 1975 et 1982, le nombre des emplois ouvriers peu ou pas qualifiés a diminué de près de 1,2 million, alors que les postes d'ouvriers qualifiés étaient en augmentation de 900 000 ; de même, le nombre d'ingénieurs a doublé depuis 1968, tandis que celui de techniciens augmentait de 60 %.

La formation de la population active de la France reste globalement insuffisante par rapport à celle de certains de ses concurrents, comme l'Allemagne ou le Japon.

Activités	Progressions	%	Activités	Pertes	%
Activités études-assistance	+ 125 817	+ 20,9	Bâtiment, génie	− 300 262	− 18,3
Commerce grandes surfaces	+ 95 647	+ 134,8	Textile	− 103 645	− 28,3
Hôtels, cafés, restaurants	+ 90 505	+ 24,9	Construction automobile ..	− 79 924	− 15
Santé	+ 85 574	+ 34,4	Habillement	− 63 158	− 21,8
Action sociale	+ 59 976	+ 87	Sidérurgie	− 60 670	− 36,4
Services divers (entreprises)	+ 58 945	+ 22,2	Travail des métaux	− 45 886	− 11,1
Services divers (particuliers)	+ 51 047	+ 46,4	Équipement industriel	− 41 626	− 15,2
Commerce non alimentaire spécialisé	+ 47 728	+ 7	Matériaux de construction et céramique	− 38 959	− 20,2
Action sociale	+ 41 558	+ 111,9	Papier-carton	− 28 544	− 20
Transports routiers	+ 34 138	+ 13,7	Chimie de base	− 28 434	− 18,7
Boulangeries	+ 32 381	+ 28,9	Commerce non alimentaire non spécialisé	− 27 117	− 24,3
Réparation commerciale et automobile	+ 31 453	+ 9,9	Fonderie	− 24 493	− 24
			Machines-outils	− 21 462	− 27,5

Les plus fortes créations, de 1976 à 1983.

Les plus fortes pertes, de 1976 à 1983.

Où se créent les emplois et où ils disparaissent.

	Hommes		Femmes		Total	
	(milliers)	(%)	(milliers)	(%)	(milliers)	(%)
Aucun diplôme ou certificat d'études primaires (C.E.P.)	9 529,4	53,5	11 906,3	61,2	21 435,7	57,5
Brevet d'études du premier cycle (B.E.P.C.)	1 016,3	5,7	1 512,0	7,8	2 528,4	6,8
Certificat d'aptitude professionnelle (C.A.P.) et Brevet d'études professionnelles (B.E.P.)	3 969,6	22,3	2 818,5	14,5	6 788,1	18,2
Baccalauréat, Brevet professionnel (B.P.)	1 480,4	8,3	1 520,6	7,8	3 001,0	8,1
Formation universitaire	1 820,8	10,2	1 689,9	8,7	3 510,7	9,4

Diplômes des Français de plus de 15 ans, en 1983.

D'importants efforts sont accomplis en ce domaine, afin de faire face aux exigences de la modernisation économique :

● *La formation professionnelle continue* des salariés : environ 4 millions de personnes en bénéficient chaque année, soit plus du quart de la population active.

● *La formation professionnelle des jeunes :* en 1985, il a été décidé de revaloriser l'enseignement technique qui continue à avoir mauvaise presse. On cherche à prolonger la scolarité jusqu'à 18 ans, avec pour objectif, que 80 % de l'effectif scolaire concerné obtienne le baccalauréat.

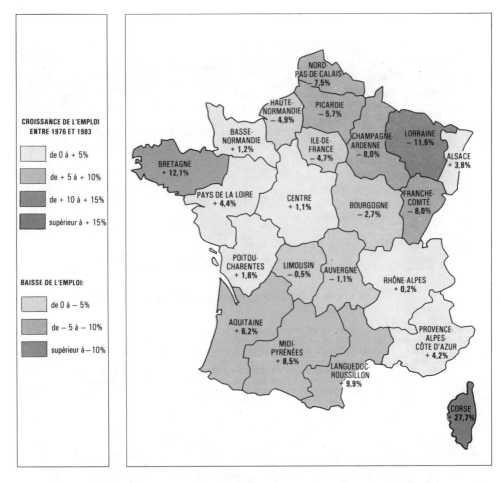

CROISSANCE DE L'EMPLOI
ENTRE 1976 ET 1983

de 0 à + 5%

de + 5 à + 10%

de + 10 à + 15%

supérieur à + 15%

BAISSE DE L'EMPLOI:

de 0 à − 5%

de − 5 à − 10%

supérieur à −10%

Évolution régionale de l'emploi salarié en %, de 1976 à 1983.

Les évolutions de l'emploi se sont aussi traduites au niveau géographique. Les régions offrant le plus d'emplois restent les grandes régions industrielles et urbaines de la France du Nord et de l'Est : l'Ile-de-France et la région Rhône-Alpes groupent ainsi 30 % de l'emploi du pays. Mais la nouveauté réside dans le fait que, depuis quelques années, les régions de vieille tradition industrielle perdent des emplois, alors que celles qui furent longtemps réputées rurales et peu dynamiques en créent. On a longtemps opposé une France du Nord et de l'Est très développée à une France du Sud et de l'Ouest qui l'était moins ; c'est pourtant la France atlantique et méditerranéenne qui offre les plus belles performances dans un contexte de crise. La politique de décentralisation industrielle, le développement du tourisme, des activités d'accueil et de loisirs sont autant d'éléments qui ont permis ces progrès, les taux de croissance étant d'autant plus remarquables que le niveau d'emploi salarié était faible au départ : c'est ainsi que la Corse bat le record de la création d'emplois dans le pays.

131. FRANÇAIS, QUI ÊTES-VOUS ?

Désignation	Date de fondation	Secrétaire en 1985	Adhérents	% de voix aux élections à la Sécurité sociale (1983)
C.G.T. : Confédération générale du travail	1895	Henri Krasucki	1 900 000	28,2
C.G.T.-F.O. : Force ouvrière	1947	André Bergeron	1 000 000	25,2
C.F.D.T. : Confédération française démocratique du travail	1964	Edmond Maire	960 000	18,4
C.F.T.C. : Confédération française des travailleurs chrétiens	1919	Jean Bornard	250 000	12,3
F.E.N. : Fédération de l'Éducation nationale	1947	Jacques Pommateau	500 000	—
C.G.C. : Confédération générale des cadres	1944	Paul Marchelli	250 000	15,9

modéré

Les grandes centrales syndicales en France.

Il y a moins de 20 % de syndiqués en France dans la population active, alors que le taux de syndicalisation atteint 50 % en République fédérale d'Allemagne et au Royaume-Uni, 60 % dans les pays scandinaves et 71 % en Belgique ! Pourtant, la France fut l'un des premiers pays où s'organisa le mouvement ouvrier, la liberté syndicale ayant été instaurée par la loi Waldeck-Rousseau de 1884. De plus, il n'y a pas en France, comme dans beaucoup d'autres pays, une puissante organisation syndicale capable de se poser en partenaire unique et représentatif face à l'État et au patronat. Le mouvement syndical est divisé entre des courants politiques et des sensibilités diverses. Ainsi, en 1947, les modérés ont quitté la C.G.T. pour fonder un nouveau syndicat, la C.G.T.-F.O., alors que les enseignants entreprenaient de se regrouper en une fédération à caractère corporatiste, la F.E.N.

Aujourd'hui, le mouvement syndical est en perte d'audience. La France comptait plus de 5 millions de syndiqués en 1946, pour une population active de moins de 20 millions de personnes, alors qu'elle en a 4,5 millions aujourd'hui, pour une population active de 23,4 millions de personnes. Il faut, en outre, signaler que ce sont les centrales elles-mêmes qui fournissent l'état de leurs effectifs et qu'il semble bien qu'elles aient tendance à gonfler le nombre de leurs adhérents... D'aucuns pensent ainsi que la C.G.T. ne syndiquerait actuellement guère plus d'un million de personnes. Cette désaffection pour la lutte syndicale peut paraître paradoxale en période de crise, mais il s'avère que les travailleurs touchés par les difficultés sociales et les problèmes d'emploi comptent plus sur les solutions individuelles que sur l'action collective pour améliorer leur sort. Il faut aussi souligner que le mouvement syndical a perdu quelques-uns de ses moteurs : il y a de moins en moins d'ouvriers, les relations sociales et de travail se sont améliorées dans l'entreprise, en particulier avec les lois Auroux de 1982, qui confèrent des droits nouveaux aux travailleurs. Il semble évident que, dans les conditions actuelles, le syndicalisme doit s'adapter à cette nouvelle donne pour survivre.

En dehors des syndicats représentatifs de salariés, il existe des organisations professionnelles dont les plus importantes sont les suivantes :

● la F.N.S.E.A. : Fédération nationale des syndicats d'exploitants agricoles, fondée en 1946, qui compte 600 000 adhérents ;

● le C.N.P.F. : Conseil national du patronat français, fondé en 1946 et représentant les chefs d'entreprise.

On trouve enfin de multiples syndicats indépendants ou autonomes dans de nombreuses professions, ainsi que des mouvements de défense, tel le CIDUNATI (Comité interprofessionnel d'information et de défense de l'Union nationale des travailleurs indépendants), qui regroupe des artisans et des commerçants.

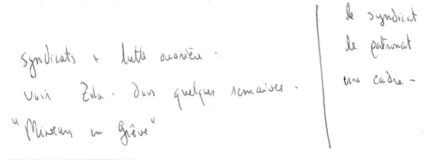

Syndicats + lutte ouvrière :
Voir Zola. dans quelques semaines.
"Mineurs en Grève"

le syndicat
le patronat
un cadre -

Le chômage au quotidien

Année	Chômeurs (en milliers)	Taux de chômage (%)
1960	380	1,9
1961	348	1,7
1962	323	1,6
1963	303	1,5
1964	336	1,7
1965	323	1,6
1966	379	1,8
1967	386	1,9
1968	471	2,3
1969	456	2,2
1970	510	2,4
1971	569	2,6
1972	595	2,7
1973	576	2,6
1974	615	2,8
1975	902	4,1
1976	993	4,4
1977	1 105	4,9
1978	1 217	5,3
1979	1 394	6,0
1980	1 593	6,8
1981	1 895	8,1
1982	1 965	8,5
1983	2 035	8,8
1984	2 360	10,1
1985	2 440	10,5

Évolution de l'emploi salarié par secteurs (en milliers).

Secondaire (industrie + bâtiment)
1975	− 245,1
1976	+ 24,2
1977	− 135,8
1978	− 137,2
1979	− 73,1
1980	− 151,6
1981	− 226,4
1982	− 124,8
1983	− 220,4
1984	− 254,8

Tertiaire (commerces + services)
1975	+ 111,1
1976	+ 204,4
1977	+ 138,9
1978	+ 167,2
1979	+ 153,2
1980	+ 99,2
1981	+ 87,2
1982	+ 90,7
1983	+ 20
1984	+ 20

Évolution du chômage en France, depuis 1960.

le chômage

Jusqu'au milieu des années 70, le chômage est un phénomène secondaire. Il y a toujours eu des chômeurs, mais ils sont peu nombreux et ont tôt fait de retrouver un emploi : le chômage est de courte durée, quelques semaines en moyenne. De plus, certaines catégories professionnelles ne sont pas touchées ou le sont exceptionnellement : cadres, ingénieurs, techniciens,... On parlait donc pour désigner cette période, d'une situation de « plein emploi », bien que cet état idéal n'ait jamais été atteint.

Pendant les trente années qui ont suivi la Seconde Guerre mondiale — les « Trente glorieuses » comme les appellent certains économistes —, des activités comme l'agriculture, l'industrie traditionnelle ou le petit commerce alimentaire perdent des emplois, mais ces disparitions sont largement compensées par des créations dans les branches industrielles dynamiques et dans le secteur tertiaire (distribution, services). Le bilan global est nettement positif : la France emploie ses jeunes générations et peut même accueillir de nombreux travailleurs étrangers. A partir de 1973-1974, de nombreuses branches d'activités sont touchées par la crise et le secteur secondaire (industrie, bâtiment,...) enregistre une perte sèche d'emplois. Jusqu'en 1979, cette baisse est compensée par des créations dans les commerces et les services, mais, depuis 1980, le tertiaire ne crée plus assez d'emplois pour compenser l'hémorragie dans les autres secteurs. Or, cette situation se conjugue avec l'arrivée sur le marché du travail de générations encore assez nombreuses, nées au début des années 60. La demande d'emploi augmente, l'offre de travail diminue : c'est l'explosion du chômage qui touche désormais plus de 10 % des actifs du pays et entraîne tout un cortège de difficultés : charge financière de l'indemnisation, déficit des organismes de protection sociale, montée de la délinquance,...

Évolution de l'emploi global sur 10 ans (en milliers).

1975	− 123
1976	+ 242
1977	+ 9
1978	+ 37
1979	+ 92
1980	− 45
1981	− 128
1982	− 18
1983	− 215
1984	− 234
1985 (prévision)	− 170

Toutes les régions de France connaissent le chômage, mais elles sont inégalement touchées :

● Les régions où le taux de chômage est inférieur à la moyenne nationale sont de deux types : d'une part, les régions industrielles et urbaines les plus dynamiques, où la diversité des activités et la présence d'une population active variée et qualifiée permettent une meilleure adaptation aux nouvelles exigences de l'économie (Ile-de-France, Rhône-Alpes et Alsace, par exemple) ; d'autre part, des régions qui sont au contraire faiblement urbanisées et industrialisées et où la demande d'emploi est moins forte, du fait d'une population vieillie (Auvergne et Limousin, par exemple).

● Les régions les plus touchées par le chômage sont de trois types. En premier lieu, on trouve les vieilles régions industrielles, comme le Nord et la Lorraine (ainsi que des foyers plus isolés comme ceux de Saint-Étienne ou du Creusot), où les efforts de reconversion industrielle n'ont pas permis d'enrayer la chute de l'emploi due au déclin des industries lourdes. Viennent ensuite les régions de l'Ouest, encore trop peu industrialisées en dépit de leurs progrès, mais où la demande d'emploi est forte, la population étant plus jeune que dans le reste de la France. Enfin, on trouve les régions méditerranéennes, qui ont connu une forte croissance de leur population depuis 20 ans, de nombreux étrangers et Français s'y étant fixés ; or, leur activité reste trop peu diversifiée : le « boom » du tourisme et le développement de certains pôles industriels ne peuvent répondre à la forte demande d'emploi.

En 10 ans, le chômage a changé de nature :

● Chômage de courte durée avant la crise, il est devenu un chômage de longue durée : 340 jours en moyenne en 1985, 40 % des chômeurs restant sans emploi pendant plus d'un an.

● Toutes les catégories socioprofessionnelles sont aujourd'hui touchées, à l'exception des fonctionnaires titulaires qui

La France du chômage en 1985.

ont le privilège de ne pouvoir perdre leur emploi. Certes, le chômage frappe davantage les emplois non qualifiés (manœuvres, ouvriers spécialisés, personnels de service, employés du commerce), mais on compte aujourd'hui plus de 3 % des cadres supérieurs, des ingénieurs et des techniciens contraints au chômage, alors que ces catégories étaient autrefois épargnées.

Le chômage touche particulièrement trois catégories d'actifs :

• les femmes, qui représentent 55 % des chômeurs pour 41 % des actifs ;

• les jeunes de moins de 25 ans, qui constituent 4 chômeurs sur 10, particulièrement les jeunes sans diplômes et sans formation ;

• les immigrés, qui représentent moins de 7 % des actifs mais 12 % des chômeurs.

Le chômage représente une charge très lourde pour la collectivité nationale, avec un coût global annuel qui dépasse largement 100 milliards de francs. Il existe deux régimes d'indemnisation des chômeurs :

• Le régime d'assurance-chômage, géré par l'Union nationale pour l'emploi dans l'industrie et le commerce (U.N.E.D.I.C.). Il est financé à plus de 70 % par les cotisants (employeurs et salariés) et, pour le reste, par l'État. Il verse des allocations aux chômeurs ayant déjà cotisé et travaillé au moins trois mois dans l'année qui a précédé leur perte d'emploi.

• Le régime de solidarité est financé par l'État et concerne tous les exclus du régime général, en particulier les jeunes à la recherche d'un premier emploi et les chômeurs de longue durée qui ont perdu leur droit à l'assurance chômage.

Il n'y a pas de recette miracle pour lutter contre le chômage : la création artificielle d'emplois alourdit les charges financières des entreprises, compromet leur compétitivité et peut se traduire à terme par un dépôt de bilan et donc un chômage accru. Seule une reprise économique durable peut permettre une augmentation réelle de l'offre de travail. Dans ces conditions, les pouvoirs publics ont mis au point, depuis 1977, un arsenal de mesures destinées à freiner la montée du chômage, sinon à le faire régresser. On parle, à leur sujet, de « traitement social du chômage » ; beaucoup touchent à la durée du travail :

• abaissement à 60 ans de l'âge de la retraite ;

• généralisation des systèmes de préretraite, à partir de 55 ans, dans les industries en crise ;

• réduction de la durée du travail à 39 heures par semaine avec, à terme, la perspective des 35 heures ;

• extension du « mi-temps » et du « temps partiel », qui permettent de récupérer des postes de travail.

Il est aussi beaucoup question de « flexibilité de l'emploi », revendiquée par le patronat, afin de supprimer les contraintes administratives qui pèsent sur l'embauche et les licenciements et de permettre ainsi de mieux adapter le marché du travail aux variations de l'économie.

Soulignons enfin que des mesures provisoires, comme les travaux d'utilité collective (T.U.C.), les congés de conversion et les contrats formation-recherche d'emploi, ont pour avantage d'alléger le chômage et de donner aux bénéficiaires une formation qu'ils n'ont pas.

Français, comment vivez-vous ?

La France est un pays riche

Produit intérieur brut (P.I.B.) : Somme des valeurs ajoutées brutes de tous les secteurs d'activité du pays durant un an, augmentée de la T.V.A. et des droits de douane éventuels.

Les P.I.B. les plus élevés (par habitant, en dollars, en 1983).

Pays	P.I.B./ habitant
Émirats arabes unis	21 380
Koweit	18 180
Suisse	15 110
États-Unis	13 995
Norvège	13 330
Canada	13 100
Arabie saoudite	12 180
Suède	10 995
Danemark	10 940
R.F.A.	10 680
Finlande	9 855
Australie	9 760
Islande	9 705
Japon	9 705
France	9 450

La France figure parmi les pays les plus favorisés de la planète. Avec un Produit intérieur brut de 4 295 milliards de francs en 1984, elle se classe au 5e rang, derrière les États-Unis, l'U.R.S.S., le Japon et la R.F.A.

La population dispose de ce fait d'un niveau de vie élevé ; bien qu'il demeure encore inférieur à celui de l'Amérique anglo-saxonne et de quelques pays occidentaux, la France se classe en effet au 15e rang mondial pour le P.I.B. par habitant ; elle a perdu quelques places au cours des dernières années, notamment en raison de la dépréciation de sa monnaie qui la pénalise dans les comparaisons internationales, le plus souvent faites en dollars.

Le niveau de vie de la population a doublé entre 1950 et 1980, les revenus ayant progressé toujours plus rapidement que les prix à la consommation, en dépit d'une inflation accélérée durant une grande partie de la décennie 1970. Les Français se sont plus enrichis au cours de ces trente années que durant tout le siècle précédent. L'impact de la crise commence toutefois à affecter le pouvoir d'achat qui, après avoir stagné en 1982, décline depuis trois ans.

Cette longue prospérité a valu à la France d'entrer dans l'économie et la société de consommation et de loisirs. La consommation a été également favorisée par la généralisation de la pratique du crédit qui a permis à de nombreux Français d'acquérir leur résidence principale. Le nombre de propriétaires a augmenté de 65 % au cours des vingt dernières années et plus de 50 % des ménages possèdent aujourd'hui leur logement, de fortes disparités subsistant toutefois selon les catégories socioprofessionnelles. La majeure partie des logements bénéficient aujourd'hui de tout le confort, ce qui n'était pas le cas au recensement de 1962.

L'équipement en biens durables a aussi connu une progression rapide. Près de 73 % des ménages disposent aujourd'hui d'une automobile et plus de 75 % du téléphone, contre respectivement 34 % et 16 % en 1962. La télévision équipe la quasi-totalité des ménages, de même que les principaux appareils électroménagers (lave-linge, lave-vaisselle, etc.). Les appareils photographiques, les caméras, les chaînes haute fidélité et les magnétoscopes ont aussi connu une diffusion très rapide.

Équipements	1962	1968	1975	1982		
				Communes urbaines	Communes rurales	Ensemble
Eau courante	79,3	90,8	97,2	99,5	98,4	99,2
dont eau chaude	—	50,2	75,7	90,8	80,5	88,2
Installations sanitaires	30,3	47,5	70,3	87,8	75,5	84,7
w.-c. intérieurs	41,2	54,8	73,8	87,6	77	85
Chauffage central	19,9	34,8	53,1	73,4	49,9	67,5
Téléphone	—	16	26,6	75,1	72,4	74,4

Des logements plus confortables.
Proportion de résidences principales disposant de certains équipements (en %).

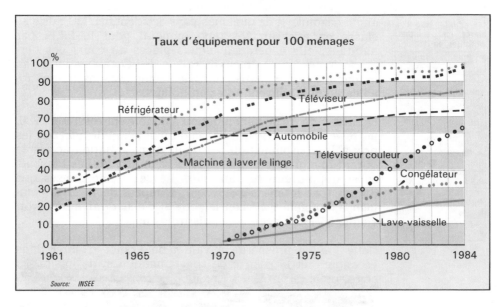

Des ménages de mieux en mieux équipés.

Les Français bénéficient également d'un bon encadrement social et éducatif. C'est ainsi que plus de 96 % des jeunes de 6 à 17 ans et plus du quart des 20-24 ans sont scolarisés. Bien qu'elle compte aujourd'hui près d'un million d'étudiants dans ses universités et ses écoles d'ingénieurs, la France n'en présente cependant pas moins un certain retard sur les États-Unis, la Suède et même le Japon, ce qui n'est pas sans conséquences au niveau de la recherche et du développement industriel. C'est en effet sur le plan de l'enseignement technique que le retard est le plus grave, ce qui explique l'attention accordée à ce secteur par les pouvoirs publics et les récentes décisions prises pour multiplier les instituts universitaires de technologie et promouvoir un baccalauréat technique.

Les revenus et le patrimoine des Français

La richesse du pays s'exprime également à travers les revenus des Français. Ceux-ci sont difficiles à connaître avec précision, en raison de la diversité de leur origine et des « erreurs » entachant certaines déclarations dans le but de frauder le fisc.

● Les *revenus des ménages* sont, pour l'essentiel, constitués par les salaires, les salariés représentant aujourd'hui 83 % des actifs. Les trois quarts des salaires sont versés par les entreprises — dont 6,4 % par les grandes entreprises nationales —, le reste étant pour l'essentiel distribué par l'État au profit de ses fonctionnaires. Les salaires offrent toujours de grandes disparités en fonction de la qualification, de l'âge, de la région et du sexe.

En 1983, le salaire net moyen, c'est-à-dire après déduction des cotisations sociales, était de 77 530 F par an, soit 6 460 F par mois. En moyenne, le cadre supérieur gagne 3,3 fois plus que l'ouvrier. Les femmes gagnent, quant à elles, 25 % de moins que les hommes. Ceci s'explique par la nature des emplois, les femmes occupant en général des postes de moindre qualification, en dépit des changements rapides intervenus depuis une dizaine d'années.

Les salaires annuels nets (en francs)
selon la catégorie socioprofessionnelle et le sexe (1983).

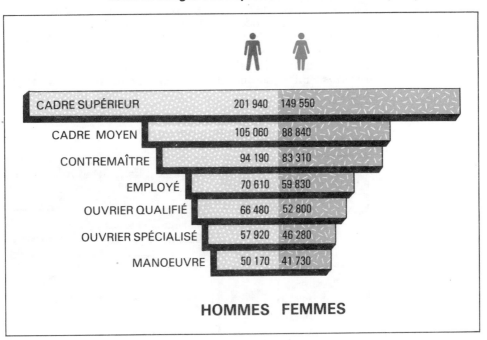

	HOMMES	FEMMES
CADRE SUPÉRIEUR	201 940	149 550
CADRE MOYEN	105 060	88 840
CONTREMAÎTRE	94 190	83 310
EMPLOYÉ	70 610	59 830
OUVRIER QUALIFIÉ	66 480	52 800
OUVRIER SPÉCIALISÉ	57 920	46 280
MANOEUVRE	50 170	41 730

Si l'éventail des salaires reste largement ouvert, les écarts se sont cependant resserrés depuis 1968, et surtout depuis 1981 ; les bas salaires ont en effet bénéficié d'augmentations plus sensibles. C'est notamment le cas du S.M.I.C.* (qui a remplacé le S.M.I.G. en 1970) et dont la fixation tient compte de l'évolution des autres revenus, mais aussi des prix ; il a presque été multiplié par huit depuis 1970. Aujourd'hui, près de 1,5 million de salariés demeurent payés au S.M.I.C., soit près de 6 % du nombre total. Ces actifs sont surtout des femmes et des immigrés travaillant dans les secteurs du nettoyage, de la blanchisserie, de l'habillement et de la restauration.

Les salaires versés dans le secteur privé sont généralement supérieurs à ceux de la fonction publique, d'autant que certains salariés bénéficient d'avantages divers : primes, 13e, 14e, voire 15e mois... En revanche, il est vrai que les fonctionnaires jouissent de la garantie de l'emploi, ce qui apparaît comme un privilège en temps de crise.

Les *revenus des non-salariés* constituent l'essentiel des ressources de certains ménages : artisans, agriculteurs, professions libérales,... Ces revenus, déclarés au fisc par les individus eux-mêmes, sont moins bien connus que ceux des salariés, et pour une large part sous-évalués, bien qu'ils soient de plus en plus contrôlés. Ils sont, en général, supérieurs aux salaires, mais les situations sont très disparates, par exemple entre un grand chirurgien, un agriculteur de montagne, un boulanger de quartier ou un cordonnier.

Les *revenus du patrimoine* constituent environ 12 % du total des ressources des ménages. Il s'agit essentiellement des profits tirés de la location de terres, de locaux d'habitation ou de commerce, ou issus de l'épargne ou de l'investissement.

Les *prestations sociales* fournissent enfin le dernier type de revenus. Elles seront étudiées en détail dans les pages suivantes.

Évolution du S.M.I.C.

Année	Valeur moyenne (en F/heure)
1970	3,42
1971	3,76
1972	4,19
1973	4,95
1974	6,10
1975	7,29
1976	8,34
1977	9,40
1978	10,61
1979	11,94
1980	13,80
1981	16,30
1982	19,17
1983	21,50
1984	23,56
Mai 1985	25,54

La ponction du fisc.

Salaire perçu en 1983	Taux d'imposition moyen en 1984 (en %)		
	Pour un célibataire	Pour un couple	Pour un couple avec 2 enfants
109 100 F	16,7	8,2	4,6
185 470 F	23	15,3	9,4
272 750 F	29,7	20,6	15,4
545 000 F	41,2	30,8	27,2

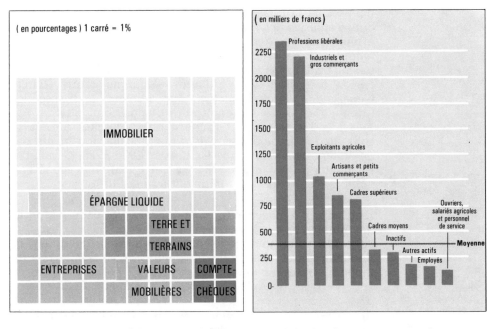

(en pourcentages) 1 carré = 1%

IMMOBILIER

ÉPARGNE LIQUIDE

TERRE ET

TERRAINS

ENTREPRISES VALEURS COMPTE-

MOBILIÈRES CHÈQUES

(en milliers de francs)

2250 — Professions libérales

2000 — Industriels et gros commerçants

1750

1500

1250 — Exploitants agricoles

1000 — Artisans et petits commerçants

750 — Cadres supérieurs — Ouvriers, salariés agricoles et personnel de service

500 — Cadres moyens

Inactifs — Moyenne

250 — Autres actifs

Employés

0 —

La répartition du patrimoine des Français, en 1980.

Le patrimoine moyen par ménage, en 1980.

Au total, les ressources des ménages varient dans des proportions considérables. Cependant, les efforts accomplis en faveur des bas salaires, la hausse rapide des prestations familiales au cours des dernières années et, surtout, l'impôt corrigent une part non négligeable de ces inégalités.

Les inégalités de revenus sont d'ailleurs moins importantes que celles du patrimoine. Celui-ci offre en effet des disparités importantes qui ne sont pas seulement dues aux différences de revenus, mais aussi à l'héritage. Ce patrimoine demeure très concentré : alors que les 10 % des ménages les plus riches possèdent près de 60 % du patrimoine privé, les 10 % les plus pauvres n'en regroupent que 0,03 %.

Le patrimoine total des Français peut être estimé à environ 15 000 milliards de francs en 1984, soit, en moyenne, 700 000 francs par foyer, compte tenu de l'endettement contracté à moyen et à long terme par les ménages. Une bonne partie de cet endettement résulte de l'achat de la résidence principale, les Français demeurant très attachés à la possession de leur logement.

Ce patrimoine est constitué pour la moitié de sa valeur par des biens immobiliers. Ces derniers devancent l'épargne liquide et les biens professionnels (exploitations agricoles, commerces,...). Quant aux valeurs mobilières, leur part augmente rapidement.

En effet, si la crise et l'inflation ont provoqué la baisse du taux d'épargne des Français, qui est tombé de 18,6 % en 1975 à moins de 14 % en 1984, elles ont également contribué à modifier la structure de cette épargne. Les Français accordaient traditionnellement une large place à l'immobilier, à l'or et aux différentes formules d'épargne courte (livrets d'épargne...). La hausse des taux d'intérêt, la baisse des revenus des loyers et de nouvelles dispositions, plus favorables aux locataires, ont freiné depuis quelques années la construction immobilière. Alors que 500 000 logements par an étaient construits dans les années 1972-1975, ce nombre est tombé à 300 000 en 1984, ce qui a d'ailleurs mené bon nombre d'entreprises du bâtiment à la faillite.

De même, les placements en or ont diminué depuis la levée de l'anonymat sur les achats et les ventes ; par ailleurs, le cours du métal jaune n'encourage pas la spéculation. Les Français restent néanmoins les premiers possesseurs d'or du monde, avec des avoirs privés estimés à 4 650 tonnes, chiffre supérieur aux réserves officielles de la Banque de France.

Si d'autres formules de placement ont connu les faveurs de la publicité, comme les forêts et les diamants, c'est surtout la percée des valeurs mobilières qui est à retenir. L'achat d'obligations et d'actions a toujours constitué un placement important pour les ménages les plus favorisés, mais il était boudé par la majorité des Français. Les pouvoirs publics ont pourtant multiplié les initiatives pour inciter les ménages à investir en Bourse pour contribuer au développement de l'industrie : création des sociétés d'investissements à capital variable (S.I.C.A.V.) en 1964, de l'avoir fiscal en 1965, exonération fiscale des S.I.C.A.V. « Monory » en 1978, ouverture des comptes d'épargne en actions (C.E.A.) en 1983,...

Toutes ces mesures, et sans doute plus encore la hausse spectaculaire des cours ces dernières années, ont attiré l'attention de bon nombre d'épargnants. Près de 20 % des ménages détiennent aujourd'hui des titres contre 7 % en 1977. Cette progression n'empêche pas la France d'être encore en retard sur la R.F.A. et, plus encore, sur le Japon et les États-Unis.

La Caisse d'épargne reste enfin très prisée. Elle présente certes les avantages de la sécurité et de la disponibilité immédiate de l'épargne, mais elle protège mal de l'inflation. En effet, le taux servi est demeuré très longtemps inférieur à celui de l'inflation. Ce n'est que depuis 1984 que la situation s'est inversée, sans doute provisoirement. Le livret A a conservé bien des adeptes, car il est exonéré d'impôts ; en revanche, le libret B, non exonéré, a été largement concurrencé par d'autres formes de placement plus favorables. C'est le cas du livret d'épargne populaire (L.E.P.), qui totalisait 45 milliards de F de dépôts fin 1984 et du compte pour le développement industriel (C.O.D.E.V.I.).

La protection sociale et la santé

La France dispose d'un système de protection sociale qui figure parmi les plus développés du monde. Bien que les premières mesures aient été prises à la fin du XIXe siècle et au début du XXe siècle, c'est surtout après la Seconde Guerre mondiale que ce système s'est développé et qu'il s'est progressivement étendu à toute la population. Le régime général de la Sécurité sociale regroupe la majeure partie des salariés. A côté subsistent des régimes spéciaux concernant les agriculteurs, les professions libérales ou encore les agents de la R.A.T.P., de la S.N.C.F., etc. Les différentes caisses sont gérées par des conseils d'administration regroupant des représentants élus des salariés et des employeurs. A ces organismes, il faut ajouter de nombreuses mutuelles qui jouent le rôle de correspondants de la Sécurité sociale et assurent surtout à leurs 12 millions de cotisants et à leur famille des prestations supplémentaires, complétant le remboursement de la Sécurité sociale ou mettant à leur disposition des cliniques, des dispensaires, des maisons de retraite, des établissements spécialisés, etc.

La Sécurité sociale assure de nombreuses prestations :

- **L'assurance maladie** couvre la majeure partie ou la totalité, selon les cas, des honoraires médicaux, des frais hospitaliers et des dépenses de médicaments. Elle accorde également des indemnités journalières en cas d'arrêt de travail.

- **Les prestations familiales** sont essentiellement représentées par les allocations familiales proportionnelles au nombre d'enfants et indépendantes du revenu familial (512,64 francs par mois pour deux enfants ; 640,80 francs par enfant supplémentaire au 1er janvier 1985). S'y ajoutent des aides diverses : allocations pour les enfants, les parents isolés, le logement, etc., et des mesures variées en faveur des veuves, des orphelins et des handicapés. Un gros effort a été fait depuis 1975 en faveur des handicapés, dont le nombre atteint 2,5 millions et parmi lesquels on compte plus de 1,4 million de personnes en âge de travailler.

- **L'assurance vieillesse,** troisième volet de la Sécurité sociale, assure le versement de pensions aux retraités. Depuis le 1er avril 1983, les Français — hommes et femmes — peuvent prendre leur retraite à 60 ans. Quelques professions bénéficient toujours d'une retraite plus précoce ; c'est notamment le cas des militaires, des marins, des mineurs, des instituteurs ou encore des cheminots. Le montant de la retraite présente de grandes disparités selon les salaires versés durant la période d'activité, mais aussi en fonction de la durée et de la nature de cette activité. Il est généralement égal à 50 % du salaire annuel moyen des dix meilleures années, si le retraité a cotisé durant 37 ans et demi. En deçà, la pension est amputée de 1,25 % par trimestre manquant. Pour faire face à

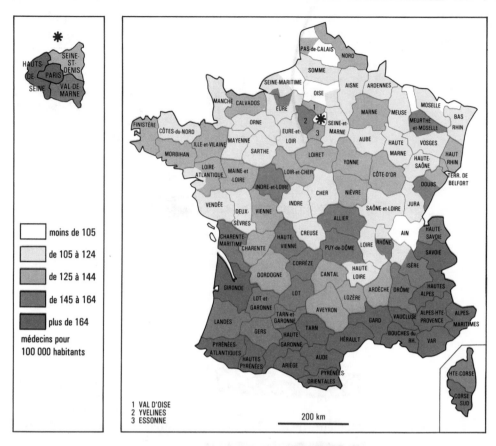

L'inégale répartition des médecins en France.

la chute brutale de leurs revenus, de nombreux Français ont souscrit une retraite complémentaire auprès d'une mutuelle, d'une caisse spécialisée ou encore d'une compagnie d'assurances. En cas de décès du retraité, la moitié de sa pension est, sous certaines conditions, reversée au conjoint survivant.

La France dispose d'un *encadrement médical* de haut niveau, qui est cependant inégalement réparti sur le territoire national. Les médecins, au nombre de 110 000, ont connu un triplement de leur effectif depuis 1960. Il existe désormais un médecin pour 500 habitants, chiffre comparable à celui de la plupart des pays industriels. Les trois quarts d'entre eux exercent à titre libéral, ainsi que 30 200 dentistes, 20 280 pharmaciens, 23 500 infirmiers et 22 300 masseurs-kinésithérapeutes. Les autres sont salariés dans un hôpital, une clinique ou même une entreprise. Les médecins se constituent de plus en plus en cabinets de groupe, ce qui leur permet de limiter les frais d'installation et de secrétariat, tout en permettant au patient de disposer de services variés contigus. Le gonflement rapide des effectifs incite les pouvoirs publics à contrôler de plus en plus attentivement les effectifs des étudiants dans les facultés de médecine.

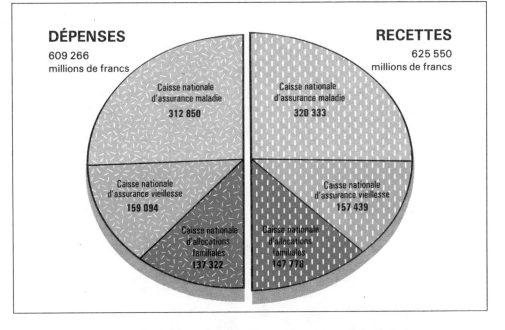

DÉPENSES

609 266
millions de francs

RECETTES

625 550
millions de francs

Caisse nationale
d'assurance maladie

312 850

Caisse nationale
d'assurance maladie

320 333

Caisse nationale
d'assurance vieillesse

159 094

Caisse nationale
d'assurance vieillesse

157 439

Caisse nationale
d'allocations
familiales
137 322

Caisse nationale
d'allocations
familiales
147 778

La structure du budget de la Sécurité sociale (1984).

La France possède également un bon *équipement hospitalier*. Le nombre de lits dépasse aujourd'hui 610 000, leur densité étant plus importante dans la moitié méridionale du pays. Plus des deux tiers de ces lits sont recensés dans les 1 080 hôpitaux du secteur public, les autres relevant de cliniques privées le plus souvent agréées par la Sécurité sociale, ce qui permet au malade d'être remboursé de la majeure partie des frais. Les hôpitaux ont fait l'objet d'une active modernisation durant la dernière décennie, tant sur le plan de l'équipement que sur celui de l'environnement du patient. On s'efforce par ailleurs de développer les soins à domicile, afin de réduire la dépense hospitalière et de laisser le malade dans son encadrement familial. De même, l'essor des aides ménagères à domicile permet le maintien d'un nombre croissant de personnes âgées dans leur cadre de vie traditionnel.

Au cours des trente dernières années, les *dépenses de la Sécurité sociale* ont connu une progression spectaculaire, bien supérieure à celle des autres consommations. Ceci résulte du vieillissement de la population, qui augmente le volume des retraites et de la consommation médicale, mais aussi de l'extension de la couverture sociale à de nouveaux risques et de la hausse rapide des coûts médicaux. L'apparition de nouvelles techniques (radiothérapie, scanner, microchirurgie), la montée des coûts hospitaliers (1 200 francs par jour en médecine générale, plus de 4 000 francs par jour dans certains services spécialisés) et la hausse des médicaments ont également contribué à accroître les dépenses.

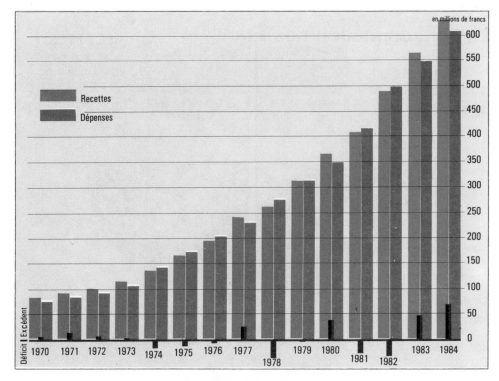

Le budget de la Sécurité sociale.
Évolution des recettes et des dépenses (en millions de F).

La structure des recettes du régime général de la Sécurité sociale (en %).

Cotisations des assurés	24,5
Cotisations des employeurs	68,4
Subvention de l'État	2,6
Taxes affectées	0,5
Transferts reçus	2
Autres	2

Or, dans le même temps, la crise économique a ralenti la progression des *recettes* dont le montant dépend de l'évolution des rémunérations et de l'emploi. Depuis quelques années, la moindre augmentation des salaires, et surtout le chômage, freinent l'essor des cotisations. Il en résulte un équilibre précaire du budget de la Sécurité sociale.

Pour y remédier, les pouvoirs publics sont conduits à prendre des mesures, impopulaires, qui permettent une réduction des dépenses, notamment par le non-remboursement de certains médicaments d'usage courant, par un contrôle plus strict des dépenses hospitalières, par l'instauration d'un forfait de 23 francs par jour d'hospitalisation, par une limitation de la prise en charge de cures thermales, etc. Par ailleurs, les cotisations sont augmentées : majoration exceptionnelle de 1 % de l'assurance-maladie, prélèvement de 1 % sur les revenus imposables en 1983-1984, déplafonnement des cotisations, taxe sur la publicité pharmaceutique,...

Ces mesures ont permis de limiter le déficit, et même d'enregistrer des excédents durant deux ans. Ce ne sont pourtant que des palliatifs, car le vieillissement de la population et la crise économique aggravent le coût de la protection sociale, et les prochaines années risquent d'être difficiles.

La consommation des Français

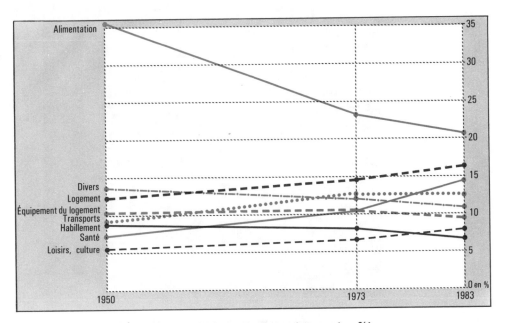

Évolution des dépenses des ménages (en %).

Comme les revenus, la consommation s'est considérablement accrue depuis la Seconde Guerre mondiale. Après avoir progressé en moyenne de 5,5 % par an entre 1959 et 1973, profitant de la période d'expansion, la consommation a continué à augmenter depuis le début de la crise, en dépit des politiques d'austérité mises en place et de la diminution récente du niveau de vie. Les Français préfèrent prélever sur leur épargne plutôt que de changer fondamentalement leurs habitudes d'achat. En 1983, la consommation totale des ménages s'est élevée à 2 550 milliards, ce qui représente deux fois et demie le budget de l'État.

La structure de la consommation a, par contre, connu un important bouleversement au cours du dernier quart de notre siècle.

Les *achats alimentaires,* qui constituaient encore plus du tiers des dépenses des ménages en 1959, n'en totalisent plus que le cinquième. Ce n'est pas que le Français se soit brutalement mis au régime. Certes, l'attention croissante portée à sa silhouette et les campagnes publicitaires pour des produits diététiques l'ont incité à surveiller de plus près son alimentation, mais la baisse du poste « alimentation » résulte surtout de la hausse du niveau de vie. Elle permet de développer d'autres achats et donc, de réduire la part relative des dépenses alimentaires.

Produits	1970	1982
Pain	80,6	68,8
Riz	2,2	3,6
Pommes de terre	95,6	70
Légumes frais et surgelés	70,9	74,3
Agrumes	15,2	17,3
Bœuf	15,6	18,2
Veau	5,8	5,3
Porc frais	7,9	10,1
Volailles	14,2	17,3
Œufs	11,5	15,4
Poissons, coquillages	10,8	13,4
Lait frais	95,2	103,9
Beurre	9,9	8,7
Huile alimentaire	8,1	10,4
Fromage	13,8	18,9
Sucre	20,4	13,8
Vin de table	95,6	69,5
Vin A.O.C.	8	13,2
Cidre	18,3	18,2
Bière	41,4	46
Eaux minérales	39,9	52,6
Boissons gazeuses	19,1	25,6

*Évolution de la consommation annuelle
de quelques produits alimentaires (en kg/hab. ou l/hab.).*

Le Français consomme en moyenne 3 600 kilocalories par jour, ce qui le met en bonne place parmi les pays industriels. Sa nourriture a beaucoup évolué en trois décennies. Le pain et les pommes de terre, aliments de base jusqu'au début du xxᵉ siècle, perdent progressivement de l'importance au profit des produits laitiers et de la viande. La hausse de la consommation de lait résulte surtout de la multiplication des yaourts et autres desserts, mais aussi des progrès constants des fromages, dont le Français demeure le premier consommateur du monde, ce qui est bien naturel pour un pays qui se vante d'en fabriquer plus de 300 variétés. Quant à la consommation de viande, elle est surtout marquée par les progrès soutenus du porc et de la volaille, qui doivent leur succès à la compétitivité de leur prix. La viande de bœuf souffre au contraire de sa cherté, d'autant que le Français marque une nette préférence pour les quartiers « nobles », ce qui pèse indiscutablement sur les cours.

La consommation de vin de table a enregistré une chute régulière depuis un siècle. Le Français se tourne vers des produits plus fins. Il accorde d'ailleurs de plus en plus d'attention au choix des vins. Les vendeurs d'ouvrages œnologiques, de caves préfabriquées ou d'armoires de vieillissement profitent largement de l'intérêt du consommateur pour les vins de pays et les grands crus.

S'il reste le premier buveur de vin, le Français est aussi le premier consommateur mondial d'eau minérale. La vente de ces eaux a d'ailleurs permis à certaines stations thermales de compenser la chute de leur clientèle ou d'accroître leurs revenus. Le Français a également su exporter ses eaux minérales, comme en témoigne le succès prestigieux de certains vendeurs, tel Perrier, en dehors du territoire national, et notamment aux États-Unis.

L'alimentation a également changé à la faveur de la diffusion de nouvelles techniques. L'apparition du congélateur a exigé de nouvelles formes de commercialisation et contribué à alléger les tâches de la ménagère au retour de sa journée de travail. La généralisation du travail féminin a d'ailleurs eu de nombreuses incidences : les repas sont plus brefs, les petits plats mijotés des grand-mères ont bien souvent cédé la place au steak-frites ou à d'autres menus rapides et les traiteurs ont vu leur clientèle augmenter rapidement.

Pourtant, l'art culinaire demeure profondément ancré dans les mœurs. Les restaurants n'ont jamais été aussi fréquentés, les revues spécialisées se multiplient et si le mari veille attentivement sur sa cave, l'épouse recherche durant le week-end à créer les plats qui raviront les convives. La télévision elle-même se mêle de la partie et propose des émissions culinaires. Si la percée des « fast-food » est manifeste auprès du jeune public, si les « croissanteries » et autres pizzerias profitent de leurs prix concurrentiels et de la rapidité de leur service, le choix d'un bon restaurant dominical demeure un large sujet de discussion, notamment dans la région lyonnaise où s'est le mieux conservée la tradition.

Les menus varient selon les catégories socioprofessionnelles. C'est ainsi que l'agriculteur, s'il délaisse de plus en plus la soupe quotidienne, continue de privilégier la consommation de volailles et de lapins, la chasse fournissant à l'automne un approvisionnement complémentaire que le congélateur permet de conserver longtemps. Le cadre supérieur, en raison de ses revenus, mais aussi de sa position sociale et de son environnement, consomme davantage de produits coûteux, comme les crustacés, les vins fins, les conserves de luxe ou encore le whisky.

Les *achats vestimentaires,* comme les dépenses alimentaires, ont connu un déclin relatif dans les budgets des ménages. Les comportements, ici aussi, ont évolué. Les vêtements classiques, tels les costumes, ont vu leur part régresser au profit des vêtements de sport et de l'universel blue-jean. De plus, l'apparition des magasins à grande surface et la concurrence acharnée qui règne sur le marché de l'habillement ont permis de limiter la hausse des prix. Si le prêt-à-porter s'est généralisé, la haute couture connaît aussi un âge d'or et les grands couturiers français, tels Saint-Laurent, Chanel ou Dior, contribuent à faire entrer d'abondantes devises dans le pays, grâce au succès qu'ils obtiennent auprès d'une clientèle étrangère fortunée.

En revanche, les dépenses relatives au *logement* tiennent une place croissante. Ceci résulte d'abord de la hausse des loyers (les achats immobiliers, considérés comme des investissements sont ici exclus) et des charges, parmi lesquelles les dépenses de chauffage ont connu une progression spectaculaire. C'est aussi la traduction d'un confort accru qui se manifeste par l'achat de mobilier et d'appareils électroménagers de plus en plus nombreux et sophistiqués.

La hausse du poste des *transports* s'explique avant tout par la généralisation de l'automobile. Alors que 19 % seulement des ménages possédaient une voiture en 1960, la proportion atteint aujourd'hui près de 73 %, et près de 20 % des foyers disposent même de plusieurs véhicules. Les dépenses de transport ont vu cependant leur part relative se stabiliser depuis 1973. La hausse des prix du carburant est en partie compensée par un recours croissant aux transports en commun, par un changement moins fréquent du véhicule et par l'achat de modèles plus économiques.

La *santé* et les *loisirs* pèsent aussi de plus en plus lourd dans le budget des Français. Pour les dépenses de santé, cela est dû à la progression très rapide de l'encadrement social et sanitaire. En ce qui concerne les loisirs, il s'agit d'un poste très disparate, qui se diversifie sans cesse, au gré de l'apparition de nouveaux appareils (caméra, chaîne hi-fi, magnétoscope, micro-ordinateur), de nouveaux sports (ski, planche à voile) et de l'essor des voyages — tout en conservant de solides traditions, comme l'attestent les succès de la chasse, de la pêche ou du jardinage. C'est d'ailleurs souvent dans ce poste de la santé et des loisirs que le comportement des ménages présente les différences les plus marquées, que ce soit en raison de l'âge, du niveau culturel ou du lieu de résidence.

La percée des équipements de loisirs.

Appareils	% de foyers équipés en 1973	% de foyers équipés en 1983
Radio	94	99
Télévision en couleurs	9	58
Chaîne haute fidélité	8	20
Magnétophone	27	31
Instrument de musique	33	37
Perceuse électrique	37	60
Bicyclette	52	63
Planche à voile	—	3

De plus en plus de temps libre

Le Français travaillait en moyenne 120 000 heures durant sa vie au XIXe siècle ; aujourd'hui, cette durée est réduite à 70 000 heures, alors que l'espérance de vie n'a cessé d'augmenter. Ceci s'explique donc avant tout par une baisse continuelle de la durée annuelle du travail, laissant de plus en plus de temps libre à la population.

Les *congés annuels,* apparus pour la première fois en 1936 à la suite des « Accords Matignon », signés entre les syndicats ouvriers, le patronat et le gouvernement du Front populaire de Léon Blum, ont été progressivement étendus à l'ensemble des salariés et considérablement allongés. Aujourd'hui, ils sont fixés à cinq semaines. Une bonne partie des salariés prennent un mois durant l'été et conservent leur cinquième semaine pour l'hiver, ce qui permet d'ailleurs à bon nombre d'entreprises de fermer entre Noël et le Jour de l'An.

Dans le même temps, la *durée hebdomadaire du travail* a été réduite. Elle est aujourd'hui de 39 heures, ce qui permet parfois, par regroupement, de disposer d'une demi-journée de congé supplémentaire chaque mois. Certaines entreprises ont par ailleurs organisé le « travail à la carte », chaque salarié pouvant répartir à sa convenance ses horaires de travail dans une fourchette relativement large. Quelques-unes ont même mis en place la semaine de quatre jours, mais l'expérience n'a pas toujours été concluante, tant en ce qui concerne la productivité que la santé des salariés. L'aggravation du chômage a relancé le débat sur la durée hebdomadaire du travail, certaines centrales syndicales réclamant, en France comme dans des pays voisins, l'institution de la semaine de 35 heures. Les avis sont très partagés et aucun pays n'a encore pris de mesures légales en ce domaine. Pour les partisans de la semaine de 35 heures, la réduction des horaires permettrait de créer de nouveaux emplois, d'améliorer les conditions de travail et la productivité ; pour les

L'inégalité des congés
(durée minimale légale en jours ouvrables).

Pays	Durée des congés annuels	Nombre de jours fériés
R.F.A.	15 à 24 jours	10 à 13
Belgique	18 jours	10
Autriche	24 jours	13
Italie	15 à 22 jours	18
Grande-Bretagne	14 à 21 jours	8
Luxembourg	25 à 26 jours	10
Finlande	24 jours	14
Japon	6 à 20 jours	12

(Source : *Quid 1985*, Robert Laffont.)

1892	Le travail des femmes et des enfants est limité à 11 heures par jour et celui des hommes à 12 heures.
1900	Le travail des enfants est limité à 10 heures par jour.
1906	Institution du repos hebdomadaire.
1919	Le travail est limité à 8 heures par jour.
1936	La durée hebdomadaire du travail est fixée à 40 heures ; deux semaines de congés payés sont accordées.
1956	La durée des congés payés est portée à 3 semaines.
1969	Généralisation des 4 semaines de congés payés.
1975	Retraite à taux plein et à 60 ans pour certains travailleurs manuels et les mères de famille ayant élevé trois enfants ou plus.
1977	Loi sur la retraite à 60 ans pour les femmes.
1981	Octroi d'une cinquième semaine de congés payés.
1982	La durée hebdomadaire du travail est réduite à 39 heures. L'âge de la retraite est abaissé à 60 ans.

Un siècle de conquêtes.

adversaires, la semaine de 35 heures, sans réduction de salaire, risquerait d'affecter la compétitivité des entreprises françaises face à leurs concurrentes. Les sociétés ne trouveraient plus de débouchés pour leur production et tomberaient en faillite, ce qui provoquerait une nouvelle poussée du chômage. La réduction des horaires ne serait donc envisageable que dans le cadre d'une décision conjointe de plusieurs pays, notamment en Europe occidentale.

L'accroissement du temps libre tient aussi à la *prolongation de la scolarité,* élèves et étudiants bénéficiant de congés plus longs que ceux des salariés. La scolarité obligatoire a été prolongée jusqu'à 16 ans, en 1959, et beaucoup envisagent de la porter à 18 ans.

De même, l'institution de la *retraite* et l'abaissement progressif de l'âge minimum requis pour en bénéficier ont permis d'élargir les loisirs à de nouvelles classes d'âge.

C'est donc l'ensemble de la population qui profite des possibilités offertes par l'augmentation du temps libre. Celle-ci s'est accompagnée simultanément d'un essor rapide du niveau de vie et de progrès spectaculaires dans le domaine des transports, ce qui a contribué à une diffusion du tourisme sur l'ensemble du territoire et même vers des pays lointains.

La durée du travail hebdomadaire effectif (1980).

Pays	Durée
République de Corée	53,1
Singapour	48,6
Tchécoslovaquie	43,5
Japon	43,4
Portugal	38,2
France	37,6
R.F.A.	37
Royaume-Uni	35,5
États-Unis	34,6
Belgique	33,6

Source : « Travail et emploi », ministère du Travail, avril-juin 1982.

Les loisirs et la vie culturelle

La télé super-star

La télévision a été inventée en 1926 par un physicien britannique, J.-L. Baird, et la première émission française fut réalisée en 1935. Pourtant, le nombre de récepteurs demeurait encore modeste en 1950 (297). Ce n'est qu'à partir de cette date qu'une croissance spectaculaire porte le nombre d'appareils à plus de 17,3 millions en 1984 : en moins de trente-cinq ans, la télévision est devenue le premier loisir des Français ; elle tient le premier rang par le temps qui lui est accordé, et aussi par l'importance qu'elle a prise dans la vie familiale, celle-ci tendant souvent à s'ordonner en fonction des programmes : le match de football ou le film déterminent l'heure des repas !

Les deux tiers des Français regardent quotidiennement la télévision et la majeure partie lui consacre, en moyenne, une quinzaine d'heures par semaine, les plus assidus étant les retraités, les femmes et les ruraux. Les couches sociales les plus défavorisées sont plus attentives que les cadres supérieurs ou les professions libérales qui sélectionnent davantage les émissions.

Outre le journal télévisé, les émissions les plus suivies sont, par ordre décroissant, les films, les reportages sur la nature, les variétés, les dramatiques et les sports. Certains jeux télévisés, comme « Des chiffres et des lettres » ou quelques émissions culturelles, telle « Apostrophes », sont devenues en quelques années de véritables institutions, dont l'audience a largement débordé le cadre télévisuel ; les différentes sociétés rivalisent d'invention pour accroître leur taux d'écoute, celui-ci servant, entre autres, à fixer le tarif des annonces publicitaires qui fournissent une large part des recettes.

L'impact du petit écran est tel que plusieurs entreprises manifestent l'intention d'investir dans la création de chaînes privées, dont le lancement a été autorisé par le gouvernement en août 1985. Les pouvoirs publics souhaitent cependant limiter le nombre de ces sociétés, tant pour des raisons techniques que politiques.

La télévision a largement profité des progrès techniques. La couleur a contribué à relancer le marché, puis le magnétoscope et les jeux vidéo lui ont permis d'élargir son audience auprès de nouvelles clientèles. Dans le même temps, les liaisons par satellites permettaient de diffuser en direct des événements mondiaux, tels l'arrivée sur la Lune d'Apollo XIII ou les Jeux Olympiques. Aujourd'hui, de nouveaux créneaux

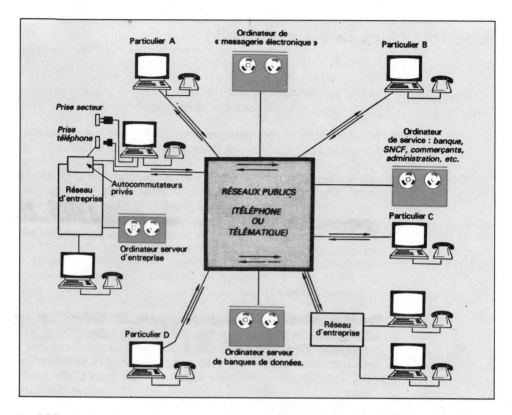

Les P.T.T. ont mis en place un réseau de communication télématique qui comporte un Minitel branché sur la prise téléphonique, auquel se raccorde le combiné. Ce dispositif permet des liaisons entre particuliers, entre un particulier et des ordinateurs ou une banque de données, entre plusieurs entreprises ou entre services d'une même société.
Les liaisons sont assurées par le réseau téléphonique et, généralement, par l'intermédiaire du réseau télématique « Transpac ». Les tarifs sont indépendants de la distance et sont payés par le demandeur sur la base des communications téléphoniques ou sous forme d'abonnement.
Le succès du Minitel a été immédiat : 1 200 000 terminaux fonctionnaient dans le pays fin 1985. La France dispose avec Minitel du plus grand réseau mondial de télématique.

L'explosion du Minitel.

apparaissent encore : la mise en place de réseaux câblés et le développement de la télématique laissent espérer de beaux jours à la télévision, ainsi, bien entendu que le développement spectaculaire des micro-ordinateurs domestiques.

La radio garde ses fans

La radio, plus ancienne, a souffert de l'essor de la télévision. Le nombre de récepteurs radio est pourtant plus important que celui des téléviseurs. De plus, la multiplication des postes portatifs et des autoradios, ainsi que la diffusion des émissions stéréophoniques lui ont permis de gagner de nouveaux auditeurs. C'est surtout le soir que la concurrence du petit écran est sévère ; la radio conserve en effet un très fort public entre 7 h et 9 h et entre 12 h et 13 h. Les auditeurs les plus fidèles se recrutent surtout parmi les jeunes, les hommes et les résidents des grandes agglomératior. ~~durée hebdomadaire moyenne d'écoute est de l'ordre o quinzaine d'heures.~~

Quatre stations ont longtemps dominé le marché. France-Inter, poste national, couvre la totalité du territoire ; il s'appuie sur des stations locales, comme F.I.P. à Paris, et relève de Radio-France, qui dirige ses programmes, de même que ceux de France-Culture et de France-Musique. Les stations dites « périphériques » (parce que leurs émetteurs se trouvent hors du sol national) font, à la différence de France-Inter, un large appel à la publicité. Chacune d'entre elles bénéficie d'une écoute privilégiée sur une partie du territoire : R.M.C. dans le Sud-Est et le Sud-Ouest, Europe 1 dans l'Ouest et le Centre, R.T.L. dans le Nord et le Nord-Est. Ces stations accordent une place importante aux jeux radiophoniques et aux variétés, s'attachant fréquemment les services des présentateurs vedettes de la télévision pour élargir leur audience.

La prolifération des radios libres depuis une dizaine d'années a mis à mal le quasi-monopole des quatre grandes stations, surtout auprès du jeune public. Disposant d'une zone d'écoute limitée en raison de la faible puissance de leur émetteur, elles comptent aujourd'hui près de 10 millions d'auditeurs séduits par leurs programmes, leur ton et les renseignements pratiques qu'elles diffusent sur la vie locale. Les pouvoirs publics ont même dû intervenir pour réglementer les fréquences et les statuts.

Les mutations de la presse écrite

Les journaux ont longtemps constitué le véhicule essentiel de l'information. Ils doivent aujourd'hui faire face à la concurrence de la télévision et de la radio, ce qui provoque des bouleversements importants.

La _presse quotidienne_ d'information connaît une grave crise. Le nombre de titres est passé de 175 en 1939 à 70 environ aujourd'hui, et le tirage total a diminué de près de 2 millions d'exemplaires depuis la Libération. 45 % seulement des Français lisent régulièrement le journal. Les quotidiens nationaux sont les plus affectés. Ils connaissent presque tous une baisse continuelle de leur audience et de leur tirage, ce qui pose de redoutables problèmes de trésorerie et provoque des compressions de personnel ; cette situation est d'autant plus préoccupante que de nouvelles techniques de composition et d'impression accroissent la productivité.

Les quotidiens régionaux, bien ancrés dans la vie locale, disposent d'une clientèle plus fidèle et résistent mieux. Ils figurent même souvent en tête des tirages. Plusieurs d'entre eux relèvent de groupes puissants, comme celui de Robert Hersant.

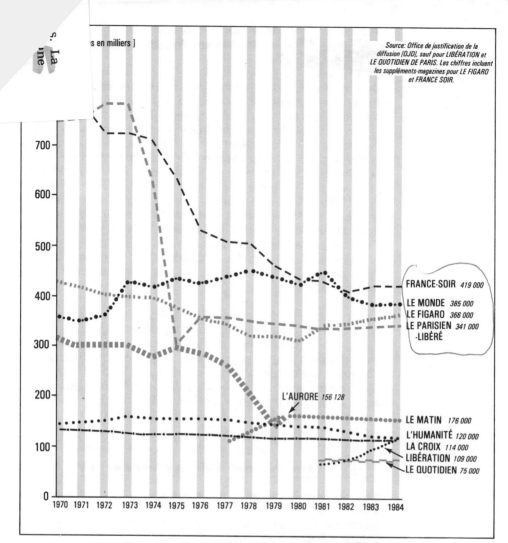

[s en milliers]

Source: Office de justification de la diffusion (OJD), sauf pour LIBÉRATION et LE QUOTIDIEN DE PARIS. Les chiffres incluent les suppléments-magazines pour LE FIGARO et FRANCE SOIR.

700 —

600 —

500 —

400 —

FRANCE-SOIR 419 000

LE MONDE 385 000
LE FIGARO 366 000
LE PARISIEN 341 000
-LIBÉRÉ

300 —

200 —

L'AURORE 156 128

LE MATIN 176 000
L'HUMANITÉ 120 000
LA CROIX 114 000
LIBÉRATION 109 000
LE QUOTIDIEN 75 000

100 —

0 —

1970 1971 1972 1973 1974 1975 1976 1977 1978 1979 1980 1981 1982 1983 1984

La baisse des grands quotidiens nationaux.

Les plus fortes diffusions.

Quotidiens régionaux		Magazines d'information		Presse féminine	
Ouest-France	721 000	Paris-Match	928 000	Modes et Travaux	1 386 000
Le Dauphiné Libéré	383 000	Le Figaro Magazine	623 000	Prima	961 000
La Voix du Nord	373 000	L'Express	513 000	Nous Deux	878 000
Sud-Ouest	365 000	Le Pèlerin	466 000	Intimité	571 000
Le Progrès	302 000	Le Nouvel		Femmes d'aujourd'hui	561 000
La Nouvelle République		Observateur	381 000	Marie-Claire	548 000
du Centre-Ouest	281 000	Le Point	329 000	Jours de France	511 000
Nice-Matin	264 000	La Vie	325 000		
L'Est Républicain	263 000	Actuel	225 000		

(Source : O.J.D., 1984.)

A l'inverse de la presse quotidienne nationale, les *périodiques* connaissent une grande prospérité. Les magazines d'information hebdomadaires comme « Le Point » ou « L'Express » ont su s'adapter aux nouvelles exigences de la clientèle en multipliant les enquêtes, les dossiers économiques, politiques ou sociaux, tout en prenant un caractère attrayant à la faveur de pages publicitaires en couleurs. De même, les magazines économiques (« L'Expansion », « Le Nouvel Économiste »), les magazines féminins (« Elle », « Modes et Travaux », « Marie-Claire ») et, plus encore, les hebdomadaires consacrés à la télévision (« Télé 7 jours » : 2 653 000 exemplaires, « Télépoche » : 1 812 000 en 1984) ont su développer leur audience. De nouveaux titres apparaissent sans cesse, spécialisés dans la décoration de la maison, le bricolage, les voyages, la cuisine, l'informatique,...

Des loisirs plus culturels

L'*édition* est la première industrie culturelle du pays, avec un chiffre d'affaires de plus de 8 milliards de francs en 1984. S'il existe plus de 800 maisons d'édition, plus de la moitié de la production est assurée par les vingt premières d'entre elles. En 1984, la production de livres a atteint 372 millions d'exemplaires, correspondant à 29 000 titres, parmi lesquels on comptait près de 42 % de nouveautés.

Près de 20 800 points de vente assurent la commercialisation des ouvrages : librairies spécialisées, papeteries, maisons de la presse, kiosques de gare, etc. Nouveaux venus dans la « bataille du livre », les magasins à grande surface, tels Leclerc, Carrefour ou Euromarché, concurrencent, comme la F.N.A.C., les petites librairies. Pour protéger celles-ci, le gouvernement a limité les rabais sur le prix des livres à 5 %. Il existe également des maisons spécialisées dans la vente par correspondance, comme Sélection du Reader's Digest ou France-Loisirs ; elles assurent au total près de 14 % des ventes.

En dépit des progrès de l'instruction, le nombre de lecteurs demeure stable. Plus de 25 % des Français ne lisent jamais de livres ; parmi eux, on rencontre surtout des agriculteurs et des personnes âgées. Au contraire, les cadres supérieurs, les professions libérales et les cadres moyens sont de gros lecteurs.

Les romans, les récits historiques, les romans policiers et les histoires d'espionnage figurent en tête des ouvrages lus, mais les livres scientifiques et pratiques progressent rapidement. La bande dessinée, quant à elle, présente un cas particulier : elle a en effet connu une véritable explosion depuis plus d'une dizaine d'années, tant auprès du jeune public que des adultes.

25 titres, des tirages par millions d'exemplaires, des ouvrages traduits dans 33 langues et vendus dans des dizaines de pays : Astérix illustre bien l'extraordinaire explosion de la bande dessinée durant les années 1970-1985. En 1983, plus de 835 titres de B.D. ont été publiés en France, représentant un tirage global de 12,3 millions d'exemplaires et un chiffre d'affaires de 265 539 000 F. (Vignette extraite du Combat des chefs.*)*

La B.D. en vedette.

Catégories	aucun livre	moins de 10	de 10 à 19	de 20 à 49	de 50 à 99	de 99 à 199	plus de 200	Total
Agriculteurs, exploitants et salariés	36	2	7	20	9	13	13	100
Patrons de l'industrie et du commerce	17	—	8	18	15	16	26	100
Cadres supérieurs, professions libérales	3	—	—	5	11	22	59	100
Cadres moyens	3	—	3	10	12	28	44	100
Employés	9	1	5	18	22	23	22	100
Ouvriers qualifiés, contremaîtres	16	2	5	19	20	20	18	100
Ouvriers spécialisés, manœuvres, personnel de service	21	2	9	24	17	18	9	100
Élèves et étudiants	6	2	—	11	16	27	38	100
Autres et inactifs	28	2	6	14	14	16	20	100

Des bibliothèques inégalement garnies : nombre de livres possédés selon la catégorie socioprofessionnelle, en 1981 (en %).

La démocratisation de la lecture a été facilitée par le développement des collections de poche ; au nombre de 300, offrant 21 000 titres, elles représentent en 1984 les deux tiers des titres parus et le tiers des ventes. Elle a aussi profité du dynamisme des bibliothèques et en particulier des bibliothèques municipales. Au nombre de 1 200, elles mettent à la disposition de leurs 4,6 millions d'abonnés près de 45 millions d'ouvrages. Il faut aussi rappeler le rôle des bibliothèques centrales de prêt qui, à l'aide de bibliobus, desservent chaque année près de 20 000 communes de moins de 20 000 habitants.

« La Grande Vadrouille », film de Gérard Oury, sorti en 1966, rassemble Bourvil et de Funès, deux vedettes incontestées du cinéma français de l'après-guerre. Il détient, avec 17 225 000 entrées, le record du nombre de spectateurs. Il devance, dans l'ordre : « Il Était une fois dans l'Ouest » (14,2 millions de spectateurs), « Ben Hur » (13,4 millions), « Le Pont de la rivière Kwaï » (13,4 millions), « Les Dix commandements » (13,3 millions), « Le Jour le plus long » (11,7 millions), « Le Corniaud » (11,7 millions) et « Le Livre de la jungle » (10,2 millions). Sur le plan mondial, « Autant en emporte le vent » demeure le plus grand succès ; il a été vu par plus de 120 millions de spectateurs.

« La Grande Vadrouille »,
le plus grand succès du cinéma français.

Le *cinéma* est longtemps resté le symbole même des loisirs. Il attirait 412 millions de spectateurs en 1957, pénétrant jusqu'au cœur des campagnes où le « foyer rural » du bourg constituait souvent la distraction la plus courue, en dehors des fêtes villageoises. Le Français assistait alors en moyenne à une dizaine de projections par an. Le déclin a été rapide face à l'essor de la télévision, qui programme aujourd'hui plus de 500 films par an. Le cinéma a surtout perdu sa clientèle d'habitués, fréquentant systématiquement la salle de quartier le samedi soir ou le dimanche après-midi. Ces salles, souvent très vastes, ont fermé ou ont été transformées en complexes multisalles permettant la projection simultanée de plusieurs films dans des locaux plus confortables et de taille réduite. Aujourd'hui, la France ne compte plus que 4 894 salles qui ont drainé 190 millions de spectateurs en 1984, dont plus de 30 % dans la seule région parisienne.

Bien que durement affecté par la crise, le cinéma français résiste mieux que ses concurrents européens et se classe toujours parmi les premiers du monde. Le nombre de films produits n'a d'ailleurs pas cessé d'augmenter ; 161 longs métrages et 572 courts métrages sont sortis en 1984. Cependant, à côté de quelques « locomotives » qui doivent leur succès au renom du metteur en scène (Truffaut, Oury, Lautner) ou à la présence d'acteurs en vogue (Delon, Depardieu, Montand, Belmondo) dont les cachets peuvent atteindre plusieurs millions de francs, la plupart des films ne franchissent pas le seuil de rentabilité.

La production est assurée pour l'essentiel par des entreprises spécialisées, comme Gaumont, mais aussi, et de plus en plus, par les chaînes de télévision ou certains grands groupes, comme Hachette.

Le cinéma est une véritable industrie dont le chiffre des recettes dépasse 4 milliards de francs par an. Outre les salles spécialisées, il s'appuie sur plus de 11 000 ciné-clubs, rassemblant un million d'adhérents, sur une abondante presse spécialisée (« Les Cahiers du cinéma », « L'Avant-scène cinéma ») et sur des manifestations prestigieuses comme les festivals de Cannes, d'Avoriaz et de Deauville ou la Nuit des Césars, qui permettent de récompenser de nombreux lauréats et surtout de promouvoir le septième art auprès d'un grand public qu'il faut reconquérir.

Le *théâtre* traverse, lui aussi, une grave crise. La fréquentation a décliné : près de 20 000 places ont disparu à Paris au cours des vingt dernières années. L'État accorde pourtant des subventions à la plupart des salles pour leur permettre de poursuivre leurs activités ; des metteurs en scène, comme Ariane Mnouchkine ou Patrice Chéreau, s'efforcent de renouveler l'art théâtral, et les cafés-théâtres manifestent un incontestable dynamisme. Chaque été, le festival d'Avignon, immortalisé par Jean Vilar et Gérard Philipe drainent des milliers de fidèles venus de l'Europe entière... Mais cela ne suffit pas.

L'agglomération parisienne compte une cinquantaine de théâtres et assure la majeure partie des spectacles ; elle profite de la renommée de certaines salles comme la Comédie-Française, le théâtre de Chaillot ou le théâtre national de l'Odéon. Les représentations sont surtout suivies par une clientèle cultivée, parmi laquelle on compte de nombreux étudiants. Le sort du théâtre de boulevard est plus incertain, le succès de la pièce étant souvent lié à la présence d'un artiste en vogue.

Les acteurs les plus chers en 1984. Cachets (en millions de F).

J.-P. Belmondo	7
Coluche	4
P. Richard	3,5
A. Delon	3,5
Y. Montand	3
L. Ventura	3
G. Depardieu	3
I. Adjani	2,5
C. Deneuve	2
P. Noiret	2
M. Serrault	1,5
N. Baye	1,5

Source : *Quid 1985*, Robert Laffont.

La province a été encore plus touchée. Il ne reste plus que 25 théâtres importants. Pourtant, la décentralisation, amorcée par André Malraux avec la création des maisons de la culture, a permis de développer certaines troupes. Quelques salles ont acquis une certaine renommée, comme le T.N.P. de Villeurbanne.

La *musique* connaît par contre une grande vogue. En dépit du prix élevé des places, l'Opéra de Paris joue à guichets fermés à chacune de ses représentations. Les grands music-halls drainent Parisiens, banlieusards et même provinciaux lors du passage des chanteurs en vogue, et les concerts — de la musique classique aux rythmes à la mode — connaissent un succès considérable. La musique a profité de l'essor du marché du disque et de la cassette dont les ventes, en 1983, ont respectivement atteint 49 000 000 et 20 000 000 d'unités. Elle s'appuie aussi sur des festivals célèbres qui animent les soirées estivales, notamment en Provence, avec la saison d'Aix-en-Provence, les manifestations d'Orange, d'Arles, de Vaison-la-Romaine ou de Carpentras.

Jogging et bricolage

Désireux de remédier aux conséquences de la vie sédentaire et de veiller à l'entretien de son corps, le Français redécouvre dans le même temps les bienfaits du *sport*. Le sport est d'abord pratiqué à titre individuel. Les cyclistes sillonnent les routes du week-end et, venus des États-Unis, le jogging et l'aérobic ont la faveur des jeunes et des moins jeunes. La gymnastique attire notamment une importante clientèle féminine dans des salles spécialisées ; la radio et la télévision lui consacrent des émissions matinales.

D'autres sports connaissent une grande vogue, grâce aux progrès techniques et à l'abaissement des prix du matériel par la fabrication en série. C'est le cas du ski, qui compte aujourd'hui plus de 5 millions de pratiquants. C'est aussi le cas de la navigation de plaisance et de la planche à voile. D'autres sports se démocratisent, tels le tennis et le golf.

Le sport se pratique aussi de plus en plus au sein d'un club. Le nombre de licenciés des différentes fédérations augmente, parfois rapidement, et l'État comme les municipalités accordent d'importantes subventions aux associations sportives, souvent animées par des bénévoles. Pour contribuer au financement du sport, l'État a récemment lancé le loto sportif. Les grandes rencontres, largement couvertes par les médias, mobilisent des milliers de spectateurs, qu'il s'agisse des matchs de rugby du Tournoi des cinq nations, des coupes d'Europe ou du monde de football ou du Tour de France cycliste.

D'autres Français privilégient les *loisirs à domicile*. Le bricolage et le jardinage, comme le modélisme, font recette.

Le nombre de bricoleurs a triplé en moins de 20 ans : il dépasse aujourd'hui 13 millions. L'accession à la propriété, l'essor de l'habitat pavillonnaire, le développement des résidences secondaires ont été des facteurs favorables à la pratique des activités manuelles. L'engouement pour le bricolage a conduit à l'apparition de magasins spécialisés dans la vente de l'outillage ou du mobilier en « kit » ; il a aussi favorisé le développement du « travail au noir » dont le chiffre d'affaires est estimé à 4 ou 5 % du P.I.B. national, chiffre inférieur à celui des États-Unis ou de l'Italie (10 %). Le travail au noir est surtout le fait d'artisans désireux de limiter leurs impôts, mais aussi de salariés du secteur privé ou public qui rentabilisent à des conditions avantageuses leurs capacités manuelles.

Le Tour de France : Bernard Hinault dans le col d'Aubisque.

TROISIÈME PARTIE

LA FRANCE : LA BATAILLE ÉCONOMIQUE

Les cadres
de la vie économique

De la croissance à la crise

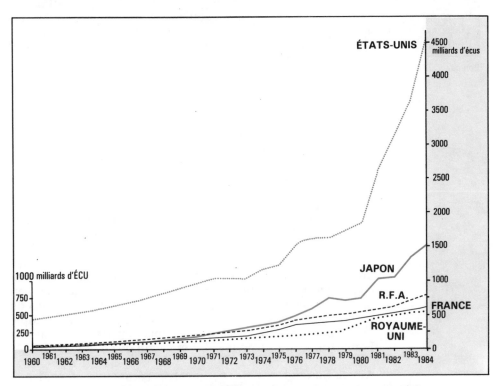

La croissance du Produit intérieur brut (prix courants).

En 1945, la France est exsangue : 320 000 civils ou militaires tués ou disparus, une population affaiblie par quatre ans de privations et qui voit le rationnement se prolonger, un million de sans-abri, une économie ruinée,...

Pourtant, le redressement va être rapide. De 1945 à 1973, la France connaît une croissance économique ininterrompue. Dès 1948, le niveau de production de 1938 est atteint et, en 1952, les chiffres dépassent ceux de 1929, année record. Le Produit national brut augmente à un rythme soutenu ; il double entre 1959 et 1973, passant de 425 à 900 milliards de francs : c'est la plus forte croissance du monde occidental, derrière le Japon.

Produits	Temps de travail nécessaire à l'acquisition	
	En 1925	En 1980
Pièce d'or de 20 F (Napoléon)	37 h 44 min	40 h
Un hectare de terre agricole en Beauce	2 830 h	1 650 h
Place de cinéma	1 h 25 min	42 min
Ticket de métro (2ᵉ classe)	11 min	5 min
1 ℓ de vin ordinaire	38 min	11 min
1 ℓ de lait	31 min	7 min
1 kg de jambon	13 h 44 min	1 h 52 min
1 camembert	1 h 47 min	20 min
Bicyclette	200 h	37 h 30 min
1 kWh d'électricité	28 min	1 min
Récepteur radio	1 275 h	11 h 33 min

Source : C.E.R.C.

Évolution du pouvoir d'achat des Français (pour un salaire de manœuvre de 2,12 F/h en 1925 et de 21,22 F/h en 1980).

La production industrielle elle-même, profitant d'un formidable effort d'investissement, progresse en moyenne de 5,7 % par an. Ces investissements sont, entre 1945 et 1960, le fait des entreprises publiques, qui jouent alors un rôle d'entraînement économique et social décisif. Par la suite, ils sont assurés essentiellement par les entreprises privées, dont la part, en 1973, est triple de celle des entreprises nationales. La croissance stimule l'emploi. Le chômage demeure faible : il ne dépasse pas 2 % de la population active jusqu'en 1967 et demeure inférieur à 3 % jusqu'en 1973. La population active augmente rapidement, l'appel à l'immigration permettant de compléter les effectifs, notamment pour les emplois peu qualifiés : les immigrés occupent près de 50 % des postes de manœuvres créés entre 1962 et 1968. Dans le même temps, la productivité progresse à un rythme supérieur à celui des États-Unis et du Royaume-Uni et voisin de celui de la R.F.A.

Ainsi, durant près de trente ans, l'économie française a connu une modernisation accélérée. Elle le doit à une exceptionnelle conjonction de facteurs favorables, et, d'abord, à la croissance démographique qui a stimulé la consommation, d'autant que le niveau de vie ne cessait pas de progresser.

La France a aussi tiré profit, dans un premier temps, d'un marché national protégé par des tarifs douaniers élevés et de ses relations privilégiées avec son empire colonial.

Après 1958, l'ouverture commerciale, marquée par l'adhésion à la Communauté européenne et par l'abaissement progressif des barrières douanières, a pris le relais. L'économie française s'est ouverte sur l'Europe et le monde au moment où le contexte était favorable, ce qui lui a permis de supporter aisément la perte de son marché colonial. A cela, il faut

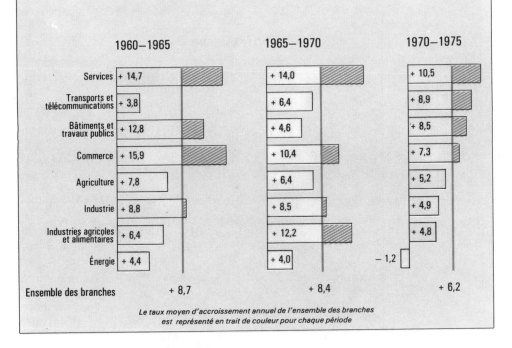

	1960—1965	1965—1970	1970—1975
Services	+ 14,7	+ 14,0	+ 10,5
Transports et télécommunications	+ 3,8	+ 6,4	+ 8,9
Bâtiments et travaux publics	+ 12,8	+ 4,6	+ 8,5
Commerce	+ 15,9	+ 10,4	+ 7,3
Agriculture	+ 7,8	+ 6,4	+ 5,2
Industrie	+ 8,8	+ 8,5	+ 4,9
Industries agricoles et alimentaires	+ 6,4	+ 12,2	+ 4,8
Énergie	+ 4,4	+ 4,0	− 1,2
Ensemble des branches	+ 8,7	+ 8,4	+ 6,2

Le taux moyen d'accroissement annuel de l'ensemble des branches est représenté en trait de couleur pour chaque période

Des investissements soutenus
(taux d'accroissement annuel moyen).
Croissance des investissements productifs de 1960 à 1974.

ajouter le dynamisme du système bancaire qui a largement contribué au développement industriel en collectant l'épargne des particuliers et en accordant des prêts importants aux entreprises pour faciliter leurs investissements.

Si l'inflation française est demeurée souvent plus forte que celle des pays voisins, les dévaluations de 1957, 1958 et 1969 ont permis de maintenir la compétitivité des produits français sur les marchés extérieurs. Cette situation a surtout été bénéfique dans le secteur des biens d'équipement (machines, matériel de transport,...), dont la part a augmenté au fil des années.

En 1973, la situation change brusquement. Les prix du pétrole quadruplent en moins de trois mois. Le second choc pétrolier, en 1979, est encore amplifié après 1981 par la hausse du dollar. La facture pétrolière passe de 14 milliards de francs en 1972 à 110 milliards de francs en 1980. En 1984, elle s'élève à 137 milliards de francs. Dans le même temps, l'économie française doit faire face à la montée de nouvelles concurrences dans le cadre de la division internationale du travail.

Des pans entiers de l'industrie sont menacés par les importations de produits textiles, de chaussures, voire d'acier ou

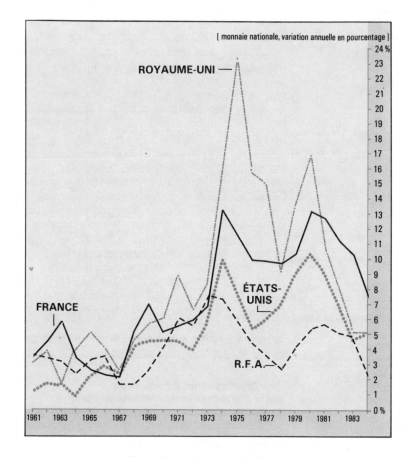

[monnaie nationale, variation annuelle en pourcentage]

ROYAUME-UNI —

FRANCE

ÉTATS-UNIS

R.F.A.

Un mal pernicieux : l'inflation
(indice implicite des prix de la consommation privée).

d'appareillage électrique, venues des pays en voie de développement. La situation est d'autant plus grave que la France maîtrise mal l'inflation ; elle enregistre une hausse des prix bien supérieure à celle que connaissent ses principaux concurrents, à commencer par la R.F.A. Si les salaires suivent et même souvent précèdent l'inflation, les chefs d'entreprise n'en privilégient pas moins les investissements destinés à accroître la productivité afin de réduire le coût des charges salariales. Ces mesures, ajoutées au ralentissement de la croissance, favorisent l'expansion du chômage.

Le pouvoir s'oriente d'abord (1974) vers une politique de stabilisation visant à réduire l'inflation et les importations par un gonflement des impôts et le contrôle des prix (Plan Fourcade). Mais la baisse de la croissance et l'aggravation du chômage conduisent le gouvernement à adopter un plan de relance en 1975 ; c'est le second plan Fourcade, qui est presque le négatif du précédent. Un nouveau changement de cap intervient avec l'arrivée de Raymond Barre à la tête du gouvernement, en 1976. Privilégiant la défense du franc (affaibli par le déficit de la balance commerciale) et la restauration de la compétitivité des entreprises, R. Barre s'efforce de lutter contre l'inflation et relance l'investissement par des mesures fiscales variées. Il augmente les impôts et certaines cotisations sociales et bloque les prix (ils le seront jusqu'en 1978). Les échéances électorales conduisent à un assouplissement des mesures et le second choc pétrolier déséquilibre à nouveau une balance commerciale redevenue excédentaire. Par ailleurs, le chômage et l'inflation ne sont pas vaincus.

Portés au pouvoir en 1981, les socialistes privilégient dans un premier temps la lutte contre le chômage par le recrutement de nombreux fonctionnaires et par une relance de la consommation, notamment par une augmentation substantielle des bas salaires et des prestations familiales. Si les résultats sont encourageants au niveau de la croissance et de l'emploi, la balance commerciale enregistre un déficit croissant, et il en est de même pour le budget de l'État. Le franc, affaibli, doit être dévalué deux fois en quelques mois, ce qui rend certes une partie de leur compétitivité aux produits français sur les marchés étrangers, mais renchérit les importations, notamment celles d'hydrocarbures et de matières premières, dont les cours sont exprimés en monnaie américaine. Dans un second temps, le gouvernement de Pierre Mauroy passe en 1982 à une politique de rigueur, basée sur une surveillance accrue des prix, mais aussi des salaires et sur un resserrement des budgets sociaux. Il est même fait recours à des prélèvements « exceptionnels » pour rétablir l'équilibre du budget de la Sécurité sociale, et un impôt sur les grandes fortunes est établi.

Nommé Premier ministre en juillet 1984, Laurent Fabius poursuit la politique de rigueur, s'attachant surtout à réduire l'inflation et le déséquilibre de la balance commerciale. Si le ralentissement de la hausse des prix est très net, le déficit extérieur persiste encore en 1985.

Parallèlement, le pouvoir s'efforce de mener à bien la modernisation de l'outil industriel en s'appuyant sur les nouvelles nationalisations et en encourageant l'investissement par de nouvelles mesures fiscales. Cette modernisation ne s'accomplit pas sans drames sociaux, comme le montrent les nombreux licenciements qui frappent la Lorraine à la suite du déclin de la sidérurgie (voir page 206). De nombreuses autres branches industrielles sont touchées : l'automobile, la construction navale, le textile,... Par ailleurs, le gouvernement accorde des aides substantielles aux entreprises nationalisées pour leur permettre de mener à bien leur développement, ou pour combler leurs pertes.

Le chômage demeure en 1985 le point noir de l'économie, alors que l'inflation connaît une nette décélération et que le déficit de la balance commerciale se réduit lentement.

Des nationalisées bénéficiaires...

Bénéfices nets en 1984 (en millions de francs)	
Rhône-Poulenc	1 989
C.G.E.*	650
P.U.K.*	550
Air France	530
Saint-Gobain	500
S.N.I.A.S.*	330
Aéroport de Paris	50
Snecma	40

*C.G.E. : Compagnie générale d'électricité.
*P.U.K. : Péchiney-Ugine-Kuhlmann.
*S.N.I.A.S. : Société nationale des industries aérospatiales.

... et des nationalisées déficitaires.

Pertes en 1984 (en millions de F)	
Renault	12 500
Sacilor	8 100
Usinor	7 600
S.N.C.F.	5 540
G.D.F.	3 025
E.D.F.	900
C.d.F. Chimie*	865
C.G.C.T.*	550
Bull	500
Cie générale maritime	380

*C.d.F. Chimie : Charbonnages de France-Chimie.
*C.G.C.T. : Compagnie générale de constructions téléphoniques.

L'État omniprésent

Branche industrielle	Avant les nationalisations	Après les nationalisations
Sidérurgie	1	80
Chimie de base	28	54
Textiles artificiels	0	75
Pharmacie	9	28
Papier et carton	0	9
Machines-outils	6	12
Armement	58	75
Bureautique et informatique	0	36
Matériel électrique	0	26
Construction aéronautique	50	84

Le poids du secteur public dans l'industrie (en % du chiffre d'affaires de la branche).

L'État joue un rôle important dans l'économie nationale. Il n'est pas seulement le premier producteur et le premier client, il est aussi le plus grand employeur, le premier transporteur, le premier prestataire de services et le premier propriétaire foncier et immobilier.

L'intervention de l'État dans la vie économique ne date pas d'aujourd'hui. Dès le XVIIᵉ siècle, Colbert crée les manufactures royales et les protège par de solides barrières douanières. C'est toutefois au cours du XXᵉ siècle que le développement du secteur public prend une réelle ampleur.

Les premières nationalisations interviennent entre les deux guerres mondiales, avec la création de l'O.N.I.A. (Office national industriel de l'azote) et de la Compagnie française des pétroles, et par la prise de contrôle, en 1937, des chemins de fer et de plusieurs sociétés de construction aéronautique. A la Libération, le gouvernement du général de Gaulle procède à la nationalisation de la banque de France, de plusieurs banques de dépôts (voir page 222), de Renault, des charbonnages, de la production et de la distribution de gaz et d'électricité (création de G.D.F. et E.D.F.) et de 34 compagnies d'assurances.

En 1981, le gouvernement socialiste procède à une nouvelle extension du pouvoir de l'État. Il nationalise cinq groupes industriels (Compagnie générale d'électricité, Saint-Gobain, Thomson-Brandt, Péchiney-Ugine-Kuhlmann et Rhône-Poulenc) et prend également le contrôle à 95 % de Sacilor et d'Usinor. Il acquiert aussi la majorité du capital de Matra et de Dassault et augmente sa participation dans Honeywell-Bull et la C.G.C.T., filiale de l'entreprise américaine I.T.T. Le gouvernement nationalise également 36 banques et deux compagnies bancaires (Suez et Paribas).

Le poids de l'État représente aujourd'hui, dans le seul secteur industriel, environ 24 % des salariés, 32 % des ventes, 50 % des investissements. L'État contrôle également 95 % du crédit et 90 % du marché de l'assurance (U.A.P., G.A.N,...). Il n'est pas non plus absent du secteur agricole, par le biais des S.A.F.E.R.*, organismes chargés d'acquérir des terres et de les revendre à des exploitants agricoles, après les avoir éventuellement aménagées.

S.A.F.E.R. :
Sociétés d'aménagement foncier et d'établissement rural.

L'État est aussi le premier client du pays. Les commandes des administrations et des entreprises publiques jouent un rôle décisif. Le ministère de la Défense est, par exemple, le premier partenaire des industries d'armement. E.D.F. et le Commissariat à l'énergie atomique ont largement contribué à l'essor des industries nucléaires, et la S.N.C.F., Air France et Air Inter, absorbent une bonne partie des débouchés des entreprises spécialisées dans la construction de matériel ferroviaire ou aéronautique.

L'État définit par ailleurs les grandes orientations de la politique économique. Il dispose pour cela de plusieurs relais. La planification, mise en place dès 1947, est certes indicative — et non impérative, mais elle permet d'orienter les investissements vers des secteurs privilégiés. Après avoir aidé au relèvement du pays, le Plan a contribué à la modernisation de l'industrie. Le IXe plan actuel (1984-1988) privilégie la décentralisation, notamment par l'intermédiaire de contrats de plan qui associent l'État et les régions dans le développement économique.

Le *déséquilibre régional* demeure en effet l'un des problèmes de la France moderne. Mis en valeur au lendemain de la dernière guerre, il se manifeste par le poids excessif de la région parisienne par rapport à la province, mais aussi par un déséquilibre entre une France industrielle et urbaine, située au nord-est d'une ligne Le Havre-Marseille, et une France demeurée largement rurale et agricole. De plus, l'effondrement de certaines activités industrielles comme les charbonnages ou la sidérurgie provoque l'éclosion de nouveaux problèmes régionaux. Pour remédier à ces déséquilibres, l'État s'est efforcé, dès le début de la décennie 1950, de favoriser la décentralisation des activités industrielles et tertiaires vers la province par l'octroi d'avantages fiscaux et de primes variées.

Il a aussi promu le développement de nouveaux pôles industriels comme Fos-sur-Mer ou Dunkerque, contribué à l'aménagement touristique du littoral languedocien, favorisé l'essor de métropoles d'équilibre comme Lille, Strasbourg, Marseille-Aix et apporté son soutien au développement des régions les plus pauvres, par exemple par l'intermédiaire du plan du Grand Sud-Ouest.

Régions	Les gros contrats		Les locomotives		
	En millions de F	En F par habitant	Part de l'État en F/hab.	Part de la région en F/hab.	Part de l'État part de la région
Corse	1 300	5 306	4 082	1 224	3,33
Nord-Pas-de-Calais	6 400	1 628	1 005	623	1,61
Ile-de-France	15 602	1 559	713	846	0,84
Lorraine	3 400	1 465	1 088	377	2,89
Limousin	1 055	1 439	1 023	416	2,46
Picardie	2 627	1 430	1 021	409	2,50
Provence-Alpes-Côte d'Azur	5 490	1 387	857	530	1,61
Franche-Comté	1 489	1 378	884	494	1,79
Poitou-Charentes	1 880	1 197	796	401	1,99
Alsace	1 800	1 147	701	446	1,57
Languedoc-Roussillon	2 157	1 118	716	402	1,78
Bretagne	2 618	969	668	301	2,22
Champagne-Ardenne	1 295	963	632	331	1,91
Midi-Pyrénées	2 220	954	616	338	1,82
Auvergne	1 225	921	583	338	1,72
Bourgogne	1 452	908	532	376	1,41
Aquitaine	2 400	903	553	350	1,58
Rhône-Alpes	4 500	898	595	303	1,96
Basse Normandie	1 171	857	528	329	1,60
Haute Normandie	1 388	841	524	317	1,65
Pays de la Loire	2 063	704	403	301	1,33
Centre	1 470	651	381	270	1,41
Moyenne nationale		1 180	704	476	1,48

Les contrats de plan État-régions.

L'État est enfin présent au niveau du commerce extérieur. Par le soutien de la monnaie ou sa dévaluation, il influe profondément sur la compétitivité des produits français sur les marchés extérieurs. Il aide également les entreprises françaises à exporter par l'intermédiaire du Centre français du commerce extérieur, qui apporte une assistance technique et informe les entreprises sur la capacité des marchés, ou encore par la Compagnie française d'assurances pour le commerce extérieur (COFACE), qui garantit les entreprises françaises contre les risques de non-paiement résultant de troubles politiques ou monétaires dans le pays étranger client.

Grands groupes et P.M.E.

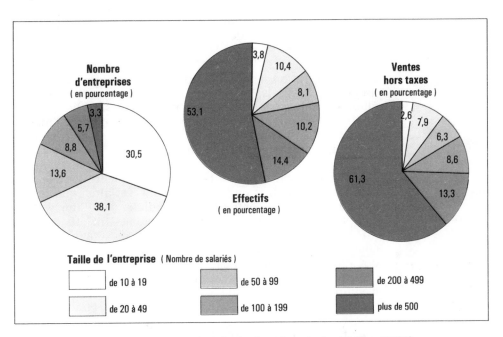

Nombre d'entreprises (en pourcentage)

30,5 — 38,1 — 13,6 — 8,8 — 5,7 — 3,3

Effectifs (en pourcentage)

3,8 — 10,4 — 8,1 — 10,2 — 14,4 — 53,1

Ventes hors taxes (en pourcentage)

2,6 — 7,9 — 6,3 — 8,6 — 13,3 — 61,3

Taille de l'entreprise (Nombre de salariés)

de 10 à 19	de 50 à 99	de 200 à 499
de 20 à 49	de 100 à 199	plus de 500

La concentration des entreprises industrielles (1982).

La modernisation de l'économie s'est traduite par une concentration rapide des entreprises, qu'il s'agisse des exploitations agricoles ou des sociétés industrielles et de services.

Les *exploitations agricoles* se sont agrandies (voir page 175), ce qui a permis d'accroître leur rentabilité et, par conséquent, leur modernisation. Les plus performantes sont devenues de véritables entreprises, disposant d'un matériel considérable et gérées comme des sociétés industrielles.

Dans le *secteur tertiaire*, la concentration a surtout été manifeste dans le domaine du commerce, avec l'apparition des magasins à grande surface qui éclipsent peu à peu le petit commerce, notamment pour la vente des produits alimentaires (voir page 219).

La concentration est encore plus forte au niveau des *entreprises industrielles*. Elle s'est faite de plusieurs manières. D'abord par la création d'ateliers ou d'usines de plus en plus vastes : c'est la concentration technique, qui vise à accroître la productivité et à réduire les coûts d'approvisionnement, de fonctionnement ou d'expédition. Un exemple en est fourni par la raffinerie de Gonfreville, sur la basse Seine, qui est capable de traiter plus de 22 millions de tonnes de pétrole brut par an.

La concentration s'effectue aussi au niveau des entreprises, dans le but d'augmenter leur capacité financière et commerciale. Elle est dite « horizontale » lorsqu'elle affecte des entreprises assurant des productions identiques ; c'est, par exemple, le cas du rapprochement de Peugeot et de Citroën en 1974. La concentration « verticale », quant à elle, vise à permettre le contrôle de plusieurs étapes de la fabrication d'un produit et à éliminer les intermédiaires.

La concentration entraîne parfois l'apparition de grands groupes industriels, présents dans plusieurs secteurs d'activité, à l'image de B.S.N.-Gervais-Danone ou de Rhône-Poulenc. Ces groupes constituent le fer de lance de l'industrie française. Ils jouent un rôle considérable dans l'exportation et investissent dans de nombreux pays.

La concentration demeure cependant inférieure à celle que connaissent d'autres pays industriels. C'est ainsi que parmi les 100 premières entreprises mondiales, la France n'en compte que 5, contre 6 pour le Royaume-Uni, 10 pour la R.F.A., 9 pour le Japon et 47 pour les États-Unis. La concentration est aussi inégale selon les secteurs. Dans le domaine industriel, elle est très développée dans les industries de base (sidérurgie, chimie) et dans certaines industries d'équipement (automobile, construction électrique) ; elle est toujours réduite dans le bâtiment, le textile et l'habillement.

Quant aux petites et moyennes entreprises — les P.M.E. —, elles connaissent un renouveau permanent en raison de nombreuses créations, qui ne compensent cependant pas les disparitions, devenues plus nombreuses à la suite de la crise. Les P.M.E. emploient aujourd'hui la moitié des salariés, si l'on inclut les entreprises employant moins de 10 personnes ; mais elles n'assurent pas des investissements et des ventes comparables à ceux des grandes entreprises. Souvent, elles sont spécialisées dans des domaines très particuliers ou servent de sous-traitants aux grandes sociétés.

Un certain nombre d'entreprises françaises relèvent, pour la totalité ou une partie de leur capital, d'un financement d'origine étrangère. C'est le cas de près de 2 200 entreprises industrielles, qui regroupent 18,5 % des effectifs salariés, assurent 26 % des ventes et près de 20 % des investissements. La pénétration étrangère est particulièrement marquée dans l'informatique, la parachimie, les hydrocarbures. Par contre, elle est très faible dans les secteurs traditionnels (textile, habillement, cuir).

Les dix premiers groupes français

Raison sociale	Chiffre d'affaires (en milliards de F, 1984)
Elf-Aquitaine	177,4
Total-Compagnie française des pétroles	158,8
Électricité de France	118,1
Renault	106,9
Peugeot S.A.	91,1
Cie générale d'électricité	74,1
Saint-Gobain	61,3
Thomson	57,2
Rhône-Poulenc	51,2
Shell-France	45,4

Les entreprises à participation étrangère en France

Secteurs	Ventes (en % du total)
Matériel électronique	30,8
Parachimie	53,3
Pétrole et gaz naturel	51,5
Pharmacie	43,6
Construction électrique	23,2
Machines-outils	23,5
Construction navale	17,8
Métallurgie des non ferreux	23
Construction automobile	14,2
Textile	9,5
Ameublement	8,9
Sidérurgie	5,9
Cuir	3,1

L'agriculture : l'or vert de la France

De la ferme à l'exploitation agricole

Après avoir connu durant un siècle un réel immobilisme, favorisé le plus souvent par la classe politique, l'agriculture française a subi un bouleversement spectaculaire depuis la Seconde Guerre mondiale. Ce bouleversement a non seulement affecté les paysages ruraux et les structures de production, mais aussi les hommes et les mentalités.

Le nombre des exploitations a diminué de moitié en 25 ans. Il n'en existe plus aujourd'hui que 1 129 000. Cette concentration des terres a permis d'accroître de plus de 10 ha la taille moyenne des exploitations ; celle-ci a été portée à 23,4 ha, chiffre supérieur à ceux de l'Italie et de la République fédérale d'Allemagne, mais largement inférieur à celui du Royaume-Uni (65,5 ha). De grandes disparités persistent entre les régions ; c'est ainsi que la taille moyenne des exploitations dépasse 50 ha dans le centre et l'est du Bassin parisien, alors qu'elle reste souvent en dessous de 20 ha, voire de 10 ha dans le Sud-Ouest et sur les littoraux méditerranéens, où, il est vrai, bon nombre d'exploitations sont orientées vers des cultures spécialisées.

La concentration des terres s'est accompagnée d'un remodelage des paysages ruraux. Le remembrement, vite étendu après 1950, a touché plus de 12,3 millions d'ha, soit 39 % de la superficie agricole utilisée (S.A.U.). Bien développé dans la moitié nord du pays, surtout en Ile-de-France, en Champagne-Ardenne et en Alsace, il progresse beaucoup plus lentement dans le Sud, tant en raison de la présence de

La structure des exploitations.

Taille des exploitations	Répartition selon le nombre (en %)	Répartition selon la S.A.U. (en %)
1 à 5 ha	20,5	2,1
5 à 10 ha	14,4	4,1
10 à 20 ha	21,1	12,2
20 à 50 ha	30,4	38,0
plus de 50 ha	13,6	43,6

nombreux vignobles que de la méfiance du monde paysan. Dans la France de l'Ouest, ce remembrement s'est souvent accompagné du recul du bocage.

La concentration des terres a été favorisée par l'État, soucieux de promouvoir l'apparition d'exploitations rentables et dynamiques. C'est ainsi que des indemnités viagères de départ sont accordées depuis 1963 aux agriculteurs âgés qui cèdent leur exploitation. Plus de 620 000 personnes en ont bénéficié à ce jour, libérant 10 millions d'hectares, surtout dans l'Ouest et le Sud-Ouest. Par ailleurs, des aides sont accordées aux jeunes exploitants qui s'installent (dotation aux jeunes agriculteurs). L'État encourage aussi l'association entre les exploitants, sous la forme de groupements agricoles d'exploitation en commun (G.A.E.C.), qui ont connu un réel succès en Bretagne, mais qui restent souvent limités au cadre familial (association entre frères ou père et fils). Enfin, le remodelage des exploitations a été facilité par les sociétés d'aménagement foncier et d'établissement rural (S.A.F.E.R.) qui, bénéficiant d'un droit de préemption, achètent des terres, modernisent les structures et les revendent à des agriculteurs pour agrandissement de leur exploitation ou pour une nouvelle installation.

Le faire-valoir direct reste le mode d'exploitation le plus répandu (50,1 % de la S.A.U.), notamment dans le sud-ouest, le centre-est et l'est du pays. Il devance de peu le fermage (48,8 % de la S. A. U.) qui a rapidement progressé depuis la guerre à la faveur de la montée du prix des terres. Ce dernier a été multiplié par trois depuis 1950, en dépit des périodes de baisse relative. Faire-valoir direct et fermage sont le plus souvent associés au sein d'une même exploitation, un agriculteur louant des terres pour accroître la superficie de celles qu'il possède. Quant au métayage, il n'est plus qu'une survivance ; couvrant 1,1 % de la S.A.U., il ne subsiste plus que dans quelques régions comme la Mayenne, l'Allier, les Landes ou le Var.

Plus vastes, les exploitations sont aussi mieux équipées. La révolution du tracteur a gagné tout le territoire en moins de 30 ans. Le nombre d'engins est passé de 44 000 en 1946 à 1 515 000 en 1984, à la faveur de l'importation massive de matériel américain, puis de l'apparition de constructeurs sur le sol national, tel Renault. Trois exploitations sur quatre possèdent actuellement un tracteur, certaines en rassemblant plusieurs, ce qui traduit parfois un suréquipement. A ces engins de plus en plus puissants (27 % font plus de 55 CV) s'ajoutent les moissonneuses-batteuses (114 000), les machines à traire (400 000), les arracheuses de pommes de terre et de betteraves et les machines à vendanger (3 000). Les progrès de la mécanisation et de la robotisation permettent l'apparition incessante de nouveaux matériels, comme ceux destinés à la taille de la vigne ou au ramassage des fruits.

1) exploitation du domaine agricole par le propriétaire lui-m.

2) mode d'exploitation agricole par FERME - C.O.D. Louer ses terres à ggu qui les exploitent.

mode d'exploitation agricole. louage de la propriété à un métayer qui s'engage à le cultiver sous condition iou partager les fruits et les récoltes avec le propriétaire.

Les vendanges mécaniques.

Cette mécanisation a permis d'accélérer et de rendre moins pénibles les travaux agricoles. Elle a aussi conduit à la disparition des animaux de trait et à une diminution accélérée de la main-d'œuvre. L'agriculture n'emploie plus actuellement que 1 800 000 personnes, soit 8 % des actifs, contre 27 % en 1954, ce qui traduit un départ de la terre toutes les 7 minutes durant ces 30 dernières années. Ce sont les salariés qui ont été les plus touchés ; ils ne sont plus que 233 000. L'essentiel du travail est fourni par le chef d'exploitation, assisté d'une main-d'œuvre familiale au sein de laquelle les femmes jouent un rôle important, notamment au niveau de l'élevage.

Les progrès de l'agriculture résultent aussi du recours croissant à la chimie. La consommation d'engrais a été multipliée par six depuis 1950 ; elle se porte de plus en plus vers l'utilisation d'engrais composés, essentiellement phosphatés. Cependant, avec une moyenne de 176 kg/ha, la France reste loin des Pays-Bas (331 kg/ha) ou de la R.F.A. (258 kg/ha). L'emploi des pesticides, des insecticides et des produits anticryptogamiques a permis d'éliminer la plupart des maladies et des plantes parasites qui gênaient le développement des cultures.

Dans le même temps, les recherches génétiques ont permis de mettre au point de nouvelles espèces à haut rendement, comme les blés « Étoile de Choisy », puis « Talent » et « Top », ou d'espèces plus résistantes, comme le maïs « I.N.R.A. 238 » qui a permis la diffusion de cette culture sur l'ensemble du territoire. L'élevage a aussi profité de la généralisation du contrôle laitier, de la disparition de la tuberculose et de la fièvre aphteuse, grâce à la vaccination

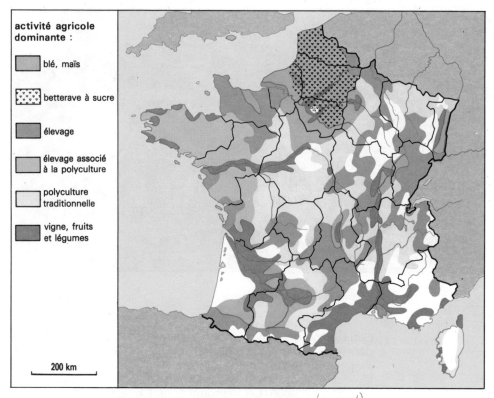

activité agricole dominante :	
▨	blé, maïs
⋮⋮⋮	betterave à sucre
▨	élevage
▨	élevage associé à la polyculture
□	polyculture traditionnelle
▨	vigne, fruits et légumes

200 km

Les régions agricoles françaises. ⌐ (de Capote)

Évolution de quelques rendements, en quintaux/ha.

	1956	1984
Blé	23	65
Orge	25	54
Maïs	29	59
Betterave à sucre	32*	77*

* En valeur de sucre blanc.

préventive, et surtout de l'insémination artificielle qui a permis d'orienter le cheptel vers des espèces plus productives. Les résultats sont spectaculaires. Les rendements de la plupart des cultures ont plus que doublé depuis 1950, permettant l'envolée des productions et une amélioration sensible de la condition des agriculteurs.

Cependant, ce passage d'une agriculture traditionnelle à une agriculture moderne, ou encore de la ferme à une véritable entreprise agricole, disposant d'un important matériel, d'une assistance technique solide fournie par des centres spécialisés, des organisations professionnelles, comme la Fédération nationale des syndicats d'exploitants agricoles (F.N.S.E.A.) et le Centre national des jeunes agriculteurs (C.N.J.A.), ou bien encore par la presse spécialisée, s'est accompagné d'une montée rapide des dépenses.

En effet, les charges d'exploitation, représentées par les salaires et cotisations sociales, le fermage, les intérêts des emprunts et les primes d'assurances ont connu une hausse rapide. Celle des consommations intermédiaires a été encore plus spectaculaire ; elle concerne les engrais, les traitements phytosanitaires, les aliments du bétail et les carburants. Or, dans le même temps, les prix agricoles ont connu des évolutions disparates. Fixés chaque année dans le cadre du

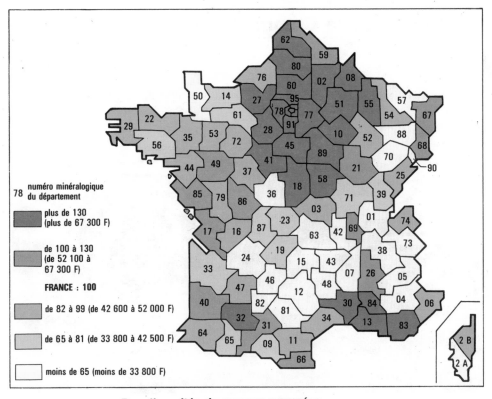

Des disparités de revenus accusées.
Revenu brut moyen par exploitation à temps complet (1983).
Position par rapport à la moyenne nationale.

Marché commun par le Conseil des ministres de l'Agriculture des pays de la C.E.E., ils ont augmenté assez rapidement jusqu'au milieu des années 1970. L'apparition d'excédents structurels de lait, de sucre et de vin, a conduit les ministres à ralentir la progression des prix, puis même à décider au cours des dernières années une baisse des prix garantis. De plus, cette garantie demeure inégalement développée selon les produits ; si les céréaliers et les betteraviers ont largement profité de la « politique agricole commune », les producteurs de fruits et légumes n'ont pas bénéficié d'une protection comparable.

Après une croissance assez régulière durant deux décennies, le revenu agricole connaît une évolution plus heurtée depuis 1973. Pour faire face aux charges nouvelles, les exploitants sont obligés de s'endetter auprès des banques, et plus particulièrement du Crédit agricole qui a joué un rôle décisif dans la modernisation des campagnes en permettant l'acquisition de nouvelles terres ou l'achat de matériel. L'endettement global de l'agriculture dépasse aujourd'hui 180 milliards de francs, ce qui représente plus de deux fois le revenu agricole annuel.

Le grenier de la Communauté

L'or des moissons.

La superficie agricole utilisée s'étend sur 31,5 millions d'hectares et couvre plus de 60 % du territoire. Aucun autre pays européen n'est aussi favorisé par l'étendue des terres fertiles et par les conditions climatiques. La France figure, de ce fait, au 1er rang des pays de la C.E.E., assurant environ 27 % de la production agricole totale.

Les principales productions végétales en 1984.

Blé	32 900 000 t
Orge	11 480 000 t
Maïs	10 320 000 t
Betterave à sucre	26 500 000 t
Pomme de terre	6 200 000 t
Vin	64 470 000 hl

Les céréales fournissent toujours une bonne partie des revenus agricoles et surtout une large part des exportations. Le blé demeure la culture reine. La France figure au 5e rang mondial et sa production a plus que triplé depuis un siècle, bien que la superficie ait diminué de près de 40 %. Présent partout, il privilégie cependant les terres riches du centre du Bassin parisien (Beauce et Brie), la Picardie, le Berry et le Toulousain. Les besoins de l'alimentation animale ont contribué aux progrès de l'orge et du maïs qui ont vu leur superficie augmenter rapidement. L'orge (3e rang mondial) accompagne le blé dans les rotations ; quant au maïs, longtemps limité au Sud-Ouest, il a profité de l'hybridation, de l'essor de l'irrigation et du déficit européen pour gagner le Bassin parisien. Les autres céréales ont décliné. L'avoine est encore cultivée dans les pays de la Loire et en Bourgogne ; le seigle, qui fut durant des siècles la seule céréale panifiable des sols granitiques, provient toujours du Massif central.

Le comtat Venaissin : une agriculture minutieuse.

La betterave à sucre est souvent associée aux céréales. La France en est le 2e producteur mondial, après l'U.R.S.S., et sa culture progresse. Au contraire, celle de la pomme de terre décline, malgré l'ouverture de nouveaux créneaux dans son utilisation par les industries agro-alimentaires.

Les fruits et légumes couvrent près de 300 000 ha et placent la France au 3e rang de la Communauté européenne. La production est concentrée dans les régions méditerranéennes (comtat Venaissin, Roussillon) et sur les sols fertiles des grandes vallées (Loire, Garonne), où se constituent parfois de grandes exploitations spécialisées. A la périphérie des grandes agglomérations, des ceintures maraîchères complètent l'approvisionnement.

* Plantes fournissant d'abondantes protéines. A l'image du soja, elles sont utilisées pour l'alimentation des animaux.

Déficitaire en protéagineux*, la France a développé la culture du colza, surtout au nord de la Loire, mais aussi celle du tournesol dans le Sud-Ouest, y ajoutant plus récemment le soja en Midi-Pyrénées et dans le couloir rhodanien.

La France est aussi le pays des grands vins. Répandue dès l'époque romaine, la vigne n'a cessé de s'étendre au Moyen Age, sous l'influence de l'Église et des grands seigneurs. Elle finit par couvrir près de 2,5 millions d'hectares en 1875, juste avant que le phylloxéra ne vienne ravager la majeure partie des ceps. Elle s'étend aujourd'hui sur 1,1 million d'hectares, répartis sur 50 départements et entretenus par 430 000 exploitants. Le vignoble est très morcelé, les deux tiers des exploitations ayant moins de 1 ha.

La production, très irrégulière en raison des aléas climatiques, oscille entre 70 et 80 millions d'hectolitres, ce qui place la France au 2ᵉ rang mondial, juste derrière l'Italie, et loin devant l'Espagne et l'U.R.S.S.
Les deux tiers de la production sont constitués par des vins de consommation courante, le plus souvent originaires des vignes à haut rendement de la plaine languedocienne. Ces vins, coupés à l'aide de vins italiens, connaissent depuis longtemps de graves difficultés de commercialisation, d'autant que la consommation nationale (89 litres par habitant et par an) a connu un rapide déclin. La présence d'excédents chroniques conduit périodiquement les viticulteurs languedociens à des manifestations brutales.

Les vins de qualité, vins de qualité supérieure (V.D.Q.S.) et surtout vins d'appellation d'origine contrôlée (A.O.C.), proviennent de vignobles plus limités, comme ceux de Champagne, du val de Loire, du Bordelais, de Bourgogne ou de la vallée du Rhône.

D'autres vignobles, comme ceux de Cognac et d'Armagnac, livrent essentiellement des produits destinés à la distillation. Certains fournissent aussi du raisin de table, comme le chasselas de Moissac, dans la vallée du Tarn.
Ces vignobles de prestige font l'objet d'un classement rigoureux, qui prend en compte les sols, le climat, les cépages, les rendements, mais aussi les qualités gustatives. L'Institut national des appellations contrôlées veille jalousement sur ces critères. Ainsi, en Bourgogne, on distingue, par ordre croissant de qualité, des appellations régionales (« Bourgogne ») et sous-régionales (« Côtes-de-Beaune »), communales (« Aloxe-Corton »), des climats — ensembles de parcelles très homogènes — et des clos. Certains crus célèbres, tels la Romanée-Conti en Bourgogne ou le château d'Yquem dans le Bordelais, atteignent des prix exceptionnels lors des grandes années.

Des bovins d'abord

L'élevage bovin en montagne.

La France figure aussi en bonne position pour les productions animales, qui représentent aujourd'hui plus de 55 % de la production agricole totale, pourcentage certes en augmentation, mais qui demeure toutefois inférieur à celui de la plupart de ses partenaires européens.

Le cheptel bovin conserve largement le premier rang. Avec 23,5 millions de têtes, il est le plus important de la C.E.E. et se répartit entre plus de 730 000 exploitants. L'élevage est surtout développé dans l'ouest du pays (Normandie, Bretagne, Pays-de-la-Loire et Charentes) où le climat océanique favorise la pousse de l'herbe. Il est aussi présent dans les régions de montagne, et notamment en Franche-Comté et dans les Alpes du nord. Bénéficiant des progrès techniques et d'une sélection plus rigoureuse, il a été progressivement orienté vers les races les plus performantes, comme la « française-frisonne-pie-noire » pour le lait ou la « charolaise » pour la viande. La production de lait, longtemps favorisée par des débouchés assurés, connaît actuellement un repli dans le cadre de la politique européenne de lutte contre les excédents. La France n'en demeure pas moins le 3e producteur mondial de beurre et le 2e pour les fromages, lesquels contribuent pour une bonne part à la renommée gastronomique du pays. La production de viande augmente également ; elle provient surtout de l'Ouest et du Nord en ce qui concerne les bœufs et les vaches de réforme, de la

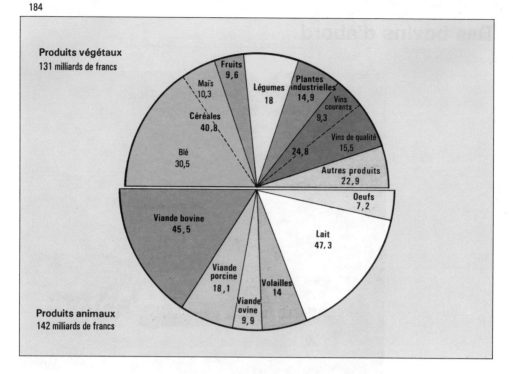

Produits végétaux
131 milliards de francs

Fruits 9,6
Maïs 10,3
Légumes 18
Plantes industrielles 14,9
Céréales 40,8
Vins courants 9,3
Blé 30,5
24,8
Vins de qualité 15,5
Autres produits 22,9
Oeufs 7,2
Viande bovine 45,5
Lait 47,3
Viande porcine 18,1
Volailles 14
Viande ovine 9,9

Produits animaux
142 milliards de francs

Les comptes de l'agriculture française en 1983.

bordure du Massif central et des batteries d'élevage industriel bretonnes en ce qui concerne la viande de veau.

Les productions animales en 1984.

Viande bovine	2 123 000 t
Viande de porc	1 712 000 t
Viande ovine	170 000 t
Viande de volailles	1 252 000 t
Lait	33 000 000 l
Beurre	600 000 t
Fromage	1 210 000 t

Le troupeau porcin (11,4 millions de têtes) reste largement inférieur à celui de la R.F.A., bien que la viande de porc, moins coûteuse, soit aujourd'hui plus consommée que la viande de bœuf. L'élevage familial traditionnel s'efface progressivement devant les grands élevages industriels essentiellement concentrés en Bretagne et dans le Nord.

L'aviculture a connu une évolution semblable. De grandes batteries d'élevage hors sol, utilisant massivement les aliments industriels, sont apparues en Bretagne et dans le Centre-Ouest. A côté subsiste cependant un élevage fermier de qualité, orienté vers des produits plus nobles, comme les foies gras d'Alsace ou du Sud-Ouest, ou encore les poulardes de Bresse.

L'élevage ovin, en déclin prolongé jusqu'en 1970, connaît une reprise depuis cette date. Le troupeau demeure cependant modeste (11,9 millions de têtes), comme d'ailleurs celui des caprins (1,2 million). Il profite d'une demande accrue en viande et en fromages, comme celui de Roquefort. Le troupeau est réparti pour l'essentiel entre quelques régions : les Causses pour la fourniture de lait, les Alpes du sud, spécialisées dans l'élevage des agneaux gras, le Pays basque, la Corse et les « prés-salés » de Bretagne et de Normandie.

Des industries agro-alimentaires performantes

Un élevage moderne.

L'essor de l'agriculture a exercé un effet d'entraînement sur les industries agro-alimentaires qui bénéficiaient dans le même temps de l'urbanisation, de l'augmentation du niveau de vie et de la généralisation de nouvelles formes de conditionnement. Ces industries emploient 610 000 personnes, ce qui les place au 2e rang national, derrière le bâtiment ; elles ont réalisé en 1983 un chiffre d'affaires de 413 milliards de francs et s'avèrent être l'un des fers de lance de notre commerce extérieur. Elles placent la France au 3e rang mondial, derrière les États-Unis et le Royaume-Uni.

Les secteurs les plus développés sont les industries du lait, de la viande, la transformation des céréales et les boissons. La répartition des industries est très diffuse bien que l'Ile-de-France, la Bretagne et le Nord-Pas-de-Calais assurent ensemble près de la moitié du chiffre d'affaires total.

La croissance de cette branche s'est accompagnée d'une rapide concentration des entreprises, soit à l'initiative de grandes coopératives, telles la SODIMA (12,8 milliards de F de chiffres d'affaires en 1984) ou l'Union laitière normande (12,4 milliards de F), ou bien de groupes industriels, tels B.S.N. (27,3 milliards de F) ou Beghin-Say. Ces grandes entreprises sont en concurrence avec les filiales des multinationales étrangères qui ont pour nom Unilever-France (10,8 milliards de F de chiffre d'affaires en 1984) ou Sopad-Nestlé.

Des échanges bénéfiques

Rouen, port céréalier exportateur.

La balance commerciale des produits agro-alimentaires est constamment bénéficiaire depuis 1970. Le bénéfice ne cesse d'augmenter ; il a atteint 29 milliards de francs en 1984.

La France est aujourd'hui le 3e exportateur mondial, derrière les États-Unis et les Pays-Bas. En 1984, les ventes se sont élevées à 138 milliards de francs. Elles sont surtout constituées par des céréales et des produits dérivés (24 %), des boissons et des alcools (17 %), de la viande (12 %) et des produits laitiers (11 %).

Elle est aussi le 5e importateur. Elle achète essentiellement de la viande (16 % des importations), des fruits et des légumes (17 %), des boissons tropicales (12 %) et des oléagineux.

La France effectue une large partie de ses échanges avec ses partenaires de la Communauté. La mise en place de la politique agricole commune en 1962 a permis la suppression des droits de douane, la fixation de prix agricoles communs, mais aussi la mise en place de la préférence communautaire. Cette dernière favorise les échanges intracommunautaires, protège les produits européens de la concurrence mondiale et facilite l'écoulement des excédents. C'est ainsi que l'Italie et la R.F.A. sont nos premiers clients, et que les pays du Benelux et même la R.F.A. viennent en tête de nos fournisseurs. Les échanges extracommunautaires progressent également, qu'il s'agisse d'achats de céréales et de soja aux États-Unis, de fruits tropicaux au Brésil et au Maroc, ou d'exportations de céréales vers la Suisse, l'U.R.S.S. ou les pays en voie de développement.

Circuler en France

La route et le rail face à face

Le réseau routier

En février 1984, las de patienter des heures au passage de la frontière italienne, les routiers français ont bloqué les accès aux stations de sports d'hiver pour contraindre les autorités nationales à faire pression sur le gouvernement italien pour favoriser une simplification des formalités douanières.

La révolte des routiers.

Crozier p. 141
Astérix p. 39

Avec plus de 790 000 km de routes, dont 28 000 km de routes nationales, la France dispose de l'un des réseaux les plus denses et les mieux entretenus du monde. Par contre, elle a longtemps souffert de l'insuffisance de ses infrastructures autoroutières. Aussi, l'État, après 1960, a-t-il financé la construction de nombreuses autoroutes de dégagement autour des grandes villes et confié à des sociétés d'économie mixte le soin de réaliser les liaisons interurbaines, les autorisant à percevoir un péage. Aujourd'hui, le réseau autoroutier dépasse 7 000 km.

● La route assure une part prépondérante du trafic de voyageurs, tant pour les migrations de travail que pour les déplacements touristiques. Le parc de voitures a doublé depuis 1966 et atteint aujourd'hui 20,5 millions d'unités. Il faut y ajouter près de 80 000 autocars et autobus, très actifs dans le cadre des transports urbains, mais aussi, pour les premiers, sur les longues distances.

● Le trafic de marchandises place également la route en tête. Par elle transitent 47 % du trafic intérieur, mais aussi 17 % des importations et 30 % des exportations nationales. Ce transport est effectué par plus de 2 800 000 camions de tonnage varié, répartis entre 21 300 entreprises. Les camions privilégient le transport à moyenne distance de matériaux de construction et de produits alimentaires, mais leur souplesse d'utilisation et le service « porte à porte » leur permettent de diversifier leur clientèle et de concurrencer victorieusement le rail sur des trajets de plus en plus longs, en dépit d'une dépense énergétique supérieure.

Le réseau ferroviaire

● Achevé dès la fin du XIXe siècle, à l'initiative de sociétés privées telles Paris-Lyon-Méditerranée (P.L.M.) ou Paris-Orléans, le réseau ferroviaire français est passé aux mains de l'État en 1937, avec la création de la Société nationale des chemins de fer français (S.N.C.F.). Devenue en 1983 un établissement public industriel et commercial, la S.N.C.F. a conduit une vigoureuse modernisation de ses infrastructures et de son matériel. Le trafic voyageurs progresse continuellement ; en 1984, le réseau grandes lignes a transporté 290 millions de personnes ; plus de 466 millions de voyages ont été effectués par les habitants de la région parisienne. La S.N.C.F. s'efforce d'élargir sa clientèle en multipliant les services (trains autos-couchettes, voitures-cinéma, compartiments familiaux), en pratiquant de multiples réductions tarifaires, mais aussi en jouant sur la desserte des centre-villes et sur la vitesse. C'est ainsi que le train à grande vitesse (T.G.V.) concurrence l'avion entre Paris et Lyon. Son spectaculaire succès a incité la S.N.C.F. à mettre en place une liaison Lille-Lyon et à entamer la construction d'un T.G.V. atlantique en attendant une ligne vers l'Europe du Nord.

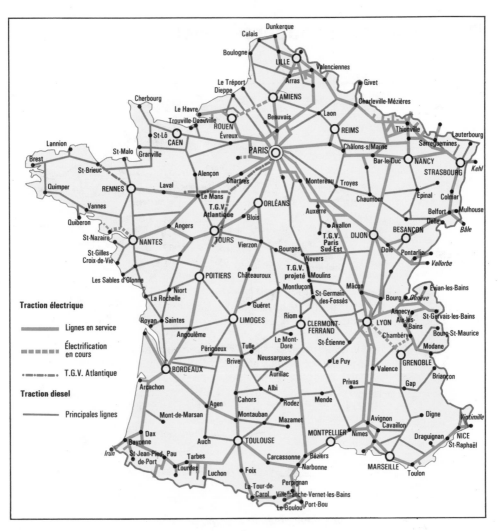

Les voies ferrées en France.

● Les résultats du trafic marchandises sont moins éclatants. Le rail n'assure plus que 33,6 % des échanges intérieurs. Spécialisée dans le transport des produits sidérurgiques, des céréales, des matériaux de construction et des hydrocarbures, la S.N.C.F. tente de diversifier ses fonctions. C'est ainsi qu'elle développe le transport de conteneurs et de remorques routières ou encore effectue la livraison à domicile par l'intermédiaire du Service national de messageries (SERNAM). Ceci n'empêche pas le trafic de marchandises de diminuer depuis plusieurs années, ce qui pèse sur les résultats financiers d'une entreprise devant assurer les lourdes charges d'un service public sans être totalement libre de ses tarifs. La fermeture des lignes les plus déficitaires, l'amélioration de la productivité et la réduction du personnel ne suffisent plus, depuis longtemps, à assurer l'équilibre financier ; il faut recourir à l'aide de l'État.

De la péniche au superpétrolier

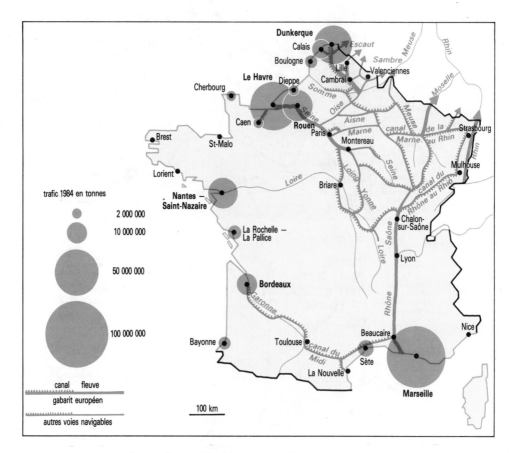

Les voies navigables et le trafic portuaire.

● Pour la *batellerie,* la France fait figure de parent pauvre à côté du Benelux ou de la R.F.A. Si le réseau navigable s'étend sur 8 570 km, il est concentré dans le Nord-Est du pays et juxtapose des artères très disparates. Il n'existe que 1 860 km de voies au gabarit européen, capables d'accueillir des péniches de plus de 1 500 t. En effet, à côté de quelques réalisations récentes comme le canal Dunkerque-Valenciennes, l'aménagement de la Moselle, de l'Escaut et du Rhône, il subsiste bien des canaux vétustes (175 écluses sur les 290 km du canal de la Marne au Rhin) et la liaison à grand gabarit Rhin-Rhône, envisagée depuis 20 ans, n'est pas commencée.

De plus, la flotte batelière, qui compte 5 200 unités, est elle-même très hétérogène. Elle groupe des péniches anciennes, appartenant à des artisans, et des unités modernes appartenant à des entreprises puissantes (Compagnie de navigation

Le port de Marseille.

française rhénane, Shell). Cette flotte n'assure plus que 5,6 % du trafic intérieur de marchandises, avec 9 millions de t/km en 1984, malgré un coût de transport réduit. Les minéraux, les matériaux de construction et les produits pétroliers représentent les deux tiers du trafic. Paris, avec 20,3 millions de t et Strasbourg, avec 10,3 millions de t sont, avec Rouen, les principaux ports fluviaux.

● La *flotte marchande* française, avec 8 945 000 tonneaux de jauge brute [1tjb = 2,8 m^3], se classe au 11e rang mondial. L'avion a provoqué l'irrémédiable déclin des paquebots et limité le transport des passagers aux croisières (Compagnie Paquet) et aux traversées par car-ferries vers la Corse ou les Iles britanniques. Avec 7,7 millions de passagers en 1984, Calais est le premier port de voyageurs. De même, les cargos ont décliné au profit des navires spécialisés : superpétroliers, méthaniers, navires polythermes, porte-conteneurs,... Cinq grands groupes contrôlent 60 % du tonnage. Ils sont publics, comme la Compagnie générale maritime, ou privés, comme Delmas-Vieljeux ou Fabre. 36 % des exportations et 72 % des importations se font par mer. La flotte française est concurrencée par celle des pays de l'Est et par celle des pavillons de complaisance (Liberia, Panama) ; elle n'assure que le tiers de nos échanges.

● Le *trafic des ports* a été affecté par la baisse du trafic pétrolier qui représente plus de la moitié des 272 millions de t embarquées ou débarquées en 1984. Si 70 ports s'égrènent le long de nos trois façades maritimes, six d'entre eux — élevés au rang de ports autonomes — effectuent plus des 4/5 du trafic : Marseille (88 millions de t), le 3e port européen, devance Le Havre (53,9 millions de t), Dunkerque (33,3 millions de t), Nantes-Saint-Nazaire (20,7 millions de t) et Rouen (20,6 millions de t).

L'avion pour tous ?

L'aéroport Charles-de-Gaulle II, à Roissy.

UTA : Union des
Transports Aériens.

• Le *transport aérien* a connu une démocratisation rapide depuis vingt ans, grâce à l'apparition d'appareils gros porteurs (Airbus) et à la multiplication des réductions tarifaires (charters). L'avion n'assure pourtant que 3 % des déplacements interurbains au sein du pays et n'est emprunté que par moins de 10 % des Français.

Air France, créée en 1948, figure au 5e rang mondial pour le trafic international de passagers (12 millions en 1984) et dessert 150 escales réparties entre 75 pays. Elle est secondée par U.T.A., entreprise privée, spécialisée dans le trafic à destination de l'Afrique, de l'Extrême-Orient et du Pacifique Sud (930 000 passagers).

Les liaisons intérieures sont assurées par Air Inter, fondée en 1950 par Air France, la S.N.C.F., U.T.A. et par apport de capitaux privés. Le trafic est passé de 10 000 voyageurs en 1960 à 10 millions en 1984. Les lignes principales sont des radiales centrées sur Paris et desservant le Sud-Est (Marseille, Nice) et le Sud-Ouest (Toulouse, Bordeaux). Des compagnies de troisième niveau, comme Touraine Air Transport (T.A.T.), effectuent la desserte des aéroports secondaires.

• Les *aéroports* parisiens (30,9 millions de passagers en 1984) concentrent la majeure partie du trafic de passagers et les 4/5 du fret et du trafic postal. Ils devancent largement les aéroports de Marseille (4 072 000 passagers), de Nice (3 860 000) et de Lyon (2 850 000).

Énergie : une décennie de progrès

c/. pp.51-60

La quête de l'indépendance

En 1973, lors du premier choc pétrolier, la France produisait moins de 20 % de l'énergie qu'elle consommait ; dix ans plus tard, la production nationale couvre à peu près 40 % des besoins du pays. C'est l'un des progrès les plus considérables enregistrés dans les États ne disposant pas d'importantes ressources pétrolières.

Pourtant, l'amélioration est récente ; jusqu'à la fin des années 70, la consommation a continué à s'accroître, les importations sont restées à un niveau élevé et la dépendance extérieure dépassait 80 %. Depuis le début des années 80, la situation a changé :

● La production s'est nettement accrue, en raison de la mise en service de centrales nucléaires dont la construction avait commencé à partir de 1975.

● La croissance de la consommation s'est ralentie, car d'importants efforts ont été réalisés en matière d'économies d'énergie, tant pour la consommation automobile que pour le chauffage individuel ou collectif. Il faut ajouter à cela que l'industrie, qui consommait 35 % de l'énergie du pays, n'en consomme plus que 25 % aujourd'hui, en raison de progrès technologiques qui ont amélioré le rendement énergétique des installations industrielles, mais aussi parce que l'activité des branches grosses consommatrices, comme la sidérurgie ou l'industrie des ciments, a diminué.

Dans le même temps, la part du pétrole, qui représentait 72 % de la consommation intérieure du pays, a été ramenée à moins de 50 %, l'objectif de moins de 40 % devant être atteint avant la fin de la décennie.

* **Tep :** tonne-équivalent-pétrole.

1973-1984 : évolution du bilan énergétique français (en millions de tep*).

	1973	1979	1983	1984
Production	34,3	37,7	62,6	81,4
Consommation	174,7	185,3	173,7	191,6
Taux d'indépendance	18,9 %	18,3 %	38,2 %	42,5 %

L'évolution du déficit énergétique de la France (en milliards de F).

1973	1974	1975	1976	1977	1978	1979	1980	1981	1982	1983	1984
– 17	– 52	– 47	– 61	– 65	– 62	– 84	–132	–162	–178	–169	–187

Les chiffres indiquent le solde entre les importations et les exportations de produits énergétiques.

	1973	1980	1984
Thermique classique	113	119	58
Nucléaire	14	58	182
Hydraulique	48	70	65

**Évolution de la production électrique en France
(en milliards de kWh).**

En dépit des efforts accomplis, la France doit régler chaque année une lourde facture énergétique : le prix officiel du baril de pétrole qui était de 3 dollars en 1973 est de 27,5 dollars en 1985, après avoir atteint 36 dollars au début de 1981. En 1983, les importations de pétrole ont coûté à la France dix fois plus cher qu'avant le premier choc pétrolier, bien que ses achats extérieurs aient diminué d'une soixantaine de millions de t. La France achète aussi chaque année près de 25 milliards de m³ de gaz naturel, une vingtaine de millions de t de charbon et 6 à 7 000 t d'uranium naturel.

Les importations de pétrole brut (en millions de t).

1973	135
1979	126
1980	110
1981	90
1982	76
1983	69
1984	70

Depuis le premier choc pétrolier, les politiques énergétiques de la France ont toutes eu pour objectifs d'augmenter la production nationale, de réduire la part du pétrole et d'assurer la sécurité des approvisionnements extérieurs.

● Le programme électronucléaire arrêté en 1974 a permis de porter la production nationale de 13 à 182 milliards de kWh, soit l'équivalent de près de 50 millions de tonnes de pétrole.

● La politique de substitution du gaz naturel et du charbon au pétrole a permis de diversifier le bilan énergétique du pays : le pétrole représente désormais moins de 46 % de la consommation d'énergie, devant l'électricité primaire (28 %), le charbon (13 %) et le gaz naturel (13 %).

● Créée en 1982, l'Agence française pour la maîtrise de l'énergie coordonne les recherches en matière d'énergies nouvelles et les programmes d'économies d'énergie. Elle s'est fixée pour objectif d'économiser 30 à 40 millions de tep d'ici à 1990. La production des énergies nouvelles reste encore modeste dans le pays, de l'ordre de 4 millions de tep par an, soit un peu plus de 2 % de la consommation nationale.

● Enfin, la politique d'approvisionnement a assuré une meilleure sécurité face au marché. Des stocks ont été constitués, les fournisseurs de pétrole ont été diversifiés et des contrats de livraison de longue durée ont été signés pour le gaz : en 1981 avec l'U.R.S.S. (25 ans, pour 8 milliards de m³ par an) et en 1982 avec l'Algérie (20 ans, pour 9 milliards de m³ par an).

Production : la prépondérance du nucléaire

Centrales électriques	Puissance (en MW)	Production annuelle moyenne (en millions de kWh)
Centrale marémotrice de la Rance	240	550
Centrale d'éclusée de Chastang	264	470
Centrale au fil de l'eau de Rhinau	161	950
Centrale de lac de Roselend-la-Bathie	522	1 000
Centrale thermique de Bouchain	575	2 000
Centrale thermique de Blénod	1 000	6 000
Centrale nucléaire du Bugey	3 600	24 000

La puissance des centrales électriques.

Évolution de la production d'électricité (en milliards de kWh) :
- 1950 : 33
- 1960 : 72
- 1970 : 140
- 1975 : 178
- 1980 : 247
- 1981 : 264
- 1982 : 266
- 1983 : 284
- 1984 : 305

En 1984, 59 % de la production électrique française est d'origine *nucléaire ;* le parc des centrales compte une quarantaine de réacteurs en fonctionnement, ce qui représente une puissance installée qui dépasse 35 000 MW — la deuxième au monde derrière les États-Unis —, soit 15 % des capacités électronucléaires de la planète. En 1990, une vingtaine de réacteurs supplémentaires, actuellement en construction, seront en fonctionnement. La puissance installée approchera alors 60 000 MW et fournira près des trois quarts de la production électrique totale du pays, qui sera alors de 350 à 400 milliards de kWh par an. En effet, la production des centrales nucléaires est gigantesque par rapport aux centrales classiques, une seule usine fournissant autant d'électricité qu'une vingtaine de grands barrages.

Les *centrales thermiques,* classiques, qui utilisent comme combustible le charbon et le fuel, assurent actuellement un peu moins de 20 % de la production électrique nationale, alors que leur part était de 55 à 60 % il y a dix ans. Elles ne peuvent, en effet, concurrencer le nucléaire dont les puissances installées sont plus fortes et qui fournit un kilowattheure beaucoup moins cher : le coût de production à partir du charbon est 50 % plus élevé, il est plus de deux fois plus fort à partir du fuel. E.D.F. ferme d'ailleurs les unités les plus anciennes : en 1983, deux tranches thermiques classiques ont été « déclassées », six l'ont été en 1984 et dix-sept en 1985.

La *production hydro-électrique* est ancienne en France ; c'est d'ailleurs un Français, Aristide Bergès, qui a produit pour la première fois de l'électricité en équipant, en 1869, le torrent de Lancey près de Grenoble. Aujourd'hui, la production française est la plus importante d'Europe, après la Norvège ;

Centrale nucléaire E.D.F. du Bugey : au premier plan, un réacteur graphite-gaz ; au second plan, quatre réacteurs à eau pressurisée.

Une centrale nucléaire de ce type occupe un emplacement d'environ 200 ha ; 1 500 à 2 000 ouvriers et spécialistes travaillent pendant 5 ou 6 années pour la construire, ce qui représente au total 4 à 5 000 personnes vivant près du chantier. Une fois en service, la centrale occupe environ 250 agents E.D.F. En circuit ouvert, chaque réacteur a besoin de 100 à 200 m³ d'eau par seconde pour être refroidi, mais si la centrale est dotée de tours de réfrigération — comme c'est le cas sur la photographie —, ces quantités peuvent être ramenées de 20 à 40 m³/s. Dans tous les cas, la centrale ne peut être située qu'au bord d'une importante source d'eau, sur les rives d'un fleuve ou sur le littoral. En année pleine, une centrale de 4 × 900 MW produit environ 24 milliards de kWh, soit l'équivalent de la totalité de la production d'un pays comme la Grèce, ou de quoi couvrir les besoins de 5 millions de Français pendant un an. L'un des inconvénients de ces centrales était de ne pouvoir adapter facilement la production d'électricité à la consommation. Depuis 1984, les techniciens français maîtrisent une nouvelle technique qui permet de réduire la production de 30 % en un quart d'heure.

La centrale du Bugey est dotée de réacteurs de la deuxième génération qui ont une puissance de 900 ou 1 300 MW ; mis au point aux États-Unis, ils ont été construits sous licence américaine jusqu'en 1981, mais, depuis cette date, le constructeur français Framatome a la maîtrise totale de la technologie ; il met actuellement au point des réacteurs de 1 500 MW, d'un type nouveau et qui ne doivent rien aux techniques étrangères. Ces centrales, dites P.W.R. (Pressurised Water Reactor — à eau pressurisée), utilisent comme combustible de l'uranium enrichi ; elles ont un bien meilleur rendement énergétique que les anciens réacteurs construits en France entre 1956 et 1969 ; ces derniers fonctionnaient selon les principes de la filière graphite-gaz qui utilisait l'uranium naturel. Cependant, les techniques d'enrichissement de l'uranium sont très complexes et requièrent de lourdes installations industrielles. Jusqu'à la fin des années 70, la France devait acheter son uranium enrichi aux États-Unis et secondairement à l'U.R.S.S., mais, depuis l'ouverture des unités d'enrichissement de l'usine EURODIF du Tricastin (près de Montélimar) entre 1979 et 1982, la France couvre ses propres besoins et ceux de certains clients étrangers.

Les surrégénérateurs, fonctionnant à l'uranium enrichi et au plutonium, constituent la troisième génération des centrales nucléaires. Le premier surrégénérateur de taille industrielle, Superphénix, fonctionne depuis 1985 à Creys-Malville, au bord du Rhône. Sa technologie est beaucoup plus complexe que celle des autres centrales, mais son rendement énergétique est très supérieur.

elle varie de 60 à 70 milliards de kWh selon les années, soit 25 % environ de la production électrique européenne.

Les équipements hydro-électriques varient eux aussi en fonction des sites aménagés :

- En montagne, on trouve des usines de lac qui disposent de vastes réservoirs au temps de remplissage supérieur à 15 jours, et des usines d'éclusée dont les réservoirs, plus petits, se remplissent en moins de deux semaines. Certaines des centrales qui leur sont associées sont dites « de haute chute », quand la chute d'eau est supérieure à 200 m (elles sont alors le plus souvent alimentées par des conduites forcées) ; d'autres sont dites « de moyenne chute » quand la dénivellation est inférieure à 200 m (c'est le cas de la plupart des usines de barrage). De plus en plus, les équipements associent deux réservoirs qui permettent d'installer des usines de pompage : l'eau s'écoule du réservoir supérieur vers le réservoir inférieur pendant le jour, produisant de l'électricité aux moments de forte demande, et elle est ensuite pompée vers l'amont pendant la nuit, à l'aide de l'électricité alors disponible sur le réseau.

1985 : mise en service de la plus grande centrale hydro-électrique de France, l'usine de pompage de Grand-Maison, dans l'Isère (1 800 MW).

- En plaine, on trouve des centrales au fil de l'eau qui équipent les plus grands fleuves comme le Rhône et le Rhin ; elles sont aménagées sur un canal de dérivation qui crée une dénivellation de moins de 20 m et sont dites « de basse chute ». Elles fournissent de l'électricité sans interruption.

- La centrale marémotrice de la Rance, enfin, reste encore la seule au monde à produire de l'électricité à partir des marées océaniques ; elle fonctionne depuis 1966.

La production de *charbon* atteint actuellement 18,5 millions de tonnes ; elle était de 60 millions de tonnes en 1958 et

Les bassins charbonniers français : production en 1984.

Bassins		Production en millions de tonnes	Rendement par mineur et par jour en tonnes
Lorraine		10 579	4 225
Nord—Pas-de-Calais		3 201	1 984
Centre-Midi	Provence	1 501	6 173
	Blanzy	1 156	
	Aquitaine	764	
	Cévennes	554	Moyenne 3 632
	Auvergne	356	
	Dauphiné	325	
	Loire	86	

d'une trentaine de millions de tonnes en 1973. L'emploi au fond qui dépassait 130 000 mineurs en 1960 n'est plus que de 23 000 mineurs aujourd'hui. Le déclin de la production est irrémédiable, car seuls quelques bassins, comme celui de Lorraine et de Provence, ont des réserves notables et des rendements assez élevés. En 1983, les aides de l'État et de la Communauté européenne aux Charbonnages ont dépassé 200 F la tonne en moyenne, avec un record de plus de 600 F pour le bassin du Nord. Dans ces conditions, la politique de relance de la production nationale envisagée par le Programme d'indépendance énergétique (octobre 1981) s'est avérée impossible, compte tenu des coûts prohibitifs de l'extraction dans nombre de houillères du pays. La politique énergétique définie en juillet 1983 envisage une production de 10 à 12 millions de tonnes en 1990 avec, à terme, la fin de l'extraction dans le bassin du Nord, où l'activité charbonnière avait commencé en 1720.

Évolution de la production de charbon (en millions de t) :
1950 : 53
1958 : 60
1970 : 40
1980 : 21
1984 : 19

La prospection des *hydrocarbures,* qui s'est intensifiée ces dernières années, tant sur terre qu'au large des côtes, n'a pas permis de mettre au jour d'importantes ressources de pétrole ou de gaz : l'Aquitaine et le bassin parisien restent les deux seules régions productrices du pays.

● La production de pétrole, qui avait atteint 3 millions de tonnes vers 1965, était retombée à 1 million en 1975, du fait de l'épuisement du gisement de Parentis. Elle est en hausse et dépasse 2 millions de tonnes en 1984, niveau qui devrait se maintenir et même s'accroître ces prochaines années, car trois gisements récemment découverts prendront le relais des plus anciens : Chaunoy et Villeperdue en Brie, ainsi que Lagrave dans le Sud-Ouest ; ils devraient produire, à terme, entre 300 000 et 500 000 tonnes chacun par an.

● Les gisements de *gaz* de Lacq et de Saint-Marcet, exploités depuis les années 50, fournissent encore plus de 6 milliards de m^3 par an ; cependant, la production est en baisse et devrait s'éteindre vers la fin du siècle si d'importantes découvertes ne sont pas faites d'ici là.

En matière d'*énergies nouvelles,* les résultats sont encourageants, mais la part de celles-ci dans le bilan final est moins importante qu'on ne l'escomptait après le premier choc pétrolier.
● La géothermie permet de chauffer environ 200 000 logements, surtout dans la région parisienne et le Sud-Ouest.
● Dans 500 000 logements environ sont installés des équipements solaires pour le chauffage d'appoint ; la centrale solaire de Targassonne, d'une puissance de 2 MW, a été couplée au réseau en 1983.

A cela s'ajoutent le développement local des fermenteurs biologiques, des éoliennes, le recours partiel aux carburants végétaux,... Mais, au total, les énergies nouvelles ne fourniront guère que 10 à 15 millions de tep à la fin du siècle, soit 4 à 6 % de la consommation totale d'énergie.

Une nouvelle géographie de l'énergie

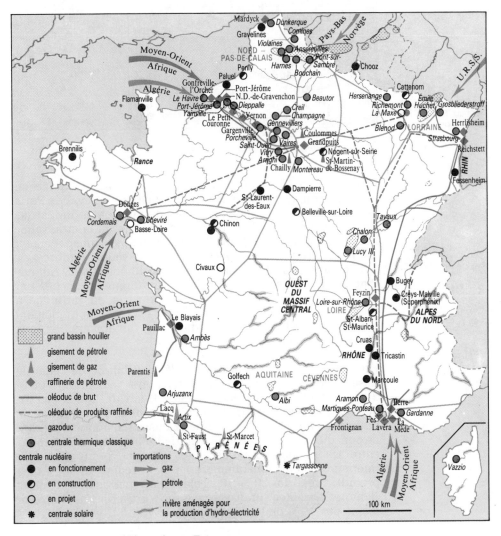

L'énergie en France.

Une *première génération* de régions s'est développée avec les énergies du XIXe siècle : charbon et électricité. Les pays noirs ont fixé l'industrie lourde ; ils furent longtemps les premières régions productrices d'électricité, tout au moins tant que les centrales thermiques au charbon dominaient. Dans le même temps, les montagnes précocement équipées pour l'hydro-électricité, comme les Alpes du nord, ont connu le développement de l'électrochimie et de l'électrométallurgie, foyers d'urbanisation des plus importantes vallées. Une *seconde génération* de régions est issue du boom pétrolier de l'après-guerre. Les ports importateurs des grands

1975 : 169,4 Mt		1985 : 109,6 Mt
dont : Nord	14,5	6,0
basse Seine	55,9	37,0
Ile-de-France	10,1	4,6
Donges	8,3	9,8
Vern-sur-Seiche	1,5	—
Gironde	9,0	4,0
Frontignan*	6,0	5,7
Fos-Étang de Berre	42,7	29,5
Feyzin	8,8	8,8
Alsace	8,1	4,2
Lorraine	4,5	—

* La fermeture de la raffinerie de Frontignan est prévue pour 1986.

Évolution de la capacité de raffinage de la France.

estuaires, basse Seine, Gironde, basse Loire, le Rhône en aval de Lyon, la région marseillaise, la Seine en aval de Paris et la vallée du Rhin se sont dotés de puissantes industries pétrochimiques qui furent l'un des moteurs de la croissance dans les années 60. Dans le même temps, l'aménagement hydro-électrique du Rhône et du Rhin venait renforcer le dynamisme de l'Alsace et de la région Rhône-Alpes. Aujourd'hui, ces grands pôles pétroliers sont durement touchés par la baisse de la consommation. L'industrie du raffinage a fortement réduit son potentiel et s'est géographiquement concentrée ; elle reste cependant en surcapacité, le taux d'utilisation n'étant que de 60-65 %.

Un dense *réseau de transport et de distribution* de l'énergie tisse sa toile sur l'ensemble du territoire : 5 500 km d'oléoducs, 20 000 km de gazoducs, 80 000 km de lignes électriques à haute et très haute tension et plus d'un million de kilomètres de lignes à moyenne et basse tension. L'interconnexion du réseau électrique autorise d'importants échanges entre les régions, dont certaines ont une production très inférieure à leur consommation : si la région Rhône-Alpes produit près de 30 % de l'électricité nationale, d'autres (Poitou-Charentes, Bretagne, basse Normandie) ne couvrent même pas 10 % de leurs besoins.

Le nucléaire est, en la matière, un instrument efficace de rééquilibrage et la mise en service d'un ou deux réacteurs suffit souvent à rendre excédentaire le bilan énergétique d'une ou plusieurs régions.

A la fin du siècle, la France dépendra encore de l'étranger pour la moitié de ses besoins énergétiques. Si le choix nucléaire a permis des progrès décisifs, il a sans doute ralenti les efforts de recherche dans d'autres domaines. A terme, la France va disposer d'importants surplus d'électricité qu'il faudra exporter pour rééquilibrer la balance énergétique : 30 milliards de kWh ont été vendus à nos voisins en 1984, 35 milliards devraient l'être en 1990.

Industrie :
changer pour survivre

La fin d'un âge

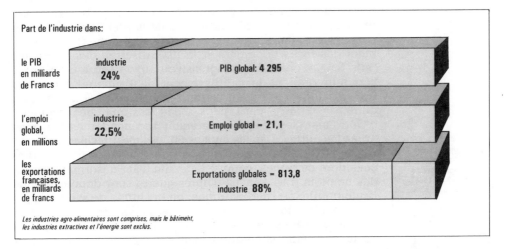

Part de l'industrie dans:

le PIB
en milliards
de Francs — industrie **24%** — PIB global: **4 295**

l'emploi
global,
en millions — industrie **22,5%** — Emploi global = **21,1**

les
exportations
françaises,
en milliards
de francs — Exportations globales = **813,8** industrie **88%**

*Les industries agro-alimentaires sont comprises, mais le bâtiment,
les industries extractives et l'énergie sont exclus.*

Le poids de l'industrie dans l'économie française (en 1984).

Pendant le XIXᵉ siècle et jusqu'au milieu des années 70,
l'industrie a été le moteur de la croissance économique de la
France : elle a créé des millions d'emplois, produit des
quantités accrues de biens, assuré des progrès techniques
considérables, permis la constitution de puissantes régions
urbaines et entraîné le développement d'activités nombreuses dans les commerces et les services.

Cet âge d'or de l'industrie a commencé au XIXᵉ siècle avec le
développement de la sidérurgie à proximité des gisements de
charbon et de fer et de la grande industrie textile dans les
régions de vieille tradition manufacturière, comme le Nord et
la région lyonnaise. Vers la fin du siècle, d'autres industries
apparaissent sur les lieux de production de l'hydro-électricité : industries de l'aluminium, électrochimie, alors que les
branches nées plus tôt poursuivent leur développement. Ces
industries de la première génération ont évolué en permanence ; elles se sont modernisées au gré des progrès techniques, se sont adaptées aux exigences nouvelles des marchés
et ont gagné en productivité. Cependant, jusqu'à la fin de la
Seconde Guerre mondiale, ces activités se développent dans

les gisements –

un cadre protectionniste* : à l'abri des barrières douanières mises en place à partir de 1892, l'industrie française contrôle son marché intérieur et craint peu la concurrence extérieure ; elle dispose, en outre, du vaste débouché de l'empire colonial qu'elle approvisionne en biens d'équipements et en produits manufacturés.

Pendant l'entre-deux-guerres, de nouvelles industries se sont développées : ce sont les industries de la deuxième génération comme la pétrochimie, l'automobile et l'aéronautique qui connaîtront leur plein développement après 1945. En effet, après la Seconde Guerre mondiale, les exigences de la reconstruction nationale, puis la hausse constante et vigoureuse du niveau de vie conduisent à un essor industriel sans précédent. Pourtant, les industries de la première génération connaissent leurs premières graves difficultés ; l'abaissement des tarifs douaniers et la libéralisation des échanges, puis leur suppression progressive dans le cadre du Marché commun révèlent le vieillissement de l'appareil industriel français face à celui de certains concurrents étrangers ; en outre, la France perd peu à peu ses marchés exclusifs d'Outre-mer, les colonies devenant indépendantes les unes après les autres. Dès les années 50, des mesures de restructuration et de relance sont prises pour moderniser des branches dont certaines, comme le textile, vont désormais perdre des emplois. Les années d'après-guerre sont donc celles de l'automobile, de l'aéronautique, de la chimie de synthèse, du matériel électrique, comme les années de la fin du XIXᵉ siècle avaient été celles de la sidérurgie et du textile. Les industries de la deuxième génération vont devenir les moteurs de la croissance et leur essor va participer au développement régional : ne pouvait-on pas alors, d'un coup, provoquer la création de milliers d'emplois dans une ville de province en installant une usine de construction automobile ou en implantant des ateliers de montage de téléphones ou d'appareils électroménagers ?

Des régions jusque-là faiblement industrialisées voient surgir de nouveaux pôles de croissance d'autant que, dans le même temps, des complexes modernes de sidérurgie et de raffinage se développent sur les littoraux, près des ports importateurs de matières premières. Comme beaucoup de ses partenaires occidentaux, la France est en pleine ère industrielle : c'est le temps des industries de masse ; jusqu'au début des années 70, la France crée des emplois industriels et la production globale de ce secteur est multipliée par presque 5 entre 1948 et 1974.

Cette ère est aujourd'hui révolue ; des pans entiers de l'industrie connaissent des difficultés profondes : la sidérurgie et le textile bien sûr, qui n'en finissent pas d'être en crise, mais aussi la construction navale et les industries de la seconde génération, comme l'automobile, qui, touchées à leur tour, perdent désormais des emplois ; d'importantes

Les progrès de la production industrielle dans l'après-guerre (base 100 en 1946).

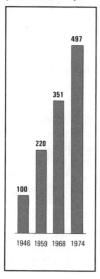

unités de raffinage ont dû être fermées et des fleurons de la mécanique française, comme Creusot-Loire, déposent leur bilan. Depuis 1974, l'industrie française a perdu plus d'un million d'emplois et sa part recule dans la création de la richesse nationale : 30 % de la formation du P.I.B. en 1960, contre 24 % en 1984.

Les raisons de ces bouleversements sont de deux types :

● L'économie française est de plus en plus dépendante de l'extérieur ; elle est ouverte sur le marché mondial, où elle s'approvisionne en matières premières et écoule les produits de son industrie. La hausse de la facture énergétique depuis 1973 (voir page 194) impose au pays une lourde charge financière : le déficit commercial en ce domaine a dépassé 187 milliards de francs en 1984. Il faut donc exporter de plus en plus et conquérir de nouveaux marchés pour limiter au maximum le déséquilibre de nos échanges, le déficit extérieur étant un facteur important de nos difficultés.

● Or, dans le cadre d'une économie ouverte sur le monde, la concurrence étrangère est aiguë. Concurrence des nouveaux pays industriels d'abord, comme la Corée du Sud, la Malaisie, voire la Tunisie, qui livrent une production de qualité et de masse, à des prix très avantageux pour le consommateur, car ils disposent d'une main-d'œuvre payée beaucoup moins cher (parfois 10 fois moins) que la main-d'œuvre équivalente en France. Concurrence de grands pays industriels aussi, qui, tels le Japon ou la République fédérale d'Allemagne, réalisent de meilleures performances moyennes que la France en matière de technologie, de productivité et de vente de leurs produits.

Dans ces conditions, l'industrie française livre en permanence un combat difficile. Il faut, dans le même temps, sauvegarder au maximum les branches les plus menacées, comme la sidérurgie et le textile, en se spécialisant dans les productions les plus performantes, redresser la situation des activités touchées par des difficultés récentes, l'automobile par exemple, et conserver une avance âprement disputée dans les domaines où une position de leader a été atteinte : aéronautique, armements, industries électronucléaires,... Ces modernisations, nécessaires, sont souvent chèrement payées, et la rationalisation des productions s'accompagne en général de la mise en place de systèmes automatisés, voire de robots et, donc, d'une baisse des effectifs de la main-d'œuvre employée. Depuis 10 ans, l'industrie française connaît ainsi des métamorphoses qui sont loin d'être achevées ; la France reste la 5e puissance industrielle du monde derrière les États-Unis, le Japon, l'U.R.S.S. et l'Allemagne fédérale, et ce n'est qu'au prix d'efforts incessants qu'elle peut se maintenir à ce niveau.

La crise industrielle s'est traduite fortement sur le plan régional. Les régions les plus anciennement industrialisées ont perdu des emplois, d'autant plus massivement que leurs

Évolution de l'emploi industriel sur 10 ans (en milliers).

5832

4790

1974   1984

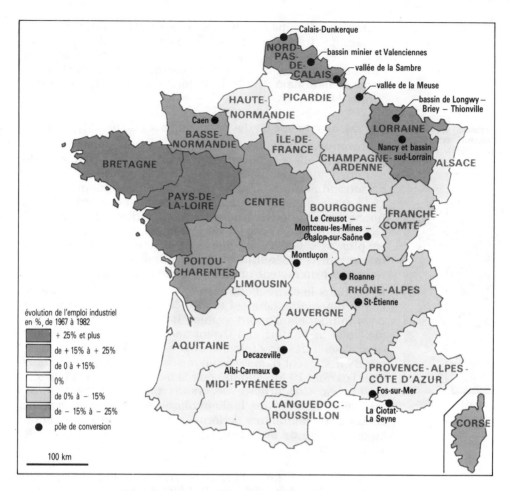

Caen ●
Calais-Dunkerque
bassin minier et Valenciennes
vallée de la Sambre
vallée de la Meuse
bassin de Longwy – Briey – Thionville
Nancy et bassin sud-Lorrain
Le Creusot – Montceau-les-Mines – Chalon-sur-Saône
Montluçon
Roanne
St-Étienne
Decazeville
Albi-Carmaux
Fos-sur-Mer
La Ciotat-La Seyne

NORD-PAS-DE-CALAIS
HAUTE-NORMANDIE
PICARDIE
LORRAINE
BASSE-NORMANDIE
ÎLE-DE-FRANCE
CHAMPAGNE-ARDENNE
ALSACE
BRETAGNE
PAYS-DE-LA-LOIRE
CENTRE
BOURGOGNE
FRANCHE-COMTÉ
POITOU-CHARENTES
LIMOUSIN
RHÔNE-ALPES
AUVERGNE
AQUITAINE
PROVENCE-ALPES-CÔTE D'AZUR
MIDI-PYRÉNÉES
LANGUEDOC-ROUSSILLON
CORSE

évolution de l'emploi industriel
en %, de 1967 à 1982
■ + 25% et plus
■ de + 15% à + 25%
□ de 0 à +15%
□ 0%
■ de 0% à − 15%
■ de − 15% à − 25%
● pôle de conversion

100 km

Les régions face à la crise industrielle.
Évolution de l'emploi industriel e %, de 1967 à 1982.

activités étaient fondées sur le textile et la sidérurgie (Nord et Lorraine). Les régions de l'Ouest et du Sud, très dynamiques et fortes créatrices d'emplois jusqu'au milieu des années 70, ont vu leur élan industriel brisé depuis.

La D.A.T.A.R. (Délégation à l'aménagement du territoire et à l'action régionale) poursuit actuellement son aide globale à l'investissement et à la création d'emplois dans le pays, mais elle a dû réorienter sa stratégie pour mieux répondre aux réalités locales. En 1984, 15 pôles de conversion ont été définis dans le pays ; ils correspondent chacun à un bassin d'emploi qui connaît une situation particulièrement difficile et qui a besoin de solutions propres pour se reconvertir. Entre 1984 et 1987, l'État, les entreprises et divers organismes publics vont engager 3,5 milliards de francs pour améliorer les infrastructures, développer la formation professionnelle et aider la création d'entreprises dans ces zones défavorisées : 10 000 emplois nouveaux sont ainsi attendus.

La modernisation industrielle

Le IXe Plan (1984-1988) retient comme priorité la modernisation de l'industrie, avec trois objectifs principaux :

● moderniser les industries de base ;

● renforcer les industries de transformation pour les rendre plus compétitives ;

● développer des activités nouvelles, industries de la troisième génération, qui seront les branches motrices dans l'avenir.

Les principaux intervenants dans ce processus de longue haleine sont l'État, les entreprises et les salariés. L'État donne les impulsions déterminantes, grâce au secteur nationalisé dont il contrôle les grandes orientations. Il aide et oriente l'initiative des entrepreneurs privés qui peut seule permettre à la rénovation industrielle de se diffuser ; enfin, il met en œuvre les mesures qui permettront d'assurer, avec le minimum de dégâts, les suppressions d'emplois inévitables (voir page 136) et de recycler les travailleurs licenciés qui doivent changer de profession.

Pendant les années 1970, la restructuration industrielle s'est opérée sous des formes diverses :

● programmes publics d'investissement dans certaines branches : télécommunications, aérospatiale, électronucléaire, électronique professionnelle,... ;

● plans de sauvetage des industries sinistrées (sidérurgie, construction navale,...) ;

● plans de développement des industries dites stratégiques (machines-outils, composants électroniques, robotique,...).

Le financement de la modernisation se faisait par des canaux complexes et variés : I.D.I.*, F.S.A.I.*, C.I.A.S.I.*, C.O.D.I.S.*,... La majorité socialiste, arrivée au pouvoir en 1981, a voulu se donner de nouveaux moyens d'intervention, sans pour autant renier toutes les orientations prises auparavant. Sa politique industrielle comporte deux pivots :

● Extension du secteur nationalisé, afin de disposer d'un puissant levier d'intervention dans la vie industrielle du pays.

● Orientation de l'épargne privée vers l'industrie : à la fin de 1983, ont été créés les C.O.D.E.V.I.*, auxquels peuvent souscrire tous les particuliers. Leur succès a été immédiat ; les capitaux qu'ils drainent servent à alimenter un Fonds industriel de modernisation, lui aussi créé en 1983, et qui finance le développement et la modernisation des entreprises : les petits épargnants participent donc à l'effort de restructuration.

Nous allons maintenant observer comment se manifeste la restructuration dans quelques industries françaises.

* **I.D.I. :**
Institut de développement industriel.
* **F.S.A.I. :**
Fonds spécial d'adaptation industrielle.
* **C.I.A.S.I. :**
Comité interministériel pour l'aménagement des structures industrielles.
* **C.O.D.I.S. :**
Comité pour le développement des industries stratégiques.
* **C.O.D.E.V.I. :**
Compte pour le développement industriel (fonds collectés : 63 milliards de F au 1-01-1985).

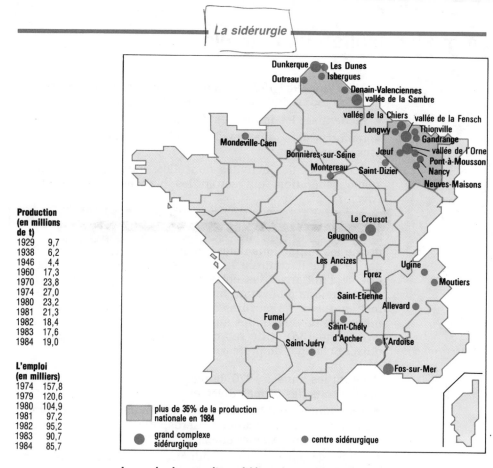

Production (en millions de t)	
1929	9,7
1938	6,2
1946	4,4
1960	17,3
1970	23,8
1974	27,0
1980	23,2
1981	21,3
1982	18,4
1983	17,6
1984	19,0

L'emploi (en milliers)	
1974	157,8
1979	120,6
1980	104,9
1981	97,2
1982	95,2
1983	90,7
1984	85,7

Les principaux sites sidérurgiques de France.

En dix ans, la production française d'acier a diminué de 8 millions de tonnes ; la sidérurgie a perdu 72 000 emplois, soit près de la moitié de ses effectifs, et elle a englouti plus de 100 milliards de F en aides et subventions diverses. Les années 60 avaient pourtant été une période d'euphorie : l'État investissait massivement et les entreprises s'endettaient pour développer de nouvelles capacités de production sur les littoraux ; ainsi ont été mis en service des complexes ultra-modernes à Dunkerque et à Fos-sur-Mer. Mais, dans le même temps, l'appareil de production était insuffisamment modernisé dans les vieux sites de l'intérieur. Parallèlement, les entreprises sidérurgiques se sont concentrées pour aboutir à la formation de deux grands groupes : USINOR et SACILOR.

La production a culminé en 1974. Quatre ans après, la sidérurgie était véritablement en faillite, les débouchés se contractant avec la crise et la concurrence de nouveaux producteurs se faisant durement sentir. Les plans se sont succédé : plan acier et plan Davignon de restructuration de la sidérurgie européenne en 1977, plan de sauvetage de la sidérurgie en 1978, jusqu'au plan de mars 1984 qui prévoit 20 à 25 000 suppressions d'emplois sur quatre ans, la fermeture de plusieurs sites (Rombas, usine d'aciers spéciaux de Fos) et l'investissement de 40 milliards de F à l'échéance de 1987 pour moderniser l'appareil de production des autres sites.

En 1985, le bilan reste inégal ; la productivité a fortement augmenté et la sidérurgie fournit des produits de qualité qui s'exportent bien : en 1984, la balance commerciale de ce secteur a été excédentaire de 8 milliards de F et, en 1985, le groupe USINOR a conclu avec l'U.R.S.S. un contrat de livraisons de tubes d'une valeur de 4 milliards de F. Pourtant, USINOR et SACILOR ont encore enregistré un déficit global de 15,7 milliards de F en 1984. La situation est donc loin d'être assainie.

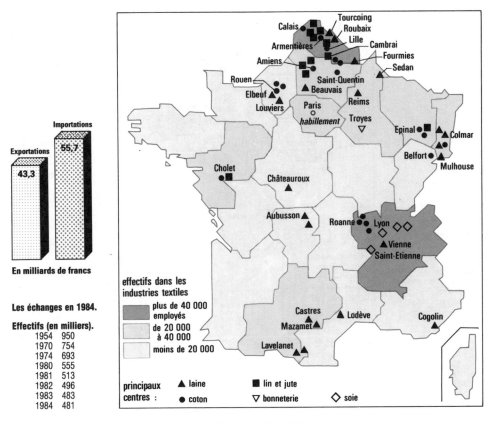

Industries du textile et de l'habillement.

Depuis 1954, les effectifs du textile ont diminué d'environ 50 % et, en un peu moins de 15 ans, la branche a perdu près de 300 000 emplois. Le textile reste pourtant une activité importante du pays ; il réalise un chiffre d'affaires annuel de près de 150 milliards de F et garde un poids important dans certaines régions : il est le premier pourvoyeur d'emplois dans le Nord et compte une cinquantaine de milliers de salariés dans la région Rhône-Alpes. C'est une filière très diversifiée qui groupe, en amont, les industries fournissant les produits de base, fils et tissus de laine, de coton, de soie et de fibres synthétiques fabriqués par l'industrie chimique (groupe Rhône-Poulenc en France) et, en aval, les industries de la bonneterie et de la maille (sous-vêtements, chaussettes), et la confection et l'habillement. Une telle diversité s'accompagne d'une faible concentration des entreprises. Les grands groupes sont rares : Prouvost dans la laine, Dolfuss-Mieg et Cie dans le coton, DIM dans la maille et Bidermann dans la confection ; les petites et moyennes entreprises emploient 60 % des effectifs de la branche et réalisent la moitié de son chiffre d'affaires.

La consommation intérieure de produits textiles stagne et le marché est envahi par des articles produits à bas coût dans les pays en développement. En dépit des « accords multifibres » conclus en 1973, 1977 et 1981 par la C.E.E. avec 40 pays fournisseurs, 30 % des slips et du linge de maison, 50 % des pantalons et 80 % des pulls sont importés : la crise est donc profonde, marquée de faillites retentissantes (Boussac, en 1978) et le déficit commercial s'aggrave. Depuis 1982, un plan textile a permis d'alléger les charges de quelque 2 000 entreprises et de stabiliser la situation, mais les mesures d'aide devront s'interrompre fin 1985, à la demande de la C.E.E. qui les juge anticommunautaires. L'embellie observée au cours de ces trois ans pourra-t-elle alors se poursuivre ?

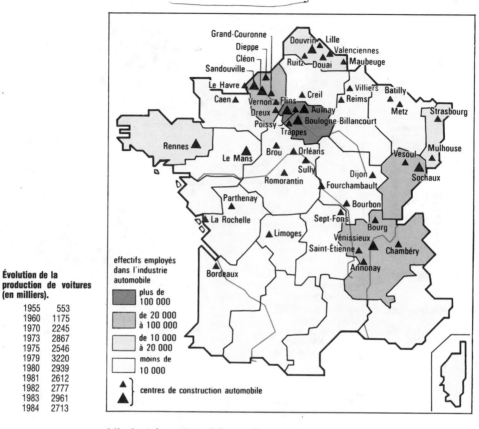

Évolution de la production de voitures (en milliers).

Année	Production
1955	553
1960	1175
1970	2245
1973	2867
1975	2546
1979	3220
1980	2939
1981	2612
1982	2777
1983	2961
1984	2713

L'industrie automobile en France.

La construction automobile reste une industrie pilote en France, en dépit de la baisse récente de la production (500 000 véhicules particuliers de moins en 5 ans) et des effectifs directement employés dans le secteur (environ 100 000 personnes en moins depuis 1970). Elle réalise un chiffre d'affaires annuel d'environ 250 milliards de F et a des répercussions sur de nombreuses activités : en amont, elle est un gros client de la sidérurgie, de la mécanique, des industries de l'aluminium, du verre, du caoutchouc et des matières plastiques ; la baisse de la construction automobile est d'ailleurs durement ressentie par ces branches. En aval, elle fait vivre une multitude d'activités, qui vont du raffinage et de la distribution du carburant aux ateliers de réparation et aux compagnies d'assurances. On estime au total que plus de deux millions de Français travaillent directement ou indirectement pour la filière automobile, soit 10 % des actifs ayant un emploi.

La France est le berceau de l'automobile, avec les grands inventeurs que furent Renault, Panhard, Levassor et de Dion-Bouton. C'est en France que furent organisées les premières courses automobiles et le premier salon international en 1898. Premier constructeur mondial à la fin du xixe et au début du xxe siècle, la France fut rapidement devancée par les États-Unis, puis par les Britanniques et les Allemands, mais continua à donner le jour aux innovations les plus importantes : traction avant à châssis monocoque en 1934, DS à suspension hydropneumatique en 1954 ; c'est Citroën qui fut ainsi le père de la voiture moderne.

Aujourd'hui, la France est le 4e constructeur mondial derrière le Japon, les États-Unis et l'Allemagne fédérale. Les deux grands groupes, Renault, devenu régie d'État en 1945 et P.S.A. (Peugeot-Citroën-Talbot), constitué par concentrations successives dans les années 70, sont respectivement les 6e et 7e constructeurs mondiaux, avec un chiffre d'affaires de 107 milliards de F en 1984 pour le premier et de 91 milliards de F pour le second. Les deux groupes possèdent plusieurs usines à l'étranger et Renault contrôle le constructeur américain American Motors (Jeep).

	1970	1975	1980	1981	1982	1984
Ensemble du secteur	518 000	503 000	507 000	471 000	465 000	410 000
Construction de véhicules	238 000	261 000	263 000	241 000	239 000	225 000
Fabrication d'équipements	151 000	165 000	174 000	164 000	162 000	155 000

Évolution de l'emploi dans l'automobile.

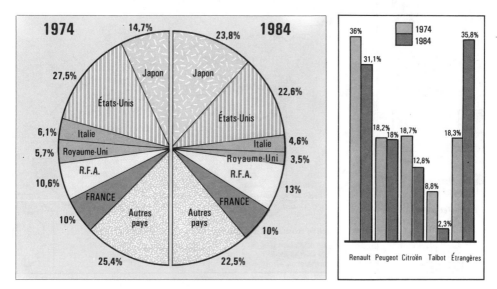

**Part de la France
dans la production mondiale.**

**Le partage
du marché français.**

L'industrie automobile reste le premier poste exportateur du pays : avec 85,3 milliards de F en 1984, elle devance le matériel militaire. Elle a dégagé la même année un excédent commercial de 26,2 milliards de F et se trouve ainsi au 4ᵉ rang des postes bénéficiaires derrière les armements, les céréales et le tourisme.

Entre 1974 et 1984, la France a conservé sa part dans la production mondiale de voitures de tourisme, en dépit des difficultés que connaît le marché en raison de la crise. C'est une performance honorable, mais en retrait de celle de l'Allemagne fédérale, qui a progressé, et surtout de celle du Japon, qui a fait un bond de dix points ! Si la voiture française reste en bonne place sur certains marchés comme l'Afrique et l'Amérique du Sud, elle a régressé en Europe ; ainsi, les livraisons à l'Allemagne ont chuté pratiquement de moitié en 10 ans.

Quant au marché français, il était solidement tenu par les marques nationales qui le fournissaient à plus de 80 %. Cette proportion est aujourd'hui passée à moins de 65 %, les progrès des marques étrangères ayant été spectaculaires ces dernières années. De plus, la demande intérieure a baissé ; elle a atteint son niveau record en 1982 avec 2,05 millions d'immatriculations, alors que, deux ans plus tard, les Français n'achetaient que 1,75 million de voitures neuves.

La voiture française est devenue de moins en moins compétitive face à celle des firmes concurrentes, qui ont massivement réduit leurs effectifs et beaucoup investi, d'où des gains de productivité considérables depuis 1980.

Les Américains, en retard dans ce domaine pendant les années 70, ont rapidement réagi ; ils ont gagné des parts sur le marché européen et préparent avec les Japonais la voiture de l'an 2000. Dans ces conditions, la bataille sera rude ; Renault a enregistré 12,5 milliards de pertes en 1984 et 50 000 à 70 000 réductions d'emplois sont prévues dans le secteur. L'âge d'or est là aussi terminé, et la restructuration est à l'ordre du jour.

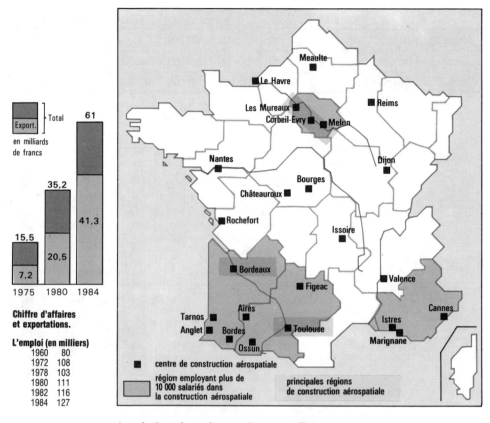

Chiffre d'affaires et exportations.

Export.

Total

en milliards de francs

61

35,2

41,3

15,5

20,5

7,2

1975   1980   1984

L'emploi (en milliers)
1960	80
1972	108
1978	103
1980	111
1982	116
1984	127

■ centre de construction aérospatiale

region employant plus de 10 000 salariés dans la construction aérospatiale

principales régions de construction aérospatiale

Les industries aéronautiques en France.

L'aéronautique n'est pas une industrie récente en France ; elle a tenu son premier salon à Paris en 1909 : quelques pionniers y présentaient leurs machines, dont le Blériot XI qui venait juste de traverser la Manche. Pionnière en ce domaine, la France s'est maintenue au plus haut rang, puisque son aéronautique est la 3ᵉ du monde derrière celle des géants économiques que sont les États-Unis et l'U.R.S.S. : elle propose une gamme complète d'appareils : hélicoptères de toutes sortes, jets privés, gros porteurs, avions d'interception et de bombardement, capables de rivaliser avec les meilleures productions américaines. Concorde, qui fut un échec commercial, n'en a pas moins été une merveille technologique qui a permis d'accomplir des progrès considérables.

La région parisienne est le premier pôle aéronautique français, avec une cinquantaine de milliers d'emplois, mais cette activité est aussi le fleuron industriel du Midi de la France : l'Aquitaine, la région toulousaine et la Provence groupent près de 40 % des salariés. La main-d'œuvre de l'aéronautique est caractéristique des industries de pointe : 20 % des salariés sont cadres et ingénieurs, 40 % sont techniciens, le personnel ouvrier étant lui-même hautement qualifié. L'État est le seul patron de l'industrie aéronautique : la S.N.I.A.S. (Société nationale des industries aérospatiales) et la S.N.E.C.M.A. (Société nationale d'étude et de construction des moteurs d'avion) sont nationalisées et les avions Marcel Dassault sont contrôlés à 51 % depuis 1981.

Par rapport à de nombreuses autres branches, la situation de l'aéronautique est enviable : c'est l'un des rares domaines où l'emploi salarié a augmenté récemment, après avoir fléchi au début de la crise. Cependant, la lutte est rude, surtout face aux Américains, et ce n'est que grâce à des progrès constants en matière de productivité et de technologie que les Mirage et l'Airbus figurent au hit-parade de nos exportations.

L'industrie de l'avenir

Que sera l'industrie de l'an 2000 ? Elle s'appuiera sur une base triple :

• Les industries de la première et de la seconde générations, modernisées, utilisant de nombreux manipulateurs programmables ou des robots industriels, et avec des effectifs salariés moins nombreux qu'aujourd'hui mais bénéficiant d'une qualification d'ensemble beaucoup plus élevée. Ces bouleversements sont actuellement en cours.

• Un réseau de petites et moyennes industries, performantes et spécialisées, implantées dans des bassins de main-d'œuvre forgés par une longue tradition industrielle et disposant de ce fait d'un savoir-faire leur permettant de bien maîtriser les technologies nouvelles et de s'adapter avec souplesse aux innovations et aux évolutions des marchés.

Télématique : ensemble des techniques et des services qui associent les télécommunications et l'informatique.

Biotechnologies : ensemble des techniques utilisant les réactions biologiques et chimiques à des fins industrielles.

• Des filières nouvelles en cours de développement aujourd'hui : l'électronique, les télécommunications et la télématique*, les biotechnologies*, les industries de l'espace,... On peut y ajouter les activités fondées sur l'exploitation moderne du milieu marin (mise en valeur des ressources énergétiques et minérales) et les industries liées aux formes récentes ou aux utilisations nouvelles de l'énergie.

Ces industries, qui formeront notre univers de demain, auront des caractéristiques communes :

• Une main-d'œuvre très qualifiée et disposant donc d'un niveau de formation élevé ; ses conditions de travail seront plus proches de celles d'un technicien de laboratoire que d'un ouvrier de la grande industrie.

• Une double nature : ces activités relèveront à la fois des fonctions productives de biens que l'on classe aujourd'hui dans le secteur secondaire de l'économie et des tâches créatrices de services ou d'informations qui font habituellement partie du secteur tertiaire ; un nouvel ensemble d'activités va donc apparaître, recoupant les catégories précédentes, que certains appellent déjà le secteur quaternaire.

• Une grande importance de la recherche, qui mobilisera d'importants capitaux et d'immenses ressources intellectuelles. D'un point de vue géographique, il faut s'attendre à un certain bouleversement de la carte industrielle de la France. Ces nouvelles activités n'ont pas les mêmes exigences que la grande industrie en matière de localisation et n'assurent pas une production lourde exigeant d'importants moyens de transport ; elles peuvent donc s'adapter à des sites divers. C'est donc beaucoup plus l'environnement scientifique et culturel, les qualifications de la main-d'œuvre et la qualité de la vie d'une région qui seront retenus comme critères des implantations, ce qui peut permettre une diffusion des industries nouvelles sur le territoire national.

	Chiffre d'affaires (en millions de F)		Emploi (au 1.01.1983)
	1981	1983	
Radio, télévision	5 984	5 600	13 312
Électro-acoustique	672	1 100	4 068
Électronique grand public	**6 656**	**6 700**	**17 380**
Composants actifs	5 891	6 900	18 710
Composants passifs	8 319	8 200	33 651
Composants électroniques	**14 210**	**15 100**	**52 361**
Matériel de mesure, contrôle, régulation	5 290	5 700	19 191
Matériel médical	1 366	1 100	6 027
Matériel professionnel	23 170	25 000	56 301
Télécommunications	18 440	19 000	54 630
Biens d'équipement électroniques	**48 266**	**50 800**	**136 149**
Automatismes	3 645	4 200	10 959
Informatique	32 527	42 000	50 252
Sociétés de services informatiques	13 000	16 000	38 000
Machines de bureau	222	200	1 092
Total filière électronique	**118 526**	**135 000**	**306 193**

Les progrès récents de la filière électronique.

L'électronique est un univers en pleine expansion qui touche à tous les domaines de la vie courante et de la vie professionnelle. Elle a des applications économiques dans des secteurs aussi variés que les fabrications industrielles (robotique), le travail de bureau (bureautique) ou les télécommunications (télématique). Elle suppose la fabrication de circuits de base (composants), d'appareillages divers, mais aussi de programmes adaptés aux diverses utilisations : c'est là l'objet de l'informatique, indispensable associée de l'électronique.

Avec plus de 300 000 emplois, la filière électronique est devenue une branche d'activité importante du pays : on y trouve quelques grandes entreprises comme I.B.M.-France, la Compagnie générale d'électricité (à travers ses filiales Alsthom et Alcatel), Thomson-Brandt, ainsi que Dassault et Matra. La croissance de ce secteur s'accompagne aussi de l'apparition d'une nébuleuse de petites et moyennes entreprises qui produisent des logiciels et vendent des services informatiques.

Aujourd'hui, l'électronique française représente 5 % de la production mondiale et son chiffre d'affaires a progressé en moyenne de 7 % par an entre 1981 et 1984. Les pouvoirs publics ont fait de cette filière une priorité du développement industriel. Le « plan composant » de 1978 a été relayé en 1982 par le « programme d'action filière électronique » qui vise à investir, sur 5 ans, 140 milliards de F dans ce secteur (60 étant apportés par l'État). En 1985, les effets positifs de cet effort se font déjà sentir, mais il reste beaucoup à faire face aux géants japonais et américains. La France importe encore beaucoup d'ordinateurs, des composants et, surtout, l'essentiel de son électronique grand public : le déficit global de la filière a été de 16 milliards de F en 1984.

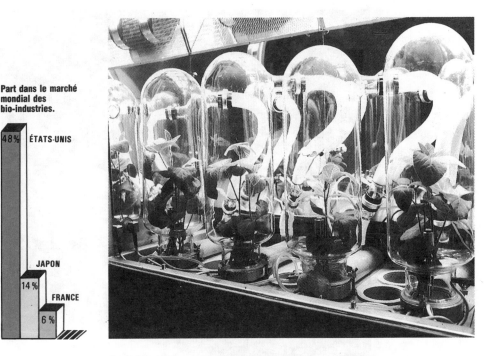

Part dans le marché mondial des bio-industries.

48% ÉTATS-UNIS

JAPON

14 %

FRANCE

6 %

Le laboratoire agro-vétérinaire de Roussel-Uclaf.

Pendant longtemps, on a fait de la biotechnologie sans le savoir. Les fermentations sont en effet à la base de la production de bière, de fromage ou de yaourts dans les industries alimentaires, et d'antibiotiques, de vaccins ou de vitamines dans les industries pharmaceutiques. Les biotechnologies modernes consistent à utiliser les capacités de certains micro-organismes à synthétiser divers produits pour les leur faire fabriquer à l'échelle industrielle où à les faire intervenir dans des processus de transformation intéressant des domaines variés. Ces applications font appel à trois grands domaines de la biochimie :

● Les fermentations : les cultures de micro-organismes naturels permettent de leur faire produire des substances utiles.

● Le génie génétique qui consiste à modifier le patrimoine génétique d'un organisme pour le doter de nouvelles fonctions : synthèse d'une protéine, élimination de déchets,...

● La fusion cellulaire, qui consiste à fusionner deux cellules provenant d'organismes différents pour obtenir un hybride ayant les qualités des deux souches.

Concrètement, ces techniques intéressent des domaines immenses de la vie économique et des activités humaines :

● L'agriculture : création d'espèces nouvelles plus performantes, résistant mieux aux maladies et aux intempéries.

● La santé : mise au point de vaccins, de dérivés sanguins, d'hormones et de protéines rares comme l'insuline et l'interféron, de produits de diagnostic.

● L'alimentation : fabrication de nombreux produits de synthèse entrant dans les préparations de l'industrie alimentaire et de produits servant à la nourriture du bétail.

● L'énergie : production d'alcools et de carburants de synthèse comme l'éthanol.

● L'industrie minière : extraction de métaux par activité bactérienne dans les minerais à faible teneur.

● L'environnement : dépollution de l'air et des eaux, élimination et valorisation des déchets agricoles et urbains.

On ne s'étonnera pas de trouver dans cette filière nouvelle les grands de la chimie comme Rhône-Poulenc, ceux du pétrole comme Elf-Aquitaine, de la pharmacie comme l'Institut Pasteur, Roussel-Uclaf, l'Institut Mérieux, de l'agro-alimentaire comme l'Union laitière normande, Bel ou Limagrain et jusqu'au groupe cimentier Lafarge-Coppée, qui a trouvé là un moyen inattendu de se diversifier.

Les investissements dans ce secteur sont actuellement importants et l'État pratique une politique d'encouragements et d'aide depuis 1978, mais ces industries n'en sont qu'à leurs débuts, avec un appareil de production en train de se constituer et des marchés encore mal définis. Elles sont néanmoins les plus prometteuses des activités de l'avenir ; les leaders mondiaux : les U.S.A. et le Japon, ne s'y sont pas trompés.

L'emploi dans les industries spatiales en Europe (en 1983).

France	7 600
Allemagne	4 900
Royaume-Uni	3 500
Italie	2 350
Espagne	730
Pays-Bas	600
Suède	570

Le satellite Spot de télécommunications.

L'industrie spatiale est encore embryonnaire en Europe : les États-Unis représentent en ce domaine 80 % des productions et des dépenses du monde occidental. Cependant, elle est en développement rapide et remporte de beaux succès. C'est en 1973, alors que des Américains avaient déjà marché sur la Lune, que la France a entraîné ses partenaires européens dans l'aventure d'Ariane. Onze pays ont collaboré à ce projet au sein de l'Agence spatiale européenne (E.S.A.), mais il a été financé à près de 65 % par la France et les maîtres d'œuvre sont la S.N.I.A.S. (Société nationale des industries aérospatiales — usines Ariane à Vernon et aux Mureaux) et le C.N.E.S. (Centre national d'études spatiales — à Toulouse). Par ailleurs, la France compte deux grands constructeurs de satellites : la division aérospatiale de la S.N.I.A.S. et Matra. Elle dispose enfin de programmes purement nationaux comme Telecom 1 et Spot qui vont lui permettre de vendre des services en matière de télécommunications et de télédétection, privilège réservé jusque-là aux États-Unis.

La France a donc la troisième industrie spatiale du monde, derrière celles des États-Unis et de l'U.R.S.S. Ariane a atteint sa maturité : lors de son treizième tir (1985), elle a réussi la mise en orbite d'un satellite pour les pays arabes, Arabsat ; trois générations de lanceurs ont été développées, la quatrième, le lanceur lourd Ariane 4, étant en préparation. Ariane 5 et la navette spatiale Hermès sont programmées pour la décennie 1990. Le carnet de commandes est plein (une trentaine de satellites à mettre en orbite) ; Ariane est devenue un concurrent sérieux de la navette américaine. On estime qu'elle pourrait s'attribuer environ le tiers du marché des satellites des dix ans à venir, soit plus de 30 milliards de F. Les enjeux d'avenir sont importants en ce domaine, d'autant plus que les recherches entreprises en matière spatiale ont des retombées civiles : composants électroniques, matériaux nouveaux,... La dernière née des industries françaises n'a pas encore un gros chiffre d'affaires, mais elle est déjà très performante, ce qui lui laisse espérer un bel avenir.

L'entreprise Angénieux : fiche signalétique (en 1985).
Fondation : en 1935, par Pierre Angénieux.
Localisation : Saint-Héand, près de Saint-Étienne.
Productions : optiques professionnelles et grand public (zooms) ; opto-électronique ; équipements d'éclairage de salles de chirurgie et optique médicale.
Chiffre d'affaires : 120 000 000 F.
Part à l'exportation : 80 %.
Budget recherche : 15 000 000 F.
Effectifs employés : 600.

Présentation d'optiques Angénieux pour la N.A.S.A.

Les meilleures optiques professionnelles du monde sont françaises et équipent les clients les plus prestigieux et les plus exigeants : la N.A.S.A. depuis 1964 (les navettes spatiales ont des objectifs Angénieux), Boeing, Airbus, ainsi que 95 % des caméras de cinéma professionnel et 80 % des caméras de télévision du monde ! Le père de l'entreprise, Pierre Angénieux, invente d'abord le rétrofocus, objectif grand angulaire qui aura beaucoup de succès dans l'après-guerre, puis, en 1956, l'objectif à focale variable que les Américains baptiseront « zoom » ; les performances des zooms Angénieux restent à ce jour inégalées : aucun autre n'a pu atteindre leur luminosité ni leurs possibilités en matière de variation de focale.

Ce quasi-monopole sur le marché est le fruit d'efforts constants en matière de qualité et d'innovation. En 1984, la firme a investi 12 % de son chiffre d'affaires dans la recherche afin de rester au plus haut niveau. Elle a aussi diversifié ses productions et travaille désormais pour l'aéronautique et les télécommunications, ainsi que pour le secteur médical. En 1983, elle s'est lancée dans la fabrication de zooms photo pour le grand public et, la même année, elle est entrée dans Prospace, groupe constitué d'entreprises européennes travaillant dans les industries spatiales.

Ce sont des moyennes entreprises de ce type, à la fois héritières d'un long passé de tradition, de savoir-faire et gardant pour principes directeurs la qualité et l'innovation, qui devront constituer le tissu industriel de demain.

MÉCANIQUE BIOTECHNIQUES GÉNIE BIOLOGIQUE ET MÉDICAL RECHERCHES SUR LE LITTORAL ET SUR LES TRANSPORTS MICRO-ÉLECTRONIQUE (NORD-PAS-DE-CALAIS)

AGRO-ALIMENTAIRE CHIMIE FINE MATÉRIAUX ET TRAITEMENT DE SURFACES

MÉDICAMENTS AGRO-ALIMENTAIRE GÉNIE THERMIQUE PRODUCTIQUE (PICARDIE)

BIOTECHNOLOGIES CHIMIE PRODUCTIQUE

HAUTE-NORMANDIE

BASSE-NORMANDIE

ÎLE-DE-FRANCE

CHAMPAGNE-ARDENNE

ALSACE

CHIMIE MÉDICAMENTS PRODUCTIQUE MÉCANIQUE AGRO-ALIMENTAIRE (LORRAINE)

AGRO-ALIMENTAIRE PHYSIQUE SANTÉ BIOLOGIE (BRETAGNE)

GÉNIE BIOLOGIQUE ET MÉDICAL PRODUCTIQUE MICRO-ÉLECTRONIQUE MATÉRIAUX DE CONSTRUCTION (PAYS DE LA LOIRE)

MATÉRIAUX GÉNIE CIVIL ET BÂTIMENTS GÉNIE BIOLOGIQUE ET MÉDICAL

1er PÔLE FRANÇAIS 35 000 CHERCHEURS 40% DES INSTITUTS ET LABORATOIRES DE LA FRANCE TOUTES LES FILIÈRES NOUVELLES

FRANCHE-COMTÉ

PHYSIQUE DES PARTICULES BIOTECHNOLOGIES CHIMIE FINE PRODUCTIQUE ET MÉCANIQUE AVANCÉE

CENTRE

PRODUCTIQUE MÉDICAMENTS GÉOSCIENCES

BOURGOGNE

AGRO-ALIMENTAIRE GÉNIE BIOLOGIQUE ET MÉDICAL BIOTECHNOLOGIES

GÉNIE BIOLOGIQUE ET MÉDICAL GÉNIE THERMIQUE PRODUCTIQUE MICROÉLECTRONIQUE

CHIMIE OCÉANOGRAPHIE THERMIQUE ET AÉRAULIQUE

LIMOUSIN

AUVERGNE

RHÔNE-ALPES

BIOTECHNOLOGIES CHIMIE FINE GÉNIE BIOLOGIQUE ET MÉDICAL MATÉRIAUX

POITOU-CHARENTES

MICRO-ÉLECTRONIQUE ET COMMUNICATIONS OPTIQUES CÉRAMIQUE

MÉTROLOGIE MATÉRIAUX

AQUITAINE

MATÉRIAUX COMPOSITES PRODUCTIQUE MICRO-ÉLECTRONIQUE

PROVENCE-ALPES-CÔTE D'AZUR

BIOTECHNOLOGIES INFORMATIQUE MICRO-ÉLECTRONIQUE PRODUCTIQUE ESPACE

LANGUEDOC-ROUSSILLON

MATÉRIAUX ROBOTIQUE BIOTECHNOLOGIES CHIMIE FINE MÉTROLOGIE

MIDI-PYRÉNÉES

AGRO-ALIMENTAIRE GÉNIE BIOLOGIQUE ET MÉDICAL MÉDICAMENTS AGRONOMIE MÉDITERRANÉENNE ET TROPICALE

CORSE

Les nouvelles technologies dans les régions françaises.

Les bases de l'industrie du XXIe siècle s'édifient aujourd'hui et la France dispose, pour ce faire, d'immenses ressources humaines, scientifiques et techniques, mais elle doit, en même temps, assurer la croissance des activités de l'avenir et assumer l'héritage du passé. C'est une mutation profonde et difficile, aussi grande que celle qui a accompagné le passage de la société agraire à la société industrielle. Déjà, un peu partout dans les régions françaises, apparaissent autour des universités et des laboratoires de recherche des entreprises, des foyers d'activités nouvelles. On les appelle « technopoles » ; ils sont le signe que des réponses à la crise existent et que, déjà, on prépare le futur.

La montée du tertiaire :
cols blancs et grandes surfaces

Le « boom » des services

Le secteur tertiaire regroupe tous les emplois qui ne dépendent pas de l'agriculture ou de l'industrie. Il présente, de ce fait, une extrême diversité. On distingue généralement les services et les commerces.

Les services répondent d'abord aux besoins de l'État, sous la forme d'administrations publiques chargées des tâches d'intérêt général (éducation, défense, santé,...) ou d'entreprises contrôlées par l'État assurant une large part des transports (Air France, S.N.C.F.). D'autres entreprises, au nombre de 50 000 environ, travaillent pour les entreprises industrielles. C'est le cas des sociétés de gestion, d'ingénierie, des bureaux de dessin industriel, des laboratoires, ou encore des sociétés de restauration collective ou de gardiennage. Les « cols blancs », c'est-à-dire les salariés non attachés directement à la production, ont connu une progression beaucoup plus rapide que celle des ouvriers. En effet, ces derniers sont de plus en plus remplacés par des machines ou des robots, notamment dans l'automobile, alors que les bureaux d'études et de recherche mobilisent un nombre croissant d'ingénieurs et de techniciens hautement qualifiés. D'autres services, enfin, s'adressent aux particuliers. Ils présentent une palette très variée, du coiffeur au médecin, en passant par les restaurateurs, les hôteliers ou les garagistes.

Les services ont connu une véritable explosion depuis la Seconde Guerre mondiale, à la faveur de l'augmentation du niveau de vie, de l'essor industriel et de l'apparition d'une véritable société de consommation. Ce secteur groupe aujourd'hui 11 139 000 actifs, soit 59,1 % du total, contre 36 % en 1950. Il a été durant trois décennies le gros pourvoyeur d'emplois, et notamment d'emplois féminins. En effet, les femmes représentent environ 55 % des personnes employées dans le tertiaire, et leur nombre est beaucoup plus élevé dans certaines branches. C'est ainsi qu'elles représentent 67 % des instituteurs, 75 % des vendeurs et employés du commerce, 84 % des infirmiers et 97 % des sténo-dactylos. Il faut cependant souligner que les femmes n'occupent encore que très rarement les postes les plus élevés de la hiérarchie. Ainsi, la proportion de femmes est nettement plus forte dans l'enseignement primaire que dans l'enseignement supérieur.

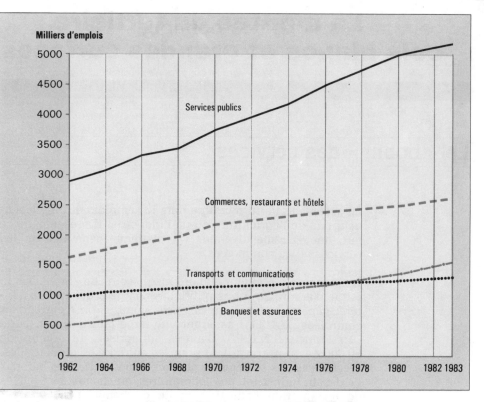

Milliers d'emplois

Services publics

Commerces, restaurants et hôtels

Transports et communications

Banques et assurances

1962 1964 1966 1968 1970 1972 1974 1976 1978 1980 1982 1983

La montée du tertiaire.
Évolution de l'emploi de 1962 à 1983 (en milliers).

Les différentes branches du tertiaire ont connu des évolutions très disparates depuis un quart de siècle. Certaines professions ont rapidement régressé, comme celle de femme de ménage, d'autres ont même pratiquement disparu, comme les bourreliers et les maréchaux-ferrants, victimes de la disparition des chevaux de trait. D'autres, au contraire, ont vu leurs effectifs augmenter rapidement, comme les professions liées au secteur de la santé et des loisirs, créneaux caractéristiques de la société de consommation. De nouveaux métiers sont même apparus, au fil des progrès techniques, comme celui d'informaticien.

Par ailleurs, le secteur tertiaire est très inégalement réparti sur le territoire. Le tertiaire de commandement, représenté par les ministères, les administrations centrales et les sièges sociaux des grandes entreprises, reste largement concentré dans la capitale, en dépit des efforts entrepris dans le domaine de la décentralisation. C'est ainsi que 82 % des entreprises dont le chiffre d'affaires dépasse le milliard de francs ont leur siège social à Paris, contre 2,9 % à Lyon et 1,6 % à Marseille. D'autres services, assurant les besoins quotidiens de la population sont, en revanche, présents sur l'ensemble du territoire : garagistes, marchands de journaux, bureaux de poste,...

Hypermarchés et petites boutiques

Le commerce représente un poids important dans l'économie nationale : 2 520 000 emplois, soit 500 000 de plus qu'en 1962, et 502 000 entreprises. Il a connu un bouleversement considérable au cours des trois dernières décennies, qui s'est traduit par une remise en cause des positions acquises, par une nouvelle conception de la distribution et par un nouveau rapport de forces entre les fournisseurs et les distributeurs. Ce changement de l'appareil commercial résulte surtout de l'urbanisation, de la progression du niveau de vie, de l'essor du travail féminin et du développement de la consommation de masse.

Le bouleversement a d'abord été caractérisé par la généralisation de la pratique du libre-service. Ce dernier est apparu en 1948, à Paris, rue Letort, à l'initiative de la société Goulet-et-Turpin. Il s'est d'abord développé dans les rayons alimentaires des magasins relevant des maisons à succursales et dans les magasins populaires (Prisunic, Uniprix) fondés pour la plupart au début du xxe siècle. Il a ensuite gagné rapidement du terrain à la faveur de l'apparition de nouveaux types d'établissements, s'étendant même aux entrepôts de gros, selon le système du « cash and carry* » qui concerne plus de 350 d'entre eux.

* Prêt à emporter.

L'essor des grandes surfaces.

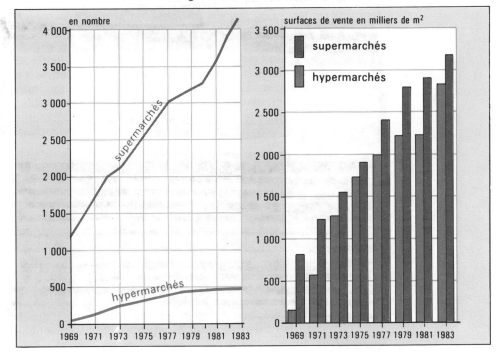

Le groupe Carrefour, né en 1959, est aujourd'hui le deuxième distributeur de France, avec un chiffre d'affaires de près de 40 milliards de F. Il emploie 29 000 personnes et gère en France 57 magasins appartenant à Carrefour S.A. ou à des filiales ; le plus important d'entre eux est situé à Portet, dans la banlieue de Toulouse, avec 24 400 m². Le groupe compte aussi, dans d'autres pays, des filiales qui exploitent 18 magasins en Espagne, 9 au Brésil, 2 en Argentine et 2 en Suisse.

Carrefour, deuxième distributeur de France.

Les magasins à grande surface sont nés en 1958-1959, avec la création des premiers supermarchés par des succursalistes, comme les Docks de France. Situés au cœur des villes, à leur périphérie, et même parfois en milieu rural, ils doivent à l'alimentation une part importante de leur chiffre d'affaires (80 à 90 %). Une course au gigantisme s'engage. En 1963, Carrefour crée le premier hypermarché à Sainte-Geneviève-des-Bois, au sud de Paris. C'est le signal d'un spectaculaire essor pour ces magasins géants que la loi Royer, votée en 1973 pour protéger le petit commerce, n'a pu que freiner et non arrêter.

Ces hypermarchés sont situés à la périphérie des grandes agglomérations. Ils présentent un large assortiment de produits, vendus avec des marges étroites, la faiblesse des marges bénéficiaires étant compensée par une productivité élevée et par l'obtention de bas prix d'achat auprès des fournisseurs, grâce à la création de puissantes centrales d'achat comme Paridoc (Mammouth-Suma) ou la Socadip (Codec, Rallye, Euromarché), mais aussi par le recours à l'informatique, de nouvelles formes de conditionnement des marchandises (préemballages, surgelés) et de nouvelles techniques de manutention (palettes). Ils développent aussi une publicité agressive, basée sur leurs prix concurrentiels, et s'efforcent de créer une ambiance propice à la consommation.

Les magasins à grande surface, au départ essentiellement orientés vers l'alimentation, se sont diversifiés dans d'autres secteurs de la distribution : l'électroménager (Darty), le meuble (Conforama, But), les loisirs (F.N.A.C.) ou encore le bricolage (Castorama) et le jardinage (Clause).

Ces magasins ont parfois servi de « locomotives » pour la création de centres commerciaux (Belle-Épine, Vélizy 2, autour de Paris) établis sur le modèle américain et proposant une large gamme de commerces indépendants, et aussi des services variés : cinémas, banques, restaurants.

Le petit commerce résiste assez bien à cette concurrence. Certes, il n'assure plus que 68 % des ventes contre 98 % en 1966, mais il regroupe encore 600 000 points de vente et emploie à lui seul 2 340 000 personnes. Si l'épicerie de campagne décline, victime de l'exode rural et de la multiplication des automobiles, d'autres commerces, profitant de l'accueil personnalisé, de la souplesse de leurs horaires ou d'une spécialisation bien choisie, manifestent un grand dynamisme. C'est ainsi que bien des épiceries de quartier à Paris, rachetées fréquemment par des commerçants tunisiens ou marocains, restent ouvertes plus de 15 h par jour, dimanches et jours fériés compris. De même, les magasins d'articles de sports, d'appareils photographiques ou les vidéo-clubs, etc., profitent de l'engouement de la clientèle pour les nouveaux loisirs.

Le petit commerce a d'autres atouts. Il mise, par exemple, sur le regroupement en coopératives qui permet, par l'intermédiaire d'une centrale d'achats, d'obtenir des prix plus bas auprès de leurs fournisseurs. Le franchisage, formule venue des États-Unis, associe un fabricant et des détaillants ; ces derniers profitent d'une image de marque, de la publicité, contre une participation financière modeste et l'adoption d'une politique commerciale commune (Pronuptia, Christofle). Enfin, des chaînes volontaires se créent également entre détaillants et grossistes pour l'achat des marchandises et la modernisation des points de vente (Spar, dans l'alimentation, et Catena, dans la quincaillerie).

Une autre forme de distribution, la vente par correspondance, connaît aussi une époque florissante. Inventée en 1885 par E. Mimard, le fondateur de Manufrance, elle est dominée par trois entreprises : La Redoute, Les Trois Suisses et la C.A.M.I.F., coopérative des enseignants. Les commandes se font par courrier (La Redoute reçoit plus de 80 000 commandes par jour), mais aussi par l'intermédiaire de points de vente et, de plus en plus, par téléphone ou encore par Minitel. La vente par correspondance ne réalise encore que 3 % du chiffre d'affaires total du commerce intérieur de détail qui s'élevait à 1 084 milliards de francs en 1983, mais elle assure plus du quart des ventes de couvertures, de linge de maison ou de table.

Les géants de la distribution : chiffre d'affaires en 1984 (en milliards de F).

Centres Leclerc	45,5
Carrefour	39,3
Promodès	26,9
Auchan	18,9
Casino	18,9
Docks de France	16,1
Printemps-Prisunic	15,4
Euromarché	13,6
Nouvelles Galeries	12,8
Galeries Lafayette	11,4

La puissance du système bancaire

La France dispose aujourd'hui du deuxième réseau bancaire mondial, derrière les États-Unis et devant le Japon et le Royaume-Uni. Les banques françaises sont présentes dans 114 pays et quatre d'entre elles se classent parmi les quinze premières. Leur classement serait même beaucoup plus avantageux si les banques américaines ne bénéficiaient pas de la forte hausse du dollar qui surévalue leur bilan.

L'armature bancaire française s'est mise en place sous le Second Empire. C'est alors qu'apparaissent les premières banques de dépôts, comme le Crédit industriel et commercial (1859) et le Crédit lyonnais (1863) ; elles collectent l'épargne des particuliers sur des comptes à vue ou à court terme. A la même époque se constituent les banques d'affaires, créées grâce à l'apport de capitaux familiaux et surtout orientées vers la prise et la gestion de participations financières dans l'industrie.

En 1945, le système bancaire connaît une première vague de nationalisations, qui touche la Banque de France, mais aussi le Crédit lyonnais, la Société générale, le Comptoir d'escompte et la Banque nationale pour le commerce et l'industrie. Ces deux dernières fusionneront en 1966 pour former la Banque nationale de Paris.

Les plus grandes banques : bilan 1984 (en milliards de F).

Banque nationale de Paris	950
Crédit agricole	887
Crédit lyonnais	868
Société générale	836
Paribas	539
Banque française du commerce extérieur	288
Crédit industriel et commercial	268
Compagnie financière de Suez	264

En 1966-1967, le gouvernement atténue la distinction entre banques d'affaires et de dépôts, pour encourager l'investissement dans le secteur industriel ; il décide aussi de supprimer l'autorisation préalable à l'ouverture d'une agence. Ceci entraîne une transformation accélérée du secteur bancaire qui connaît, durant une dizaine d'années, un véritable âge d'or, favorisé par l'expansion économique. Les banques multiplient les agences : c'est la « guerre des guichets ». Les crédits à la consommation et à la construction progressent rapidement et le nombre de titulaires de comptes double en moins de quinze ans. Il en existe aujourd'hui environ 40 millions. Les effectifs des banques augmentent très vite — ceux du Crédit lyonnais, par exemple, doublent entre 1966 et 1973.

En 1981, une nouvelle vague de nationalisations place sous le contrôle de l'État trente-six banques, comme le Crédit du Nord et le Crédit commercial de France, et deux groupes bancaires étroitement mêlés au milieu industriel : la Compagnie financière de Suez et la Compagnie financière de Paris et des Pays-Bas (Paribas). Ces mesures étendent le contrôle de l'État à 90 % des dépôts et à 85 % des crédits distribués.

Depuis 30 ans, le système bancaire français s'internationalise. Les banques se lancent à l'assaut des pays étrangers :

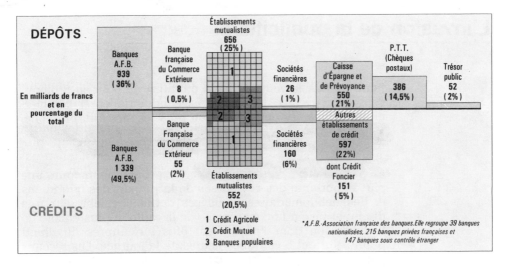

DÉPÔTS	Banques A.F.B. 939 (36%)	Banque française du Commerce Extérieur 8 (0,5%)	Établissements mutualistes 656 (25%)		Sociétés financières 26 (1%)	Caisse d'Épargne et de Prévoyance 550 (21%)	P.T.T. (Chèques postaux) 386 (14,5%)	Trésor public 52 (2%)

En milliards de francs et en pourcentage du total

1 Crédit Agricole
2 Crédit Mutuel
3 Banques populaires

CRÉDITS	Banques A.F.B. 1 339 (49,5%)	Banque Française du Commerce Extérieur 55 (2%)	Établissements mutualistes 552 (20,5%)	Sociétés financières 160 (6%)	Autres établissements de crédit 597 (22%) dont Crédit Foncier 151 (5%)

*A.F.B.-Association française des banques. Elle regroupe 39 banques nationalisées, 215 banques privées françaises et 147 banques sous contrôle étranger

Le système du crédit en France (1983).

de l'Amérique latine d'abord, dans les années 1950, puis du Proche-Orient et des pays arabes après 1970, de l'Asie du Sud-Est après 1975, avant de pénétrer en masse sur le continent américain à partir de 1977.

Dans le même temps, les banques étrangères multiplient leurs succursales en France ; les établissements américains, comme la Citybank, ou anglais, comme la Barclays, jouent un rôle prépondérant. Près de 150 banques étrangères sont aujourd'hui présentes dans l'hexagone.

Depuis quelques années, la crise économique freine l'expansion bancaire. La guerre des guichets, coûteuse en investissements et en personnel, cesse, et le nombre d'agences se stabilise autour de 21 000. L'encadrement du crédit limite l'essor du chiffre d'affaires depuis plusieurs années et réduit les marges bénéficiaires. Par ailleurs, les banques doivent augmenter leurs provisions pour créances douteuses sur des entreprises françaises ou des emprunteurs étrangers.

Les banques connaissent aussi une véritable révolution technologique. La mécanographie avait déjà permis d'accroître la productivité, mais la monétique aura des conséquences encore plus importantes. Elle consiste en moyens de paiement électroniques, sous forme de cartes à mémoire ou de terminaux. Les banques françaises possèdent une incontestable avance en ce domaine. Déjà, plus de 10 millions de personnes possèdent une carte magnétique. Celle-ci sera remplacée par une carte à mémoire qui permettra non seulement de retirer de l'argent, mais aussi de connaître la situation de son compte, de déposer de l'argent ou d'ordonner un virement. Elle contribuera aussi à limiter le nombre de chèques (4,5 milliards en 1984) dont le traitement est coûteux : 2,5 F à 14,5 F selon l'opération.

L'invasion de la publicité

Pour faciliter la vente de leurs produits, ou pour en promouvoir de nouveaux, les entreprises industrielles et commerciales françaises ont de plus en plus recours à la publicité. Celle-ci utilise des techniques sophistiquées : enquêtes, sondages d'opinion, tests, analyses psychologiques, etc.

La publicité est partout présente. Elle constitue toujours une part importante des ressources de la plupart des quotidiens et des hebdomadaires, mais ces derniers voient leur rôle diminuer face à la concurrence de la radio et plus encore de la télévision dont l'impact est plus fort auprès du grand public, surtout à certaines heures de la journée. Les recettes publicitaires représentent d'ailleurs plus de la moitié des budgets des chaînes de télévision.

Les dépenses publicitaires, sans atteindre le niveau qu'elles connaissent aux États-Unis (2 % du P.N.B.) et au Japon, progressent rapidement ; elles dépassent 30 milliards de francs par an. De grandes entreprises spécialisées, comme Publicis, Havas-Conseil ou R.S.C.G., dominent un secteur où des entreprises étrangères, telles Young et Rubicam, sont également présentes. Elles recherchent sans cesse de nouveaux supports, comme l'affichage sur panneaux mobiles véhiculés par des camions dans les grandes villes ou encore les vidéo-clips.

	1968	1983
Presse	77 %	56 %
Radio	9 %	9 %
Télévision	2 %	18 %
Affichage	10 %	15 %
Cinéma	2 %	2 %

Répartition de la publicité entre les supports.

Le coût de la publicité en 1985.

Antenne 2 : 30 secondes entre 20 h 30 et 20 h 45 .... 143 200 F

R.T.L. : 30 secondes en semaine, entre 7 h et 9 h 30   27 700 F

Le Monde : 1 page intérieure .... 76 000 F

L'Express : 1 page intérieure en couleurs ..... 93 500 F

Elle : recto de la couverture couleurs .... 120 000 F

Panneaux 12 m² sur les **Champs-Élysées**, pour 2 semaines .... 25 000 F + éclairage

Panneaux arrière des **autobus parisiens :** 1 semaine (tous véhicules équipables) .... 676 000 F

L'ère du tourisme

La France, berceau du tourisme mondial

Le tourisme a connu en France un développement précoce. Dès la fin du XVIIIe siècle, de jeunes nobles anglais parcouraient déjà notre pays, faisant « the grand tour », expression d'où dérive le mot tourisme. Mais c'est seulement au XIXe siècle que le phénomène prit une réelle ampleur, tout en demeurant limité aux classes aisées, aristocratie et grande bourgeoisie. Ainsi, la cour impériale de Napoléon III se déplaçait-elle entre les stations thermales de Vichy ou Plombières, où l'on « prenait les eaux », et quelques stations balnéaires. Parmi celles-ci, les plus fréquentées étaient celles de Biarritz, « lancée » par l'impératrice Eugénie, d'Arcachon, œuvre des frères Pereire, ou encore de Deauville, réalisée à l'initiative du duc de Morny, demi-frère de Napoléon III. A ces villes s'ajoutaient les stations de la Côte d'Azur où de nombreux étrangers, parmi lesquels des lords anglais et des princes russes, venaient passer l'hiver à l'abri des souffles du mistral. Des trains prestigieux, tels le Train Bleu ou l'Orient-Express, acheminaient cette clientèle venue de toute l'Europe. Ce tourisme de luxe entraîna la construction de grands palaces, comme le Ritz ou le Negresco à Nice, le Carlton à Cannes, mais aussi de nombreux casinos, des terrains de golf et des hippodromes, équipements qui font encore aujourd'hui le bonheur de bien des stations.

C'est aussi au XIXe siècle que le tourisme montagnard apparut. Jacques Balmat et le docteur Paccard avaient réussi l'ascension du mont Blanc en 1786. Leur exploit provoqua très vite l'engouement de nombreux amateurs, français et étrangers, parmi lesquels les Anglais jouèrent un rôle décisif. Le British Alpine Club fut fondé en 1857, le Club alpin français en 1874, et Chamonix devint le rendez-vous de l'alpinisme mondial. Il fallut cependant attendre la fin du siècle pour qu'apparaissent les sports d'hiver. Introduit en France par un grenoblois de retour d'Autriche, Henri Duhamel, le ski se développa d'abord au sein de l'armée, puis élargit sa clientèle à quelques privilégiés. Peu à peu, les stations de montagne, telles Megève et Combloux, ajoutèrent une saison d'hiver à leur saison estivale, et l'organisation des premiers Jeux Olympiques d'hiver à Chamonix, en 1924, consacra l'avènement d'une nouvelle activité sportive.

Déjà amorcée en 1936 avec l'institution des congés payés, la démocratisation du tourisme se confirme après la guerre. La

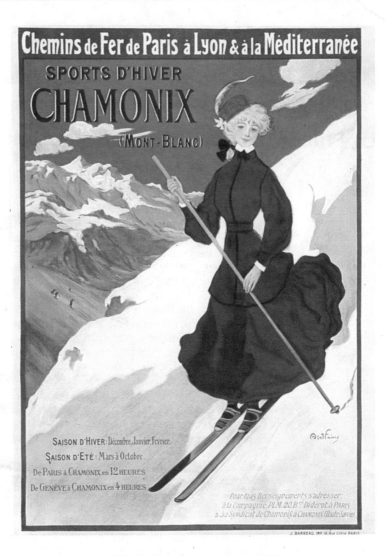

L'invitation au voyage en 1920.

progression du niveau de vie, la diffusion de l'automobile, l'allongement progressif des congés et la multiplication des mesures sociales permettent l'augmentation continuelle des départs et l'expansion géographique du tourisme.

Aujourd'hui, 58 % des Français partent en vacances durant l'année, ce qui situe notre pays dans les premiers rangs mondiaux, juste derrière la Suisse, le Royaume-Uni et les pays scandinaves. Le taux de départ varie cependant en fonction des disparités sociales et du lieu de résidence. Les citadins des grandes villes — et en premier lieu les Parisiens — partent le plus, sans doute pour échapper à un cadre et à un rythme de vie particulièrement oppressifs. Au contraire, les agriculteurs, bénéficiaires d'un meilleur environnement et retenus par leurs obligations professionnelles, ne prennent

Catégories socioprofessionnelles	Taux de départ		
	1964	1974	1982
Exploitants et salariés agricoles	11,9	13,5	22,8
Patrons de l'industrie et du commerce	47,5	55,2	60,4
Cadres supérieurs et professions libérales	86,6	85,9	88,2
Cadres moyens	73,6	79,2	81,2
Employés	62,7	62,4	67,7
Ouvriers	44,3	47,4	55,7
Personnel de service	49,5	52,4	58,7
Autres actifs	67,4	65,9	76,6
Inactifs	31,7	33,5	41,0
Pourcentage total	43,6	50,1	57,8

Évolution du taux de départ en vacances selon la catégorie socioprofessionnelle.

que rarement des vacances. Les départs sont aussi très variables selon l'âge et le revenu, mais les disparités se réduisent progressivement à la faveur du développement du tourisme social. C'est ainsi que les classes de neige ou de nature et les colonies de vacances profitent de l'aide des municipalités et des comités d'entreprise. Les voyages du troisième âge progressent rapidement grâce à la revalorisation des retraites, à l'action des communes ou d'organismes spécialisés ; ils profitent par ailleurs de tarifs « basse saison » avantageux. De même, le développement des « Maisons familiales », des « Villages-Vacances-Famille » et du chèque-vacances permet à des familles plus modestes de partir. Le monde paysan lui-même s'ouvre aux loisirs, grâce à la modernisation de l'agriculture, à l'essor des coopératives et au dynamisme de « Voyages-Conseil », filiale spécialisée du Crédit agricole.

Des départs inégaux selon les régions : taux de départ en vacances en 1983.

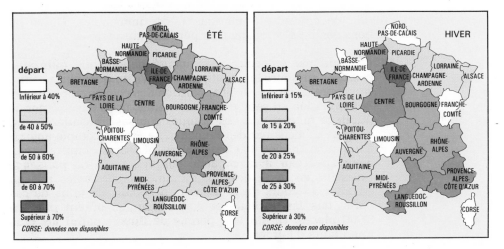

Une terre bénie des dieux

Biarritz, la station reine du Pays basque.

La diversité de ses paysages, la richesse de son histoire, la séduction de sa cuisine confèrent à la France des atouts exceptionnels pour le développement de multiples formes de tourisme.

Le tourisme balnéaire l'emporte toujours, attirant près de 49 % des estivants. Il concerne l'ensemble des littoraux bien que les côtes méditerranéennes et bretonnes concentrent encore une bonne part de la clientèle. Il en résulte une urbanisation linéaire contre laquelle les autorités s'efforcent de lutter, en particulier par l'achat de terrains qu'elles soustraient à la construction et par l'interdiction de bâtir à moins de 100 m du rivage, ce qui interdit désormais l'apparition de nouvelles « marinas », ces immeubles édifiés au bord des flots et jouxtant un port de plaisance.

Au tourisme balnéaire s'est ajouté depuis une quinzaine d'années un tourisme nautique très dynamique, qui a connu son heure de gloire avec l'apparition des coques en plastique, la fabrication en série de petites unités, mais aussi l'énorme publicité faite autour des grandes courses transatlantiques, souvent gagnées par des Français. La France compte aujourd'hui plus de 560 000 bateaux de plaisance, chiffre largement supérieur à la capacité des 900 ports de plaisance existants, en dépit des innombrables programmes mis en chantier au cours de la dernière décennie. Certains de ces ports, tels La Rochelle et Port-Camargue, offrent plus de 3 000 places, ce qui leur permet de figurer parmi les plus importants d'Europe.

La station de sports d'hiver du Corbier, dans les Alpes.

La diversité des montagnes favorise également la pratique de nombreuses activités.

Les chaînes les plus élevées attirent les alpinistes et les skieurs. Ainsi, les Alpes du nord doivent une partie de leur renommée au massif du mont Blanc et aux stations internationales des Arcs, de La Plagne, de Tignes ou de Val-d'Isère. Les Pyrénées, moins bien situées, comptent sur la beauté de leurs paysages (le cirque de Gavarnie, par exemple) et sur l'essor de stations, telles Gourette, Saint-Lary ou La Mongie, qui accueillent, outre la clientèle régionale, de nombreux Espagnols.

Les reliefs moins tourmentés favorisent davantage la pratique du ski de fond, à l'image des stations du Vercors (Autrans), des Vosges (Bussang) et surtout du Jura (Les Rousses). Ce sont aussi des lieux recherchés en été pour le tourisme familial, les randonnées et la pêche, voire la baignade, lorsque les lacs sont bien abrités et situés à faible altitude.

Les montagnes françaises profitent, en outre, de la création de nombreux parcs naturels. Des parcs régionaux d'abord, situés aux portes des grandes agglomérations, auxquelles ils servent de véritables « poumons », comme le parc du Vercors pour Grenoble ou celui du Pilat pour Saint-Étienne. Des parcs nationaux, aussi, plus étendus et plus prestigieux, à l'image de ceux de la Vanoise, créé en 1963, des Pyrénées occidentales, des Cévennes, des Écrins ou du Mercantour.

Les thermes de Vichy.

Avec plus de 1 200 sources classées, réparties entre 120 stations, la France détient le cinquième du potentiel thermal européen. Ses sources présentent une gamme extraordinaire de températures (Chaudes-Aigues : 82 °C) et de composition, ce qui leur confère des vertus thérapeutiques variées. Pourtant, la clientèle demeure modeste (600 000 curistes en 1984), près de trois fois inférieure à celle de l'Italie ou de la R.F.A. C'est que, fort anciennes, les stations françaises n'ont pas toujours su s'adapter à une nouvelle clientèle, en moyenne relativement âgée et souvent peu fortunée. Les hôtels sont anciens, les thermes parfois éloignés des hébergements et l'animation insuffisante. De plus, les remboursements de la Sécurité sociale sont peu élevés.

Un vigoureux effort de rénovation se développe cependant depuis plusieurs années. Des stations, telles Vittel et Vichy, s'efforcent d'attirer une clientèle sportive ; d'autres, comme Ax-les-Thermes et Le Mont-Dore, développent une double saison en profitant de leur environnement montagnard, propice à la pratique du ski ; d'autres encore se regroupent pour promouvoir leur image de marque (La « Chaîne thermale du soleil »).

Depuis une dizaine d'années est apparue une nouvelle concurrence sous la forme de la thalassothérapie, qui compte déjà une vingtaine de centres le long des littoraux, tels Le Touquet, Deauville, Quiberon ou Saint-Raphaël.

Les principales stations thermales françaises (1983).

Stations	Nombre de curistes
Aix-les-Bains	50 150
Dax	51 000
Amélie-les-Bains	33 160
Bagnères-de-Luchon	32 360
Gréoux-les-Bains	25 230
La Bourboule	24 000
Royat	23 960
Balaruc	20 650
Bagnoles-de-l'Orne	16 260

usage thérapeutique des bains de mer, du climat marin.

Azay-le-Rideau, fleuron du val de Loire.

Le tourisme culturel mobilise de nombreux français, mais aussi la plupart des étrangers qui séjournent dans notre pays. La France possède une histoire prestigieuse dont témoignent d'innombrables vestiges, monuments ou musées. La préhistoire revit dans les grottes des Pyrénées comme celles du Mas-d'Azil et, plus encore, dans la vallée de la Vézère, avec Lascaux et Les Eyzies-de-Tayac. La Gaule romaine a multiplié les aqueducs, les thermes, les arènes et les arcs de triomphe, comme à Orange, Arles ou Nîmes. Le Moyen Age fut le temps des forteresses comme celles de Carcassonne ou de Château-Gaillard, mais aussi celui des abbayes (Fontfroide, Jumièges, Le Thoronet), des églises romanes (Poitou, Saint-Sernin de Toulouse) et gothiques (Paris, Reims, Amiens, Strasbourg). La Renaissance a légué les joyaux qui bordent la Loire et qui ont pour nom Azay-le-Rideau, Chenonceaux ou Chambord. Versailles marque l'apogée de la royauté et figure parmi les sites les plus visités de France... loin derrière le centre Georges Pompidou (Beaubourg), témoignage de l'architecture contemporaine, qui approche aujourd'hui les huit millions de visiteurs par an.

Le tourisme culturel est présent dans toutes les régions, d'autant plus que les traditions folkloriques sont souvent bien conservées et qu'elles ajoutent un charme indéniable à la visite de certaines provinces. Paris et la vallée de la Loire concentrent cependant la majeure partie des flux, surtout au niveau du tourisme international.

Les monuments les plus visités de France (1983).

Monuments	nombre d'entrées
Beaubourg	7 700 000
Tour Eiffel	3 500 000
Musée du Louvre	2 877 000
Château de Versailles	2 847 000
Musée d'art moderne	1 600 000
Musée du Jeu de Paume	712 000
Mont-Saint-Michel	570 400
Arc de triomphe	529 000
Notre-Dame de Paris (tours)	501 000
Chambord	418 000
Azay-le-Rideau	275 000

Une grande table parisienne : La Tour d'Argent.

La gastronomie n'est pas le moindre atout du pays. Les produits français ont toujours été recherchés à l'étranger : les Anglais buvaient dès le Moyen Age les vins du Bordelais ; les Néerlandais ont goûté, dès le XVIIIe siècle, les eaux-de-vie de Cognac et les cours impériales ou royales s'arrachaient le concours des meilleurs cuisiniers français (ainsi Escoffier servit-il les grands de ce monde au début du siècle, à Londres).

Si toutes les régions présentent une palette plus ou moins élaborée de mets, quelques-unes cependant méritent une attention particulière. Ainsi en est-il de la région lyonnaise. Elle le doit d'abord à la richesse de ses terroirs : la Bresse fournit les poulardes ; les Dombes, les poissons et le gibier d'eau ; le Dauphiné livre ses fromages, le Charolais, ses viandes, et le Beaujolais (« le troisième fleuve de Lyon ») et la vallée du Rhône fournissent leurs vins. La région lyonnaise bénéficie d'une tradition culinaire, maintenue par les « mères », ces cuisinières habiles des petits bistrots — ou « bouchons » —, et portée au zénith par une poignée de grands chefs, tels les frères Troisgros, Alain Chapel, Paul Bocuse, Georges Blanc ou Fernand Point.

Le Sud-Ouest est aussi une terre de savoir-vivre. Le Périgord doit d'abord sa renommée à ses truffes, à ses foies gras et à ses confits ; le Bordelais possède les crus les plus prestigieux du monde ; les Landes sont réputées pour les oies et les canards, sans oublier le salmis de palombes et la délicieuse tourtière...

L'Alsace, enfin, est une autre région de bonne chère, avec ses vins et ses bières, savourés dans les caveaux et les Winstube, avec les bretzels, les quiches, la choucroute, le munster, les tartes... et le kirsch.

D'hôtels en campings

Le Normandy, à Deauville.

L'hôtellerie connaît une spectaculaire mutation. Les anciens palaces, d'architecture souvent peu fonctionnelle, doivent subir une coûteuse rénovation, être transformés en appartements, ou sont voués à la pioche des démolisseurs. De même, les nombreux hôtels, dits « de préfecture », dispersés sur tout le territoire, voient leur nombre diminuer, soit parce que la relève n'est pas assurée lors du départ à la retraite des propriétaires, soit parce qu'ils obtiennent leur classement dans une catégorie supérieure.

Les hôtels de tourisme sont, quant à eux, divisés en cinq catégories, en fonction de normes très strictes relatives au confort et aux prestations fournies. Ils manifestent une

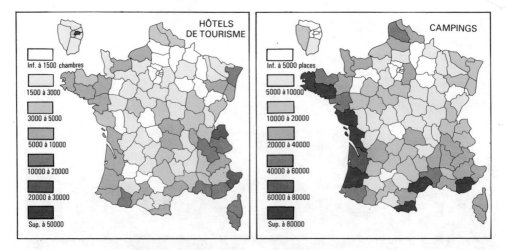

Capacité d'accueil des hôtels et campings en France (1983).

grande vitalité ; celle-ci résulte surtout de l'apparition sur le marché de chaînes hôtelières intégrées, américaines comme Hilton ou Intercontinental, ou plus encore françaises, comme Méridien, Novotel ou Ibis. Disposant de capitaux considérables, ces entreprises se sont lancées au début des années 1960 dans la construction d'établissements standardisés, privilégiant dans un premier temps les hôtels de luxe à Paris ou dans les grandes métropoles, à l'image du Concorde-La Fayette de Paris, qui compte plus de 1 000 chambres. Spécialisées dans l'accueil des touristes d'affaires et des groupes, ces chaînes se sont, dans un second temps, souvent diversifiées en entreprenant la construction d'établissements plus modestes le long des grands axes routiers et dans les villes de province. Enfin, les chaînes les plus dynamiques se sont lancées sur le marché mondial, plusieurs d'entre elles prenant place dans les premiers rangs.

Pour lutter contre cette nouvelle concurrence, certains hôteliers indépendants se sont associés dans le cadre de chaînes, comme Mapotel, France-Accueil ou Relais-et-Châteaux. Tout en demeurant propriétaires de leur établissement et maîtres de leur gestion, ces hôteliers mettent en commun les dépenses publicitaires et créent des centrales de réservation et d'achat.

Dans le même temps, le camping a pris un essor considérable. Il représente aujourd'hui 21 % de l'hébergement estival des vacanciers français. La modestie relative de l'investissement, les progrès du matériel et la facilité du déplacement plaident en sa faveur et lui permettent d'attirer une clientèle qui n'est pas forcément modeste, et ce, d'autant plus que sont apparues de nouvelles formes d'hébergement de plein air : la caravane (1 200 000 en 1984), puis le camping-car, qui renforcent l'autonomie du vacancier et peuvent être utilisés en toutes saisons. Le nombre de terrains de camping a plus que doublé depuis 1970, mais il ne suffit pas à répondre à la demande, et le camping sauvage se développe rapidement. Les résidences secondaires, le plus souvent situées aux environs des grandes agglomérations, ont connu une progression rapide depuis 20 ans et placent la France dans les premiers rangs mondiaux. Le goût du placement « pierre », les progrès de la construction industrialisée et l'apparition de promoteurs spécialisés, tels Ribourel ou Merlin, ont contribué à élargir le marché en attirant, vers la montagne ou le littoral, une clientèle moins fortunée. La propriété spatio-temporelle*, surtout développée dans les nouvelles stations de montagne, a également connu un grand succès au cours des années 70.

La vogue du tourisme vert a profité à des modes d'hébergement variés : table et chambre d'hôte, camping à la ferme, ferme-auberge et gîte rural. Ce dernier connaît une audience croissante en raison des prix modérés de sa location et d'un strict contrôle de son équipement et de son environnement. Ces formes d'accueil permettent de développer les contacts entre citadins et ruraux, de compléter les revenus tirés de l'exploitation agricole et de maintenir en bon état un patrimoine immobilier rural trop souvent délaissé. Répartis sur l'ensemble du territoire, ces gîtes privilégient cependant les régions de montagne et, en premier lieu, les Alpes du nord. Les villages de vacances offrent un peu plus de 200 000 lits, destinés soit à une clientèle populaire pour ceux qui relèvent d'associations comme « Villages-Vacances-Famille » ou « Tourisme et travail », soit à des touristes surtout jeunes et sportifs pour les villages à caractère commercial dont le meilleur exemple est, sans conteste, le Club Méditerranée.

Enfin, il faut mentionner les centres de vacances pour enfants et adolescents et les auberges de jeunesse. Les premiers, situés surtout sur les littoraux et plus encore dans les Alpes, accueillent plus de 1,4 million d'enfants chaque année. Quant aux auberges, localisées dans les villes importantes, elles ne connaissent pas un développement comparable à celui de leurs homologues allemandes ou scandinaves.

Où logent les Français en vacances ? Répartition des journées de vacances passées en France selon le mode d'hébergement (1983).

Modes d'hébergement	Été	Hiver
Hôtel	5,4 %	9,6 %
Location	15,1 %	12,6 %
Résidence secondaire	13,2 %	14,4 %
Parents et amis : résidence principale	26,5 %	44,4 %
résidence secondaire	9,6 %	8,9 %
Tente et caravane	21,0 %	1,6 %
Autres	9,2 %	8,5 %

La manne touristique

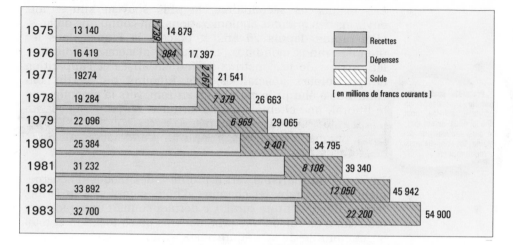

Année	Recettes	Solde	Dépenses
1975	13 140	1 739	14 879
1976	16 419	984	17 397
1977	19 274	2 267	21 541
1978	19 284	7 379	26 663
1979	22 096	6 969	29 065
1980	25 384	9 401	34 795
1981	31 232	8 108	39 340
1982	33 892	12 050	45 942
1983	32 700	22 200	54 900

Recettes
Dépenses
Solde
[en millions de francs courants]

La balance touristique française de 1975 à 1983
(en millions de francs courants).

Le tourisme représente aujourd'hui plus de 350 milliards de francs, soit près de 10 % du P.N.B. et environ 12 % de la consommation intérieure. Il fournit environ 1,5 million d'emplois, chiffre en augmentation de près de 25 % depuis 1975. Une large partie du personnel demeure, il est vrai, employée saisonnièrement. Les emplois permanents s'élèvent cependant à 390 000, pour la plupart dans l'hôtellerie, la restauration et les agences de voyages.

Le tourisme, c'est aussi un solde positif de 30 milliards de francs au sein de la balance des paiements, c'est-à-dire un chiffre supérieur à celui des échanges agro-alimentaires ou des constructions mécaniques. Et cet excédent n'a cessé d'augmenter au fil des années, à la faveur du gonflement continuel des arrivées.

Un nouvel attrait pour les touristes : les parcs de loisirs.
A la fin de 1985, la France a signé un accord avec le groupe américain Walt Disney Productions pour la construction d'un gigantesque parc d'attractions : Eurodisneyland à Marne-la-Vallée, aux portes de Paris. De telles implantations destinées à attirer de nombreux visiteurs nationaux et étrangers se multiplient : le nouveau monde des Schtroumpfs à Hagondange en Lorraine, Astérix dans l'Oise près de Beauvais et Mirapolis à Cergy-Pontoise près de Paris.

La France figure, en effet, parmi les tout premiers pays récepteurs du monde, aux côtés des États-Unis, de l'Italie et de l'Espagne, le classement variant selon les années. Le nombre d'arrivées de touristes étrangers a été multiplié par 10 depuis 1950. En 1983, plus de 33 millions de personnes sont venues séjourner en France et près de 22 millions d'autres ont franchi les frontières pour une visite inférieure à 24 heures, le temps de traverser le pays en voiture ou en train vers un pays voisin, d'une escale dans un aéroport ou d'un achat.

La plupart de ces touristes viennent pour des séjours d'agrément, bien que le tourisme d'affaires représente à lui seul 10 % des arrivées. Ils se rendent surtout sur les plages de la

Versailles : une halte importante pour les touristes étrangers.

Méditerranée ou de l'Atlantique, dans le cadre de vacances familiales, ou privilégient les circuits culturels qui les mènent vers Paris, Versailles et les châteaux de la Loire. Cependant, de nombreux étrangers préfèrent les vacances plus calmes dans les régions intérieures, où ils possèdent parfois une résidence secondaire, comme les Anglais dans le Périgord ou les Néerlandais en Corrèze. Si le tourisme d'été est largement dominant, ce qui facilite l'hébergement dans les hôtels parisiens, la fréquentation hivernale augmente rapidement et les étrangers comptent déjà pour la moitié des skieurs dans bien des stations savoyardes.

Qui vient en France ? Nombre de touristes en 1982.

Origine	Nombre de touristes
R.F.A.	8 403 000
Royaume-Uni	5 864 000
Pays-Bas	3 888 000
Suisse	3 215 000
Belgique	2 856 000
Italie	2 000 000
États-Unis	1 355 000
Espagne	893 000
Autriche	539 000

La majeure partie de ces touristes viennent des pays européens voisins, et en premier lieu de la R.F.A., du Royaume-Uni ou du Benelux. Cependant, l'abaissement relatif des tarifs aériens et la concurrence des agences de voyages ont permis l'arrivée d'une clientèle plus lointaine, souvent favorisée par un taux de change avantageux. C'est notamment le cas des Nord-Américains et des Japonais, ou bien encore des résidents des pays de l'O.P.E.P. qui font le bonheur de la grande hôtellerie parisienne et provençale.

La France est aussi un important pays émetteur : 8,5 millions de Français passent leurs vacances à l'étranger. Ils se dirigent le plus souvent vers les pays méditerranéens proches (Italie, Espagne, Tunisie), qui ajoutent à leurs plages un patrimoine architectural souvent remarquable et les avantages du change monétaire. D'autres préfèrent profiter des plages tropicales (Sénégal, Seychelles) ou choisissent des voyages culturels de plus en plus lointains (Grèce, puis Pérou, Inde et Chine).

Nice : le front de mer.

La Provence-Côte d'Azur demeure la première région touristique française : plus de 5 millions de Français y passent leurs vacances estivales, rejoints par plus de 1,5 million d'étrangers.

Elle bénéficie d'abord de son cadre climatique, marqué par un été chaud et sec, de la présence d'une mer chaude et généralement calme, mais aussi d'infrastructures d'accueil exceptionnelles. Desservie par l'autoroute de l'Esterel, par les aéroports internationaux de Marseille et de Nice, et par des trains rapides, la région recense 13 % des hôtels de tourisme et 11 % des emplacements de camping du pays.

La Côte d'Azur aligne des stations de luxe de l'Esterel à la frontière italienne. Cannes, Nice et Monaco sont les pôles touristiques les plus prestigieux, forts de leurs palaces, de leurs casinos et de leurs ports de plaisance où relâchent les yachts des milliardaires américains ou des « rois du pétrole ». La vie nocturne triomphe dans les boîtes de Juan-les-Pins ou d'Antibes. A ce tourisme de luxe, la Côte ajoute un tourisme plus populaire, surtout durant l'hiver, où de nombreux retraités viennent profiter de la douceur des températures. Le tourisme d'affaires est également présent, par exemple grâce au festival du film et au M.I.D.E.M. à Cannes.

Vers l'Ouest, le tourisme est plus récent. Il devient aussi plus populaire. Les plages du Var sont envahies par les campeurs, et l'hôtellerie de luxe s'efface devant des établissements plus modestes. Au-delà de Toulon, qui doit son prestige à sa rade et à la présence de la marine de guerre, commence un littoral calcaire échancré de calanques vertigineuses au fond desquelles se tapissent des ports pittoresques, comme celui de Cassis. Le tourisme, privé de plages, se fait plus discret et relève surtout des citadins de la région, en particulier des Marseillais.
La Provence, c'est aussi une terre de culture où, aux innombrables vestiges romains, s'ajoute le charme silencieux des abbayes, les trésors des musées et les festivals musicaux. La beauté des paysages a séduit bien des artistes, tels Van Gogh, Cézanne ou Picasso, qui ont contribué à la renommée de la région et parfois redonné vie aux pittoresques villages perchés qui dominent la mer. La table est attrayante : anisette, vins de Bandol ou de Cassis accompagnent à merveille la bouillabaisse, sur le vieux port de Marseille, où retentit toujours cet accent chantant popularisé par Raimu et Fernandel.

Le toit de l'Europe.

Les Alpes figurent au deuxième rang des régions touristiques françaises durant l'été et au premier rang pendant l'hiver. Mieux desservies, plus proches des grandes régions émettrices de touristes, bénéficiant par ailleurs d'un relief plus élevé, d'un enneigement plus abondant et plus durable, les Alpes du nord l'emportent largement sur les Alpes du sud quant à la fréquentation, malgré le climat favorable de ces dernières.

Les Préalpes bénéficient surtout d'un tourisme familial d'été, avide de grand air et de promenades en forêt. Les massifs intérieurs privilégient le tourisme sportif : alpinisme dans la chaîne du mont Blanc et l'Oisans, ski alpin dans les grandes stations de la Tarentaise ou de la Maurienne, créées le plus souvent après 1960 à de hautes altitudes et disposant d'un équipement sans pareil dans le monde. En effet, les Alpes concentrent près de 15 % des remontées mécaniques de la planète et l'essor des liaisons entre stations crée des domaines skiables immenses, comme ceux des Portes du Soleil entre Morzine-Avoriaz et la Suisse, ou mieux encore celui des Trois Vallées. Ce dernier, comprenant Val-Thorens, Méribel, Les Ménuires et Courchevel, dispose de près de 75 000 lits et de plus de 170 remontées mécaniques. Au sud, les stations se sont surtout développées dans l'arrière-pays niçois (Auron, Isola 2000 et Valberg), avant de gagner la haute vallée de la Durance et le Queyras.

Les Alpes comptent également sur le thermalisme, présent à Aix-les-Bains, Allevard et Gréoux-les-Bains, mais aussi sur l'existence de nombreux lacs. Les plus grands, comme ceux de Genève, d'Annecy, du Bourget, ou encore de Serre-Ponçon, attirent sur leurs rives de nombreux baigneurs et plaisanciers durant l'été.
La présence de l'agglomération grenobloise et la décentralisation d'entreprises parisiennes à Annecy favorisent par ailleurs le tourisme d'affaires dans cette montagne qui, du moins au nord, a su résister, mieux que les autres, à l'émigration.

Les pyramides de la Grande-Motte.

Le Languedoc-Roussillon n'a accédé au rang des principales régions touristiques qu'à la faveur de l'une des plus grandes opérations d'aménagement littoral réalisée dans le monde. Sur les 180 km d'une côte sableuse, ourlée de lagunes saumâtres infestées de moustiques, il n'existait encore en 1920 que quelques petits centres touristiques comme Palavas-les-Flots ou le Grau-du-Roi, fréquentés en été par la clientèle régionale des villes de l'intérieur comme Montpellier ou Nîmes. Après 1950, le camping se développe rapidement et les résidences secondaires se multiplient dans le plus grand désordre. L'État décide alors de prendre les choses en main. En 1963 est créée une mission interministérielle ayant pour but l'aménagement rationnel du littoral, afin de désengorger la Côte d'Azur, de retenir les touristes se dirigeant vers l'Espagne et de diversifier une économie régionale entièrement dépendante du vignoble. Au nom de l'État, la mission acquiert des terrains pour bloquer la spéculation foncière et assure la démoustication des étangs. Des sociétés d'économie mixte, dans lesquelles les 4 départements et les 67 communes concernés ont des intérêts importants, prennent le relais. Elles viabilisent les terrains que la mission leur a concédés, ouvrent des routes, puis vendent des parcelles à des promoteurs. Ce sont ces derniers qui assurent la construction des hébergements, mais selon des plans préétablis qui veillent à une répartition harmonieuse des différents équipements, au maintien ou à la création de nombreux espaces verts et imposent des normes précises à l'urbanisation. Un architecte en chef coordonne les travaux dans chacune des unités touristiques prévues, privilégie les constructions en pyramides, comme Balladur à la Grande-Motte, ou l'habitat méditerranéen, comme Candillis à Leucate.

L'opération est un succès. Plus de 150 000 lits ont été implantés, les ports de plaisance se sont multipliés (celui de Port-Camargue, avec 3 000 places, est le deuxième de France), le reboisement a progressé et près de 50 000 emplois, dont 30 000 permanents, ont été créés. Certes, le tableau a aussi ses ombres : les emplois sont souvent occupés par des personnes extérieures à la région, les stations situées à l'ouest du littoral sont loin d'être achevées et le mitage (implantations dispersées de constructions qui menacent le cadre naturel par extensions successives) des espaces verts est parfois bien entamé. Il n'empêche que plus de 4 millions de personnes, parmi lesquelles on compte 15 % à 20 % d'étrangers, viennent passer leurs vacances estivales sur ce littoral.

La France dans le monde

Au rang des grands

La France est la 5ᵉ puissance économique et la 4ᵉ puissance commerciale du monde. Ses échanges ont progressé de manière spectaculaire depuis trente ans, à la faveur de son entrée dans la Communauté européenne et du développement général du commerce mondial, favorisé par une réduction progressive des tarifs douaniers. Cet essor du commerce extérieur s'accompagne de changements considérables dans la structure et la répartition géographique des flux.

Les exportations, qui ont été multipliées par 20 depuis 1958, sont essentiellement constituées de produits industriels, en particulier de biens d'équipement professionnel et de biens de consommation. Les produits agro-alimentaires viennent

La structure du commerce extérieur (valeurs en %).

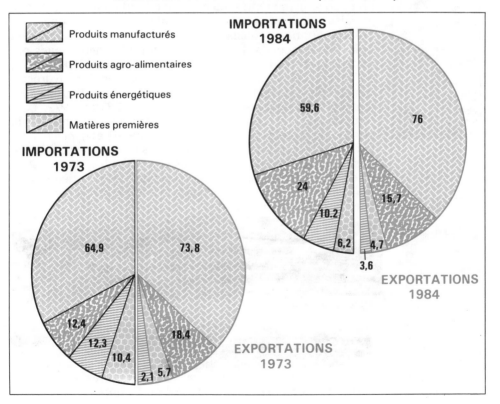

Produits manufacturés

Produits agro-alimentaires

Produits énergétiques

Matières premières

IMPORTATIONS 1984

IMPORTATIONS 1973

EXPORTATIONS 1984

EXPORTATIONS 1973

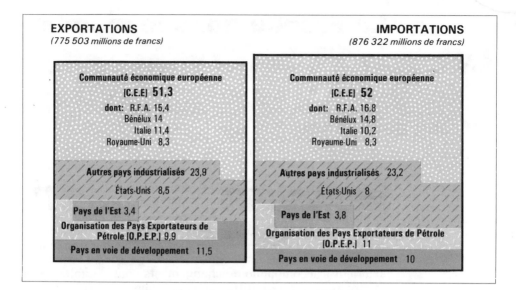

Communauté économique européenne
(C.E.E) 51,3
dont: R.F.A. 15,4
Bénélux 14
Italie 11,4
Royaume-Uni 8,3

Autres pays industrialisés 23,9
États-Unis 8,5
Pays de l'Est 3,4
Organisation des Pays Exportateurs de Pétrole (O.P.E.P.) 9,9
Pays en voie de développement 11,5

Communauté économique européenne
(C.E.E) 52
dont: R.F.A. 16,8
Bénélux 14,8
Italie 10,2
Royaume-Uni 8,3

Autres pays industrialisés 23,2
États-Unis 8
Pays de l'Est 3,8
Organisation des Pays Exportateurs de Pétrole (O.P.E.P.) 11
Pays en voie de développement 10

La répartition géographique des échanges en % (1984).

Les partenaires de la France en 1984.

Les 10 premiers clients	
Pays	**Exportations françaises (en millions de F)**
R.F.A.	119 464
Italie	88 617
U.E.B.L.	69 835
États-Unis	65 950
Royaume-Uni	64 302
Pays-Bas	38 655
Suisse	31 625
Espagne	26 219
Algérie	23 633
Arabie saoudite	19 944

Les 10 premiers fournisseurs	
Pays	**Importations françaises (en millions de F)**
R.F.A.	147 444
Italie	89 180
U.E.B.L.	74 384
Royaume-Uni	72 888
États-Unis	69 694
Pays-Bas	55 101
Espagne	30 744
Algérie	24 809
Japon	23 845
U.R.S.S.	22 290

en deuxième position, bien que leur part relative ait sensiblement diminué en raison du dynamisme des ventes de biens manufacturés. Les céréales, les produits laitiers, les viandes et les boissons fournissent l'essentiel des exportations (voir page 186). Quant aux produits énergétiques et aux matières premières, ils ne représentent qu'une faible part des recettes, en raison de la pauvreté du sous-sol français en ce domaine. Les importations consistent également, pour l'essentiel, en biens manufacturés. Pourtant, les produits énergétiques ont vu leur part relative augmenter très rapidement depuis 1973, en raison des hausses brutales et répétées des hydrocarbures, relayées ensuite par la montée du dollar. Ils représentent plus du quart des achats contre 13,2 % en 1972. Leur importance tend toutefois à se stabiliser sous les effets de la crise et de la politique d'économies d'énergie engagée depuis dix ans. Les produits agro-alimentaires viennent en troisième position. Ils sont surtout composés de viandes, de boissons et de fruits tropicaux. Quant aux matières premières, leur place demeure modeste, les cours ayant progressé moins vite que ceux des hydrocarbures.

La France commerce surtout avec ses partenaires de la C.E.E., qui absorbent 51,3 % des exportations et assurent 52 % de ses importations. La R.F.A., l'Italie et l'Union économique belgo-luxembourgeoise (U.E.B.L.) sont d'ailleurs, dans cet ordre, ses premiers fournisseurs et ses premiers clients.

La part des autres pays industriels de l'Organisation de coopération et de développement économiques (O.C.D.E.) représente 23 % de nos échanges. Ces derniers sont constitués, comme les échanges intracommunautaires, en majeure partie de biens manufacturés ; la France importe cependant aussi des produits énergétiques (charbon américain), des matières premières (fer suédois et australien) et des produits agricoles (soja américain).

Les échanges avec les pays de l'Est demeurent modestes. La France exporte surtout des biens d'équipement et achète du charbon polonais, de la pâte à papier, du pétrole et du gaz soviétiques.

Les pays de l'O.P.E.P. (Organisation des pays exportateurs de pétrole) ont vu leur importance augmenter dans les échanges extérieurs du pays, mais celle-ci tend cependant à stagner depuis quelques années, notamment en raison de la réorientation géographique de nos achats d'hydrocarbures.

A la différence des cas précédents, la balance des échanges avec les pays en voie de développement est excédentaire. Les ventes de biens d'équipement compensent les achats de matières premières agricoles et minières. Les achats en provenance du tiers monde tendent cependant à se diversifier ; le Brésil, le Mexique et, plus encore, les pays-ateliers du Sud-Est asiatique (Singapour, Taïwan, Hong-kong, Malaisie, Corée du Sud) nous expédient de plus en plus de biens de consommation (textiles, chaussures) et de biens d'équipement (appareillage électrique et électronique).

Au total, la balance commerciale présente donc un déficit inquiétant, bien que celui-ci se soit considérablement réduit depuis 1983, après avoir connu en 1982 une progression spectaculaire.

Ce déficit est d'autant plus préoccupant que les autres balances ne parviennent pas à le compenser :

● La balance des services est excédentaire. Elle le doit avant tout aux recettes touristiques, aux grands travaux et à la coopération technique. En effet, le déficit est persistant au niveau des brevets, en raison de l'insuffisance de la recherche, mais aussi au niveau des transports maritimes (voir page 191).

● La balance des transferts unilatéraux offre également un solde négatif. Il s'explique par les versements effectués au profit d'organismes internationaux comme l'O.N.U., l'U.N.E.S.-C.O. ou la Communauté européenne, et aussi par les envois d'argent à leur famille effectués par les immigrés travaillant en France (environ 15 milliards de F par an).

Pour faire face à ces déficits, la France doit emprunter sur le marché international, d'autant plus que les capitaux à court terme privilégient les placements américains, plus rémunérateurs et considérés comme politiquement plus sûrs. Aux emprunts de l'État s'ajoutent ceux contractés par les grandes entreprises nationales ; fin 1983, la dette d'E.D.F. s'élevait à 93,7 milliards de F et celle de la S.N.C.F. à 32,5 milliards de F. Au total, la dette extérieure atteignait 525 milliards de F au début de 1985.

Évolution de la dette extérieure de la France, brute à moyen terme, au 31-12 de chaque année (en milliards de dollars).

1975 :	7
1976 :	12,7
1977 :	15,9
1978 :	21
1979 :	23,3
1980 :	26,9
1981 :	32,8
1982 :	44,2
1983 :	53,7
1984 :	54

La présence de la France dans le monde s'exprime aussi par l'aide accordée au tiers monde. Avec une aide publique de 33,9 milliards de francs en 1984, elle se classe au 2e rang mondial, derrière les États-Unis. Cette aide, rapportée au Produit intérieur brut, place la France immédiatement derrière les pays de l'O.P.E.P. et quelques pays du nord de l'Europe. Cette aide est constituée de dons, en particulier de produits alimentaires directement envoyés aux pays menacés de famine ou victimes de catastrophes naturelles. Elle consiste également en prêts à des taux avantageux, destinés à promouvoir le développement économique et l'achat de matériel. A cela s'ajoute une assistance technique et culturelle d'envergure.

La France apporte également son aide par l'intermédiaire d'organisations internationales, tels que le Programme des Nations Unies pour le développement ou la Banque mondiale, et par le biais de la Communauté européenne. Cette dernière permet, par exemple, le libre accès à son marché des produits en provenance du tiers monde et accorde à 65 pays d'Afrique, des Caraïbes et du Pacifique, signataires des accords de Lomé, une garantie de leurs ressources d'exportations de produits agricoles et miniers.

La présence française se manifeste également par la puissance militaire du pays. La défense du territoire est basée avant tout sur la dissuasion nucléaire, qui repose sur les forces nucléaires stratégiques et préstratégiques. Les forces stratégiques comprennent six escadrons de Mirage IV, les missiles sol-sol du plateau d'Albion, en Provence, et 6 sous-marins nucléaires, le dernier « L'inflexible » ayant pris la mer en 1985. Les forces préstratégiques (ou « tactiques ») sont constituées par des escadrons de Mirage III E et de Jaguar, par les avions super-étendard embarqués sur deux porte-avions et par les missiles nucléaires Pluton placés sur des chars. En tout, 120 mégatonnes, soit 6 000 fois la puissance de la bombe d'Hiroshima, sous la responsabilité du président de la République.

La France dispose, en outre, d'une puissante armée classique : environ 560 000 hommes de troupes, 2 040 chars de combat AMX, 2 000 véhicules blindés, 91 bâtiments de combat, 17 sous-marins, 3 porte-aéronefs, 41 bâtiments de soutien et de transport, sans oublier 450 avions de combat et plusieurs centaines d'avions de transport.

La France est membre de l'Alliance atlantique (O.T.A.N.), créée en 1949, entre la plupart des pays occidentaux, mais elle s'est retirée du commandement intégré en 1966, à l'initiative du général de Gaulle. Elle a signé des accords de défense avec cinq États africains (Côte-d'Ivoire, Sénégal, Centrafrique, Gabon et Djibouti) où des effectifs militaires sont stationnés en permanence et des accords de coopération avec une douzaine d'autres, dont le Zaïre.

La France dans la Communauté européenne

La signature des traités de Rome, le 25 mars 1957.

La création de la Communauté économique européenne découle d'une initiative française. C'est en effet sur une idée de Jean Monnet que Robert Schumann, ministre français des Affaires étrangères, propose, le 9 mai 1950, de placer sous une haute autorité commune les productions française et allemande de charbon et d'acier pour promouvoir le développement économique et pour assurer la paix. Il laisse, par la même occasion, à d'autres pays européens la possibilité de se joindre à cette organisation. Si le gouvernement anglais, hostile à tout organisme supranational, refuse sa participation, l'Italie et les trois pays du Benelux signent avec la France et la R.F.A. le traité de Paris du 15 avril 1951 qui met en place la Communauté européenne du charbon et de l'acier (C.E.C.A.). Le traité est ratifié en décembre par l'Assemblée nationale française, malgré l'opposition des gaullistes et des communistes. La construction européenne est lancée.

Pourtant, en 1954, les députés français, en refusant la participation du pays à une Communauté européenne de défense, déjà ratifiée par les cinq autres partenaires, freinent pour un temps les progrès de la coopération.

Il faut attendre 1957 pour voir les Six signer les traités de Rome. Ceux-ci instituent d'une part la Communauté européenne de l'énergie atomique, ou Euratom, destinée à promouvoir l'utilisation pacifique de l'atome, et d'autre part la Communauté économique européenne (C.E.E.), souvent désignée par l'expression « Marché commun ».

La France va encore jouer un rôle décisif dans l'histoire de la coopération européenne. En effet, le général de Gaulle, revenu au pouvoir en 1958, repousse en 1963, puis en 1967, l'adhésion éventuelle du Royaume-Uni. Il faut attendre 1972 pour que celui-ci, ainsi que le Danemark, l'Irlande et la Norvège signent le traité de Bruxelles qui marque leur entrée dans la Communauté au 1er janvier 1973. Le peuple norvégien, par référendum, refuse cependant l'adhésion de son pays.

La Communauté s'est élargie à la Grèce le 1er janvier 1981 et, le 1er janvier 1986, elle s'est ouverte à deux nouveaux partenaires, l'Espagne et le Portugal, ce qui la rééquilibre vers le sud et fait de la France le nouveau centre de gravité de l'Europe communautaire.

L'appartenance à la Communauté a eu de grandes conséquences pour l'économie française, notamment dans les secteurs agricole, industriel et commercial.

La politique agricole commune, ardemment voulue par la France qui a su l'imposer à ses partenaires, avec notamment l'aide des Pays-Bas, a joué un rôle décisif dans l'agriculture nationale, d'autant plus qu'avec 27 % de la production des Douze, la France est, de loin, la première puissance agricole de la Communauté.

La France a, en premier lieu, tiré parti de la fixation de prix élevés, largement supérieurs aux anciens prix nationaux. Elle a aussi profité de la préférence communautaire. Celle-ci protège le marché européen des fluctuations des cours mondiaux et des importations à bas prix en provenance des pays tiers, qui empêcheraient l'écoulement des productions européennes. Ainsi, lorsque les cours mondiaux sont inférieurs aux prix communautaires, ce qui est souvent le cas, les produits importés dans la C.E.E. sont frappés d'une taxe appelée « prélèvement » qui les replace au niveau des prix européens. En revanche, lorsque les prix communautaires sont inférieurs aux prix mondiaux, le système est inversé : une taxe frappe les produits agricoles européens qui risqueraient de partir sur le marché mondial pour assurer l'approvisionnement prioritaire du marché intérieur. Par ailleurs, lorsque les productions européennes sont excédentaires, des aides à l'exportation, appelées « restitutions », sont versées par le budget communautaire pour permettre leur écoulement sur les marchés extérieurs.

A qui va l'argent du F.E.O.G.A. ?

Pays	Argent reçu (en %)
France	22,7
R.F.A.	19,3
Italie	17,7
Royaume-Uni	11,1
Pays-Bas	10,5
Grèce	6,2
Danemark	4,2
Irlande	4,2
Belgique	3,8
Luxembourg	0,3

La France a également bénéficié de la solidarité financière, exprimée par l'intermédiaire du Fonds européen d'orientation et de garantie agricole (F.E.O.G.A.). Chaque année, lors de laborieuses négociations baptisées « marathons », les ministres de l'Agriculture des Douze fixent pour une campagne les prix communs des produits et déterminent, notamment, le montant des prix d'intervention. Ces prix sont ceux auxquels Bruxelles s'engage à acheter les produits au cas où les cours s'effondreraient sur les marchés. C'est en quelque sorte une garantie de revenu pour les paysans. Or, la France, en tant que première puissance agricole, perçoit près de 23 %

des fonds du F.E.O.G.A., ce dernier représentant, bon an mal an, entre 65 et 70 % des dépenses totales de la Communauté.

Les bénéfices français ont cependant leurs limites. Les céréaliers et les betteraviers ont davantage tiré parti de la politique agricole commune que les producteurs de fruits et légumes, dont les productions sont moins bien garanties. La libre circulation des produits n'est pas totalement réalisée, notamment en raison du maintien d'entraves techniques ou sanitaires, comme le rappelle épisodiquement la presse à l'occasion de la « guerre du mouton » ou de la « guerre des dindes »... Enfin, les fluctuations monétaires ont faussé la détermination des prix communs pour tous les agriculteurs européens. Il a fallu, pour maintenir l'unicité des prix et du marché, instaurer les fameux « montants compensatoires monétaires ». Ces derniers fonctionnent en fait comme des taxes à l'exportation pour les pays ayant dévalué leur monnaie et, au contraire, comme des subventions à l'exportation pour les pays ayant réévalué la leur. Il en résulte de nouvelles concurrences, comme le prouvent les importations de viande de porc en provenance du Danemark ou du Benelux, qui soulèvent la colère des agriculteurs bretons. Par ailleurs, les coûts de production ne sont pas identiques pour tous les producteurs de la Communauté. Ainsi, les horticulteurs néerlandais bénéficient, pour chauffer leurs serres, de la fourniture à bas prix du gaz naturel de Groningue ; de même, les agriculteurs allemands profitent de la faible inflation nationale pour assurer la compétitivité de leurs produits.

La part de la France dans l'agriculture communautaire.

Productions	%
Blé	42
Orge	24
Maïs	52
Sucre	32
Pomme de terre	19
Vin	41
Lait	30
Viande	24
Pêche	15

Il n'en demeure pas moins que la mise en place progressive de la politique agricole commune après 1962 a largement profité aux agriculteurs français en leur ouvrant de vastes débouchés pour des excédents de plus en plus volumineux. La France est notamment devenue le véritable grenier à blé et à maïs des Douze. Aujourd'hui, la réussite de l'agriculture française — et de l'agriculture européenne en général — se traduit par un abaissement des prix agricoles garantis et, pour les produits laitiers en particulier, par l'instauration de quotas, destinés à limiter la production. La pénurie des années 50 a fait place aux surplus.

Enfin, l'entrée de l'Espagne dans la C.E.E. est redoutée par les producteurs de fruits et légumes et par les viticulteurs du Languedoc. Afin de calmer leurs inquiétudes, la Communauté contribue largement, par des aides et des prêts, à la modernisation de l'agriculture du « Grand Sud-Ouest ». Elle a aussi imposé une longue période de transition à l'Espagne afin de faciliter l'adaptation de l'agriculture méditerranéenne française, mais aussi des agricultures italienne et grecque.

Au niveau de l'industrie, le Marché commun a contribué à la modernisation des entreprises et à la croissance de la production. La suppression des barrières douanières a contraint les entreprises françaises à investir et à se concentrer

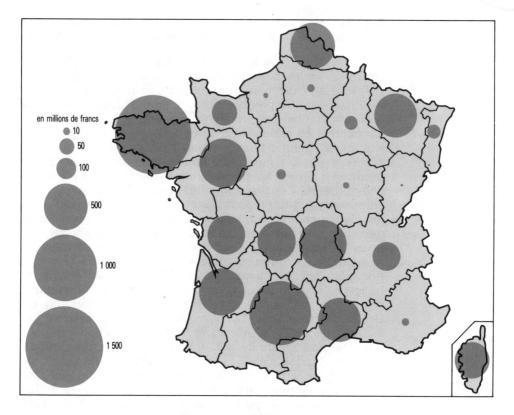

L'aide de l'Europe aux régions françaises.

La part de la France dans l'industrie communautaire.

	%
Houille	7
Électricité	22
Acier	16
Automobile	31
Constructions navales	8
Filés de coton	25
Ciment	20

pour faire face à la nouvelle concurrence. Les années 60 se sont d'ailleurs caractérisées par une vague importante de regroupements. En revanche, l'ouverture d'un vaste marché a permis aux entreprises françaises de développer leur production.

Sur le plan industriel, la solidarité européenne s'est traduite par quelques succès prestigieux, comme en témoignent Airbus et Ariane. Elle s'est aussi accompagnée d'un effort commun dans le domaine de la recherche, avec le programme Esprit. De même, pour faire face à la crise des activités traditionnelles, les Douze se sont efforcés de coordonner leurs politiques industrielles. C'est notamment le cas dans le domaine de la sidérurgie, avec le plan Davignon qui instaure une réduction coordonnée des capacités de production et qui impose des quotas annuels pour éviter une concurrence sauvage aux conséquences néfastes ; c'est aussi le cas pour la construction navale. La Communauté accorde des aides aux régions touchées par la crise, en particulier par l'intermédiaire du Fonds social européen qui vient en aide aux travailleurs pour favoriser leur reconversion.

L'aide régionale se manifeste également par l'intermédiaire du Fonds européen de développement régional (FEDER), créé en 1975. Financé par le budget communautaire, il a accordé entre 1975 et 1984 plus de 8 660 millions de francs pour le développement de l'artisanat, des industries, des services ou des infrastructures dans les différentes régions françaises, Bretagne, Réunion et Midi-Pyrénées s'octroyant les dotations les plus élevées.

Sur le plan commercial et monétaire, la création de la Communauté a eu d'énormes conséquences. L'Europe est devenue en quelques années le partenaire privilégié de la France, grâce à la suppression des barrières douanières. Notre pays a également bénéficié du poids de la Communauté, première puissance commerciale du monde, dans les négociations internationales, notamment dans celle de l'Accord général sur les tarifs douaniers et le commerce (G.A.T.T.). Par ailleurs, la création du Système monétaire européen en mars 1979 a réduit les fluctuations monétaires entre les pays membres qui se sont mutuellement engagés à soutenir chaque monnaie au cas où son cours viendrait à trop s'écarter de taux pivots fixés à l'avance.

L'existence de la Communauté a aussi favorisé la libre circulation des hommes. Il n'est plus besoin de passeport pour se rendre dans les autres pays membres : la carte d'identité suffit ; une procédure accélérée a même été mise en place depuis peu à destination de la R.F.A. pour faciliter le passage aux frontières des ressortissants de la Communauté — qui bénéficient par ailleurs d'une tolérance douanière plus importante. Les travailleurs de la C.E.E. peuvent aller travailler librement dans un autre pays de la Communauté et y exercer leur profession. Certaines limites existent encore en raison des problèmes soulevés par la reconnaissance des diplômes, mais déjà, médecins, dentistes, infirmiers,... peuvent s'installer sans problèmes.

Francophonie et rayonnement culturel

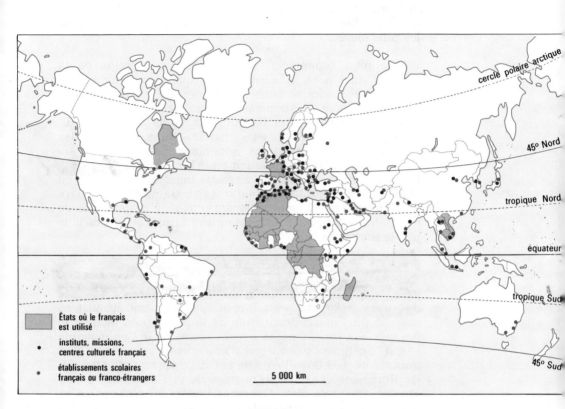

La langue française dans le monde.

Si la France figure au nombre des grandes puissances, elle ne le doit pas seulement à sa puissance économique, mais aussi à son rayonnement culturel, qui se manifeste avant tout par la vitalité de sa langue.

Le Français est aujourd'hui parlé par plus de 90 millions d'hommes et il est connu par près de 200 millions de personnes qui ne l'utilisent qu'accessoirement, parce qu'ils vivent dans des sociétés non francophones.

En Europe, en dehors du territoire national, la langue française est parlée quotidiennement par environ 4 millions de Belges en Wallonie et à Bruxelles, mais aussi par 360 000 Luxembourgeois, 75 000 habitants du Val d'Aoste en Italie et plus d'un million de personnes en Suisse romande.

En Afrique, la décolonisation n'a pas affecté la francophonie. Le français, tirant profit de la diversité des dialectes, est resté la langue officielle dans une vingtaine d'États d'Afrique noire. Il s'est également assez bien maintenu en Afrique du Nord, en dépit de la promotion de l'arabe comme langue officielle ; il demeure la première langue étrangère étudiée et bénéficie aussi du retour au pays de certains travailleurs immigrés ayant longtemps résidé en France.

En Amérique, la langue française est d'abord celle de 7 millions de Canadiens, essentiellement regroupés dans le Québec et, à un degré moindre, dans l'Ontario et au Nouveau-Brunswick. Elle figure d'ailleurs comme langue officielle, aux côtés de l'anglais. Introduite par les premiers colons, aux XVIe et XVIIe siècles, elle a remarquablement résisté, a même servi de lien politique à la population québécoise, et a profité ces dernières années de la popularité de nombreux chanteurs et chanteuses. Aux États-Unis, le français est utilisé par un million de personnes. C'est en Louisiane qu'elles sont les plus nombreuses, qu'il s'agisse d'Acadiens descendants des déportés du Canada oriental par les Anglais au XVIIe siècle, de Créoles dont les ancêtres sont des colons français arrivés aux XVIIIe et XIXe siècles ou de quelques descendants d'esclaves ; le français est particulièrement vivace : il est même devenu la deuxième langue officielle de la Louisiane depuis 1968. Notre langue est également parlée couramment dans les Antilles françaises, à Haïti et en Guyane.

Demeurée jusqu'au début du XXe siècle la langue des diplomates et des élites cultivées, le français doit faire face sur tous les continents à l'offensive de l'anglais, considérée comme plus facile à apprendre et plus utile en raison de la primauté de la science et des techniques. Bien des chercheurs et savants français sont, du reste, souvent conduits à traduire leurs travaux en anglais pour leur assurer une meilleure diffusion.

Le français demeure cependant une langue privilégiée. Il est l'une des deux langues de travail utilisée dans le cadre de l'O.N.U., une des langues de l'O.C.D.E. et il fait partie des langues officielles de la Communauté européenne.

Le rayonnement du français tient à de multiples facteurs. Il doit déjà beaucoup à l'exceptionnel patrimoine culturel du pays et à la célébrité universelle de certains de ses écrivains. Une part importante des ouvrages édités en France sont vendus hors de l'hexagone ; en 1983, les exportations de livres ont atteint 1,04 milliard de francs. Les expéditions se font essentiellement vers les pays industriels francophones (Belgique, Luxembourg, Suisse, Canada) qui absorbent plus de 45 % des exportations, vers les pays d'Afrique et Haïti (14 %), le Maghreb, mais aussi vers l'Europe non francophone, ce qui souligne la vitalité du français en milieu scolaire.

C'est en effet par l'enseignement que la présence française à l'étranger se manifeste le plus au niveau culturel. Près de 25 millions d'élèves et d'étudiants apprennent notre langue à travers le monde, dont près de 10 millions en Europe. Le maintien de la francophonie s'appuie par ailleurs sur de nombreux organismes publics, comme le Haut conseil de la

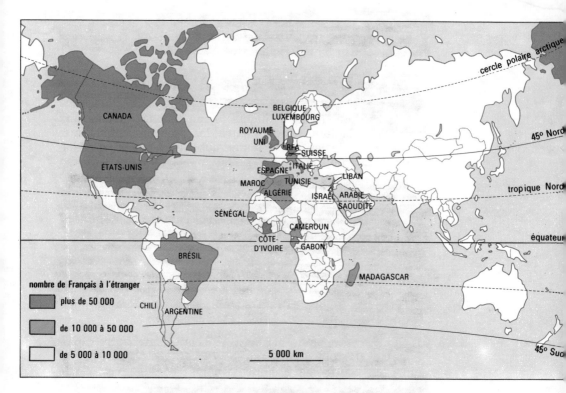

Les Français dans le monde.

Légende de la carte :

nombre de Français à l'étranger

- plus de 50 000
- de 10 000 à 50 000
- de 5 000 à 10 000

5 000 km

francophonie, ou le Commissariat de la langue française, mais aussi sur des organismes privés très dynamiques, comme l'Alliance française qui accueille 242 000 élèves dans 86 pays et regroupe près de 4 000 enseignants.

Les médias jouent aussi un grand rôle avec, en premier lieu, les émissions de radio et de télévision. Radio-France internationale assure des émissions en direct vers l'Afrique, l'océan Indien, l'Amérique du Nord et l'Amérique latine, ainsi que vers l'Europe de l'Est. Les chaînes de télévision nationale débordent largement du territoire et le prochain lancement de satellites géostationnaires va permettre de couvrir un espace plus large encore.

La presse étrangère comporte de grands quotidiens de langue française, comme *Le Soir* et *La Libre Belgique* outre-Quiévrain, *La Tribune de Genève* en Suisse, *El Moudjahid* en Algérie ou *La Presse* au Québec.

Enfin, la francophonie peut aussi compter sur la présence de près d'un million et demi de Français à l'étranger. Près de 650 000 d'entre eux vivent en Europe, les plus nombreux résidant en R.F.A., en Belgique et au Royaume-Uni. 200 000 environ vivent en Afrique noire et à Madagascar, 100 000 en Afrique du Nord et plus de 300 000 en Amérique. Une bonne partie de ces Français sont des coopérants ou des techniciens détachés par leur entreprise sur un chantier.

TABLE DES MATIÈRES

Imprimé en France par
BRODARD GRAPHIQUE — Coulommiers-Paris
HA/4217/2.
Dépôt légal n° 0286-02-1986

Collection n° 04
Édition n° 01

16/5458/1